理解传媒经济学
（第二版）

Understanding
Media
Economics

了解传媒经济，从这里起步！

新闻与传播系列教材·翻译版

理解传媒经济学（第二版）

Understanding Media Economics (Second Edition)

[英] 吉莉安·道尔 /著
黄淼　董鸿英 /译

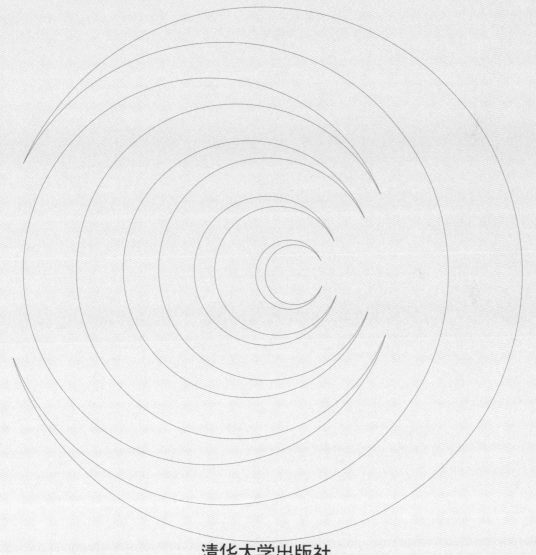

清华大学出版社
北京

Understanding Media Economics (2nd Edition) English language edition published by SAGE Publications of London, Thousand Oaks, New Delhi and Singapore, © Gillian Doyle, 2013.

北京市版权局著作权合同登记号 图字：01-2015-5380

版权所有，侵权必究。举报：010-62782989，beiqinquan@tup.tsinghua.edu.cn。

图书在版编目（CIP）数据

理解传媒经济学：第二版 /（英）吉莉安·道尔著；黄森，董鸿英译．—北京：清华大学出版社，2018（2024.8重印）

书名原文：Understanding Media Economics

（新闻与传播系列教材·翻译版）

ISBN 978-7-302-48984-9

Ⅰ.①理… Ⅱ.①吉… ②黄… ③董… Ⅲ.①传播媒介—经济学—研究 Ⅳ.①G206.2-05

中国版本图书馆 CIP 数据核字（2017）第 294288 号

责任编辑：纪海虹
封面设计：傅瑞学
责任校对：王凤芝
责任印制：沈　露

出版发行：清华大学出版社
网　　址：https://www.tup.com.cn，https://www.wqxuetang.com
地　　址：北京清华大学学研大厦 A 座　　邮　编：100084
社 总 机：010-83470000　　邮　购：010-62786544
投稿与读者服务：010-62776969，c-service@tup.tsinghua.edu.cn
质量反馈：010-62772015，zhiliang@tup.tsinghua.edu.cn

印 装 者：三河市人民印务有限公司
经　　销：全国新华书店
开　　本：185mm×235mm　　印　张：11　　插　页：2　　字　数：198 千字
版　　次：2004 年 9 月第 1 版　　2018 年 9 月第 2 版　　印　次：2024 年 8 月第 6 次印刷
定　　价：38.00 元

产品编号：059082-01

总　序

从 20 世纪 90 年代中期开始，新闻与传播学教育从中国人民大学、复旦大学等为数甚少的几家高校的"专有"学科，迅速成为一个几乎所有综合大学乃至相当部分如财经大学、工商大学、农业大学以及师范、艺术类院校都设有的"常规"学科。中国最著名的两所高等学府清华大学、北京大学也相继成立新闻与传播学院。据不完全统计，中国内地有数百个新闻学与传播学专业教学点。全国有新闻学与传播学专业硕士授予点近百个，博士授予点 17 个，形成了从大专、本科，到硕士和博士层次齐全的办学格局。新闻专业本、专科的在校生人数至少接近 10 万人。

这样一种"显学"局面的形成，一方面是进入信息时代以后，新闻与传播的社会地位、角色、影响不仅越来越重要，而且也越来越被人们所意识到；另一方面是媒介行业近年来的迅速发展为青年人提供了职业前景和想象。尽管与美国大约有 14 万在校学生学习新闻学与大众传播学课程的情形相比，中国的新闻与传播学教育的规模并不十分庞大，但是就中国国情而言，这种新闻与传播教育的繁荣局面还是可能因为一种"泡沫"驱动而显得似乎有些过度。但是，超越传统的新闻学，将更加广义的媒介政治、媒介舆论、媒介文化、媒介艺术、媒介经济、媒介法规、媒介伦理纳入新闻与传播学科，将传播学理论以及各种量化的社会科学研究方法纳入新闻与传播学领域，将人际传播、公共关系等纳入传播学视野，都证明了新闻与传播学的转向和扩展，也正是这种转向和扩展使新闻与传播学教育有了更加广阔的发展空间和学科魅力。

对于目前中国的新闻与传播学教育来说，缺少的不是热情、不是学生，甚至也不是职业市场，而是真正具有专业水准的教师，能够既与国际接轨又具国情适应性的教学体系和内容，既反映了学科传统又具有当代素养的教材。人力、物力、财力、知识力资源的匮乏，可以说，深刻地制约着中国的新闻与传播学向深度和广度发展，向专业性与综合性相结合的方向发展。新闻与传播学是否"有学"，是否具有学科的合理性，是由这个学科本身的"专业门槛"决定的。当任何学科的人都能够在不经过3～5年以上的专业系统学习，就可以成为本专业的专家、教师，甚至教授、博士生导师的时候，当一名学生经过4～7年本科/硕士新闻与传播学科的专业学习以后，他从事传媒工作却并不能在专业素质上显示出与学习文学、外语、法律，甚至自然科学的学生具有明显差异的时候，我们很难相信，新闻与传播学的教育具有真正的合法性。

　　作为一种专业建设，需要岁月的积累。所以，无论是来自原来新闻学领域的人，还是来自其他各种不同学科的人，我们都在为中国的新闻与传播学科积累着学科的基础。而在这些积累中，教材建设则是其中核心的基础之一。10年前，"南复旦、北人大"，作为原来中国新闻与传播学的超级力量，曾经推出过各自的体系性的教材，后来北京广播学院也加入了传媒教育的领头行列，进入21世纪以后，清华大学、武汉大学、华中科技大学，以及北京大学的新闻传播学科也相继引起关注，并陆续推出各种系列的或者散本的翻译或原编教材，一些非教育系统的出版社，如华夏出版社、新华出版社等整合力量出版了一些有影响的新闻与传播教材。应该说，这些教材的出版，为全国的新闻与传播学教育提供了更多的选择、更多的比较、更多的借鉴。尽管目前可能还没有形成被大家公认的相对"权威"的教材系列，尽管许多教材还是大同小异，尽管相当部分教材似乎在观念、知识、方法以及教学方式的更新方面还不理想，但是这种自由竞争的局面为以后的教材整合和分工提供了基础。

　　由于清华大学新闻与传播学院的建立，一定程度上为过去基本不涉足新闻与传播学教材的清华大学出版社提供了一种契机，近年来陆续出版了多套相关的著作系列和教材系列。除"清华传播译丛"以外，教材方面目前已经陆续面世的包括"新闻与传播系列教材·英文原版系列"以及原编系列的部分教材。而现在呈现给大家的则是"新闻与传播系列教材·翻译版"。

　　本系列的原版本坚持从欧美国家大学使用的主流教材中选择，大多已经多次更新版本，有的被公认为本学科最"经典"的教材之一。其中一部分，已经由清华大学出版社推出了英文原版，可以帮助读者进行中英文对照学习。这些教材包括三方面内容：

　　一、传播学基础理论和历史教材。这类教材我们选择的都是经过比较长时间考验的权威教材，有的如《麦奎尔大众传播理论》（Denis McQuail, *McQuail's Mass Communication Theory*）和《人类传播理论》（Stephen W. Littlejohn, *Theories of human communication*）。《大众传媒研究导论》（Roger D. Wimmer & Joseph R. Dominick, *Mass Communication Research: An Introduction*）也是国内出版的有关媒介研究量化方法的少见的教材。我们还特别选择了一本由James Curran 和 Jean Seaton 撰写的《英国新闻史》

(*Power without Responsibility——The press, broadcasting, and new media in Britain*), 弥补了国内欧洲新闻史方面的教材空白。

二、新闻与传播实务类教材。主要选择了一些具有鲜明特点和可操作性的教材，弥补国内教材的不足。例如《理解传媒经济学》(Gillian Doyle, *Understanding Media Economics*)和《媒介学生用书》(Gill Branston & Roy Stafford, *The Media Student's Book*)等。

三、新闻与传播前沿领域或者交叉领域的教材。例如《文化研究基础理论》(Jeff Lewis, *Cultural Studies: The Basics*)等。

这些教材中，有的比较普及、通俗，适合大学本科使用，特别是适合开设目前受到广泛欢迎的媒介通识课程使用，如《大众传播理论》(Stanley J. Baran & Dennis K. Davis, *Mass Communication theory*)和《媒介素养》(W. James Potter, *Media Literacy*)；有的则可能专业程度比较高，更加适合高年级专业学生和研究生使用。但是从总体上来讲，为了适应目前中国新闻与传播学教育的现状和需要，目前选择的书籍更偏向于大众传播、大众传媒，而对传播学的其他分支的关注相对较少。因为考虑国情的特殊性，新闻学教材也选择的比较少。当然，由于新闻与传媒本身所具备的相当特殊的本土性以及文化身份性、意识形态意义等，这些教材并非都适合作为我们骨干课程的主教材，但是至少它们都可以作为主要的辅助性教材使用。

人是通过镜像完成自我认识的，而中国的新闻与传播教育也需要这样的镜子来获得对自我的关照。希望这些译本能够成为一个台阶，帮助更多的青年学生和读者登高临远，建构我们自己的制高点。

尹 鸿

修改于 2013 年 11 月 12 日

序 一

尽管社会学和政治学在传媒和传播学的研究中占有传统优势,但在近几年,从经济学视角出发对传媒展开研究的兴趣显著增加。这一情况在中国和世界上其他地区都普遍存在。因此,我非常乐意向中国读者介绍《理解传媒经济学》的第二版。与经济学相关的研究视角之所以被强调,一个重要因素是所谓的数字化革命的兴起,以及它对媒体的商业形态和供应方式的重塑作用,同时,还有它给政策制定者带来的新挑战。数字化促使新的经济问题产生,例如,与融合相关的影响、对数字化权利的开发利用、对内容生产的支持、全球性竞争和跨国贸易,这些问题正逐渐成为媒体和传播主流研究领域的核心议题。

近年来,经济学理论和概念在传媒研究各方面的运用日渐兴盛,因此这个领域十分迫切地需要适当的文本著作来支持教学。2002年出版的《理解传媒经济学》第一版正是在这一原因的促动下完成的。但是,自第一版面市以来的十余年间,媒体产业和市场经历了巨大的变化,从某种程度上来说,甚至是经历了一场剧变。新兴的技术、变化的消费行为和更加激烈的竞争对媒体的组织和经济运行带来显著的影响。十余年间,传媒产业的巨大变化带来数字时代背景下新的问题,这些问题需要新的分析方法来解决,因为它们关系到如何恰当地理解当代媒体产业的经济规律。

为了能够充分契合快速发展的数字化媒体产业图景,本书第二版进行了彻底的修订,打破了按照不同产业门类分析传媒经济的传统模式,取而代之的是一个由最为关键和迫切的主题构成的研究框架,在此框架下,这些主题将围绕着如何在21世纪背景下洞悉影响传媒产业的各种经济因素展开。具体来说,本书探索了一系列关于传媒经济的话题,例如,创新问题、数字化多元平台的发展、网络经济、双向互动对市场需求的影响、风险分担策略、版权问题、公司的扩张,以及广告产业的问题。对于这些问题的回应通常超出了单个行业门类的界限,牵涉到整个媒体产业。本书的总体目标是为经济学的非专业人士打开一条传媒研究的新路径,从而了解许多在数字化时代围绕媒体产业和市场而出现的经济学问题,以及亟待解决的产业政策问题。

作为本书的作者,首先,我要感谢在英国格拉斯哥大学以及别的地方参与了我讲授的传媒经济学课程的学生,他们中很多来自中国。同时,我也要感谢在传媒产业中拥有深厚资历的发言人和受访者,在我筹备此书期间,他们的参与促进了分析方法的成形和拓展。另外,我还要感谢出版此书英文版本的伦敦塞奇出版社(Sage Publications),以及支持本书翻译引进的清华大学出版社。最后,感谢我的学生黄淼博士为翻译此书付出的努力。

Gillian Doyle

2017 年 4 月 20 日

序 二

移动传播体系的形成，对大众传播带来了颠覆性影响，也给媒体经济运营及其研究提出了全新课题。移动传播体系以独立个人为主体的传播关系，带来了一场具有历史意义的传播革命，不仅重构了媒体产业的运行方式，还重塑着媒体产品的消费和使用，改变的是整个社会与信息传播有关的一切。

在过去十年间，基于互联网的信息传播更新换代的速度超过了以往任何时期，传统形态的媒体业务的快速萎缩，新兴媒体业态的高歌猛进，由此带来的媒体产业的新发展不断挑战传媒经济和媒体管理研究者的旧认知。研究对象的剧变，迫使具有使命感的研究者不断否定自我，更新认识，调整思路，从而能够具有前瞻性地面对所研究的客体。

本世纪初，我曾在英国斯特林大学出版研究中心做访问学者。彼时吉莉安·道尔教授正执教于这所大学的传媒经济专业。众所周知，英国的新闻传播学学科发展受其文化研究传统的影响，整体上偏重批判倾向。尽管随着文化创意产业的兴盛，英国传媒教育在本科和硕士阶段增加了实践技能培育的比重，但在学术研究中，批判传统仍占主流。但在与英国学者的交往中我发现，在这一学术领域，也有吉莉安·道尔教授这样的学者从事的是承继产业研究传统、以问题为导向的工作，他们致力于对产业发展实践的解释和分析，试图找到传媒经济活动的内在规律。他们给我的启示是，新闻传播学是一门具有强烈应用导向的学科，而传媒经济和媒体管理活动的研究，更需要研究者与实践者的紧密联系。实际上，英国有多个世界性的传媒领军企业，如BBC、ITV、卫报和金融时报，这些企业在应对互联网技术革新过程中的探索，对我国主流媒体具有较高的借鉴价值。而这些企业，都是道尔教授常年跟踪研究的对象，她也在此书中分享了许多重要的研究结论。

此书第一版问世于 2003 年，2004 年引进到中国后，经常被国内同行用作传媒经济和媒体管理相关课程的核心教材，同时也是这一领域学术论文引用率较高的国外论著。在第一版的基础上，第二版在内容上做出了重要的结构性调整，用关键话题取代媒体产业门类作为章节划分的标准。这一调整反映了道尔教授对互联网影响下媒体经济演变的理解，也与我对"媒体融合的实质是传统媒体的互联网化"的判断不谋而合。

在《理解传媒经济学》（第二版）里，道尔教授用"融合与多平台"概括互联网时代的媒体产业宏观环境，用"企业成长和集中化策略"诠释媒体公司的发展路径。在对媒体市场的分析上，她聚焦于两个话题："网络"和"需求：从推送到拉取"。她还用了三个章节，逐个深入探讨了媒体业的三种盈利模式，即内容、版权和广告，如何适应互联网技术革新的冲击。道尔教授在第二版中还保留了对传媒经济学基础知识的介绍，以及对媒体经济与公共政策关系的辨析，以保持知识体系的完整性和体现教科书的功能。概言之，道尔教授著作的第二版着眼于媒体经济的新发展，通过联系实际的深入研究，实现了知识的更新和认识的升华。基于此，我相信此书第二版会像第一版一样，受到学界和业界的重视，并且成为沟通中西方传媒经济研究和教学的重要桥梁。

此书的两位翻译者——黄淼博士和董鸿英博士，一位在博士研究生阶段师从于道尔教授，一位曾访学于道尔教授领军的格拉斯哥大学文化政策研究中心（CCPR），她们都曾在硕士研究生阶段跟随我从事传媒经济和媒体管理专业的学习与研究，目前都还在这个领域继续着自己的探索。看到她们在这一专业领域的译作，我颇感欣慰。谨以此序，祝福她们在未来的事业发展中取得好成绩。

宋建武
中国人民大学新闻学院教授、博导
2017 年 12 月 20 日

目 录

第1章 传媒经济学介绍 ········· 1
1.1 传媒经济学是关于什么的学问? ········· 2
1.2 宏观经济学和微观经济学 ········· 2
1.3 经济理论中的公司 ········· 4
1.4 竞争性市场结构 ········· 6
1.5 市场结构和行为 ········· 8
1.6 传媒经济学有什么特别之处? ········· 9
1.7 媒体的重要经济特征 ········· 10
1.8 规模经济 ········· 12
1.9 范围经济 ········· 12
1.10 不断变化的科技 ········· 13

第2章 融合与多平台 ········· 15
2.1 垂直供应链 ········· 15
2.2 不断变化的市场结构和边界 ········· 17
2.3 数字化融合 ········· 19
2.4 科技变革、创新和创造性破坏 ········· 21
2.5 多元化平台 ········· 22
2.6 一个新的聚宝盆? ········· 25

第 3 章　企业成长和集中化策略 · · · · · · 27
3.1　对数字化的策略回应 · · · · · · 27
3.2　管理理论 · · · · · · 30
3.3　横向扩张 · · · · · · 32
3.4　斜向和集团化增长 · · · · · · 35
3.5　纵向扩张 · · · · · · 37
3.6　跨国发展 · · · · · · 40

第 4 章　网络 · · · · · · 42
4.1　网络的经济学 · · · · · · 42
4.2　广播电视网络 · · · · · · 46
4.3　跨国出版的全球网络 · · · · · · 48
4.4　线上内容传播 · · · · · · 52
4.5　社交网络和微博客 · · · · · · 55
4.6　媒体经济中网络的角色变化 · · · · · · 58

第 5 章　需求：从推送到拉取 · · · · · · 60
5.1　从大众到细分 · · · · · · 60
5.2　用户赋权 · · · · · · 63
5.3　细分和品牌 · · · · · · 66
5.4　受众流管理 · · · · · · 69
5.5　广播电视业的市场失灵 · · · · · · 72
5.6　公共内容服务供应 · · · · · · 74

第 6 章　内容供应的经济学 · · · · · · 78
6.1　新奇性和风险分散 · · · · · · 78
6.2　产品组合 · · · · · · 80
6.3　重复和形式 · · · · · · 81
6.4　好莱坞模式及其风险 · · · · · · 82
6.5　资助模式：成本加成与赤字财务 · · · · · · 85
6.6　窗口策略 · · · · · · 87

第 7 章　版权 · · · · · · 93
7.1　版权的经济原理 · · · · · · 93

- 7.2 版权与福利损失 … 96
- 7.3 数字化与版权执行 … 97
- 7.4 全球化 … 98
- 7.5 地区化与自由贸易区 … 99
- 7.6 除版权之外的商业模式 … 100
- 7.7 激励创造性的非市场方式 … 103
- 7.8 调整版权以适应"开放"的互联网 … 105

第 8 章 媒体与广告 … 107
- 8.1 广告产业 … 107
- 8.2 广告因何存在? … 109
- 8.3 厂商能控制自己的市场吗? … 110
- 8.4 信息性广告与说服性广告 … 111
- 8.5 广告作为市场进入的壁垒 … 112
- 8.6 广告与经济运行状况 … 113
- 8.7 互联网广告的兴起 … 116
- 8.8 企业的广告决策 … 120

第 9 章 传媒经济学和公共政策 … 124
- 9.1 自由市场与干预 … 124
- 9.2 媒体内容的扶持措施 … 127
- 9.3 贸易保护主义 … 130
- 9.4 媒体所有权集中 … 133
- 9.5 促进竞争 … 134
- 9.6 垄断与技术变革 … 136
- 9.7 效率最大化 … 139
- 9.8 公共广播电视服务和国家援助规则 … 140

参考文献 … 142

第 1 章

传媒经济学介绍

传播学和传媒研究长久以来被非经济学科所主导。例如，对传媒活动主要形态的分析，为我们提供了了解所处社会和价值体系的方法。但是，经济学对传媒学者来说也有许多值得借鉴的专业知识。媒体组织经营者在完成决策时，或多或少都需要考虑资源和财务的影响因素。因此，想要理解传媒公司和产业的运营，经济学知识非常重要。

本书介绍了影响传媒业运行的主要经济概念和问题，以期为非经济学专业的读者提供必要的理论工具，帮助读者厘清传媒公司和市场活动所涉及的经济学特征，以及一些亟待解决的产业政策问题。换言之，此书的读者无需具备经济学背景知识。

本书的前三章将解释一些与传媒产业研究相关的，较为宽泛和基础性的经济学概念。第 1 章介绍公司和市场，并论述在这两个问题上传媒产业具有的与众不同的经济学特征。第 2 章考察传媒产业的组织，以及传媒公司如何调整自身以适应由数字化和融合所引起的巨大变化。第 3 章主要关注传媒业不同经济特征之间的关系，不断变化的市场条件，以及通常被传媒公司所采用的公司战略。

后续六个章节将分别考察媒体组织不同维度的问题，这些问题对于研究传媒经济具有重要意义。例如，消费者行为与市场需求，网络与网络效应，内容产品与风险分担策略，版权问题，以及广告在传媒双边市场中的角色。这六个章节共同构成了一个研究框架，框架内的每个主题之下重点考察两到三个主要的经济学概念或问题，这些概念和问题或与所在主题有关，或是可以作为所在主题最好的例证。概言之，本书的结构使得一系列与传媒相关的经济学主题和问题得到循序渐进地探索。本书的最后一章则考察传媒经济学在解释公共政策问题时日益凸显的重要作用。

在学习本章之后，您将可以回答以下问题：
- 明确传媒经济学要解决的问题的种类；
- 解释什么是公司，以及它的动机是什么；
- 描述现有不同类型的竞争性市场结构；
- 理解传媒经济学的独特之处；
- 明确并解释与传媒业有关的重要经济学特征。

1.1 传媒经济学是关于什么的学问？

传媒经济学试图将经济学研究与传媒研究结合起来，它关注的是不断变化的经济力量，这些经济力量引导或限制着传媒业中经理人、从业者和其他决策者做出决策。本书中所介绍的经济学概念和问题可以为读者认识和理解媒体商业运营和管理的基本知识奠定基础。

许多学者都曾试图给传媒经济学做一个形式化定义。经济学被描述为"关于人们如何做出选择以应对稀缺性的研究"（Parkin, Powell and Matthews, 2008：4）。稀缺性的概念大多数人都很熟悉。在某种程度上，每个人都是经济学家，因为我们都需要决定如何才能充分利用仅有的收入和资源。根据罗伯特·皮卡德（Robert Picard）的研究，传媒经济学关注的是"传媒经营者如何运用可供调配的资源，来满足受众、广告商和社会各界在信息和娱乐方面的要求和需求"（1989：7），也包括运用经济学理论来"解释传媒产业和公司的工作情况"（Picard, 2006：15）。与之相似，阿尔巴朗（Albarran）将传媒经济学描述为运用经济学的观点和原则去研究"宏观经济和微观经济中的大众传媒公司和产业"（2004：291）。

因此，传媒经济学关注若干问题，包括影响传媒公司和产业的国际贸易、商业策略、市场细分、风险分担、权利开发、定价政策、广告市场发展、竞争和产业集中。这些主题将在接下来的章节中进行探索。本书主要关注微观经济（例如，特定的个体市场或公司），但某些问题的论述也会涉及宏观经济的维度。

1.2 宏观经济学和微观经济学

宏观经济学与微观经济学的区别在于，研究对象是大群体、宽泛的经济总量，还是小型的、明确的群体或个体的公司和部门。宏观经济学关注非常宽泛的经济总量和平均值问题,例如总产量、总体就业状况、国民收入、普遍的物价水平和总体经济增长速度。这些总量是全部个体市场的活动和全部个体的集体行为的累计结果。

国内生产总值（GDP）是普遍被用于衡量一个国家经济活动总体水平的方法。一个国家的国内生产总值代表了在一定时期内,通常是一年,该国经济体内生产出的所有产品和服务的价值总和。在发达国家中,传媒产品和服务在经济活动的总体价值中所占份额不大,但比例正在逐年增加。例如,英国的传媒产业占国内生产总值的三到五个百分点。传媒产业中的许多部门被算作"创意产业",例如电视产业和出版产业,创意产业在整个国家的经济发展中被看作重要的发展力量（Andari et al., 2007）。

第二次世界大战结束以来,英国国内生产总值总体而言保持着长期增长态势,在此经济背景下,国民生活水平显著提升。但在整体增长的趋势中,国内生产总值也会围绕着总体上升趋势出现短期内的波动。英国的经济发展并非始终保持稳定持续的增长,而是在一系列不规律的"商业周期"（business circles）中起起伏伏,这种"商业周期"包括五个阶段：增长期（growth）、高潮期（peak）、衰退期（recession）、低谷期（trough）和恢复期（recovery）。

国家宏观经济的总体表现对所有行业的经营业绩和发展前景都具有重要影响,传媒产业也不例外。实际上,大部分传媒公司的发展对总体经济的起伏波动是高度敏感的,因为大多数传媒公司都是把广告作为主要的收入来源。对广告产业长期发展趋势的分析显示,国家总体经济的表现和广告活动的业绩之间具有十分紧密的联系。此外,传媒公司收入中来自消费者直接付费的部分也明显依赖于宏观经济总量,例如居民可支配收入（disposable income）水平和消费者信心（consumer confidence）。

在理论上,经济领域的公共政策（货币政策和财政政策等）、促进或抑制增长的政策,以及社会福利政策,都可能影响传媒公司和产业所处的经济环境。例如,政府对货币供应和利率的控制会影响投资水平（Baumol and Blinder, 2011）。但是,也有观点认为,国家机构对市场和产业活动的影响力正在逐渐减弱。"全球化"（globalization）意味着对于开放的经济体来说,仅基于国内情况预测货币和其他经济政策越来越困难。

宏观经济学着眼于影响经济总体的因素,而微观经济学则关注个体市场、产品和公司的分析。"经济"指的是一种机制,这种机制决定着"生产什么产品和服务,怎样生产这些产品和服务,以及为谁生产这些产品和服务"（Parkin, Powell and Matthews, 2008：6）。这些问题的决策由三类经济主体共同完成：消费者、公司和政府,并在所谓的"市场"中得到协调。基于对这些主体如何完成选择的某些假设,经济学研究才得以开展。

例如,每一个消费者都被认为具有无限的需求和有限的资源,同时,还要假设所有的消费者都追求效用（utility）或满足感（satisfaction）的最大化。边际效用（marginal utility）指的是,消费更多一点或者更少一点某一既定产品所带来的满足感的变化。边际效用递减的规律意味着,一个消费者消费的某一既定产品越多,这个消费者依次从每个产品中获得的满足感就越少。利普希和克里斯托（Lipsey and Chrystal）认为，在其他一切条件相等情况下，一个消费者在一个月内看的电影场次越多，这个消费者所获得的满足感就越多，但每个月中每多看一场电影的边际效用会少于上一场电影，即边际效用随着消费量的增加而递减（1995：128-129）。

1.3　经济理论中的公司

在经济学中，生产是一种将资源或投入（例如，原材料、创意、知识）转换为产出（产品和服务）的活动。"公司"（firms）是实施生产的机构，为同一个市场生产产品的许多公司共同组成一个产业。传媒公司的概念囊括了许多不同种类的商业组织，从网络同人杂志（fanzine[①]）出版商到大型电视公司，从独资企业（single proprietorship）到大型跨国上市公司。所有传媒公司的共同点是，以某种方式参与传媒内容的生产、包装和发行。

但是，并非所有传媒公司都是商业组织。大部分国家都拥有一个国有广播电视组织，这种组织采用公共公司（public corporation）的形式并且致力于提供电视和广播的公共服务（public service）。许多公共广播电视服务公司（public service broadcasters）都依赖于公共资金（例如，专项拨款）。但也有一些公共广播电视服务部分地或完全地依靠商业收入，例如，售卖播出时段给广告商。即使这些公共广播电视服务公司为获得商业收入来源而参与市场竞争，它们也仍然会被与商业传媒公司区分开来，因为在事实上它们的主要目标是提供可普遍享用的公共广播电视服务，而不是为了创造利润。

与之相反，商业公司的每一个决策都被假定是为了实现利润最大化。所有公司都寻求利润最大化的假设是新古典主义公司理论的核心，基于这个理论，经济学家可以通过研究公司每一个可供选择的决策对其利润的影响来预测公司行为。

但是，针对传统的公司理论，有两个普遍被提及的批判观点，且这两个观点都与传媒业有关。第一个观点认为，假设商业经营动机只是追求利润的观点过于粗糙和简单。对于商业所有者来说，利润最大化的动机是不言自明的，但事实上，一些所有者也会被其他目标所驱动。这些动机可能是直接的慈善事业目的，也可能是希望通过拥有某种特殊类型的商业来获得特别的利益。尤其是对传媒公司来说，一种特别的驱动力可能是对公众和政治影响力的追求。

第二个批判性观点认为，传统的公司理论假设所有的公司都会采取相同的行为方式，这种假设忽略了不同的公司会有不同的规模和组织结构。一个公司的制度结构对其优先发

[①]　由 fan 和 magazine 的后缀组成的新词，意为粉丝杂志、同人杂志——译者注。

展的业务具有重要影响。鲁珀特·默多克（Rupert Murdoch）对新闻集团（News Corporation）的经营管理显示，一些传媒公司的管理是由其所有者牢牢掌控的。但是，目前传媒组织的主要形式是公共有限公司（public limited company），此形式的典型特征是，公司的日常经营由经理人而非所有者（或者股东）负责。

当一个组织的所有权和控制权发生分离，控制这个组织的经理人也许会选择追求利润和股东回报最大化之外的目标。这种利益冲突被称为"委托代理"（principal-agent）问题，即被委派经营公司的经理人（代理人，agent）也许不会始终按照股东（委托人，principal）的意愿行事，经理人可能有自己的计划。当代理人的目标占据主导地位时，对利润的追求就会被其他目标所取代，例如销售收入最大化或公司的整体发展。

传统经济理论是否能够良好地应用于传媒公司的实践，这是有充分根据可以进行质疑的。尽管如此，经济主体（公司和家庭）以"理智的"方式作出决定并追求其个体目标（分别是利润和效用最大化），传统经济理论在这一方面的知识仍可适用于传媒消费活动。在此背景下，政府需要承担一个重要的角色，那就是创造一个有规则的环境，以保证个体目标的达成不会以牺牲社会福利为代价（Owers, Carveth and Alexander, 2002：17）。媒体公司提供暴力内容的问题就是一个例证，个体经济单位也许会为了实现利益目标最大化而损害社会福利，例如，提供暴力内容有助于电影和电视节目制作商获得大额利润（ibid.）。

公司利润是收入与成本的差额。在经济学理论中，成本指的是所有"机会成本"，即选择以某种特定方式而不是另一种方式来使用一种资源时，会获得某种相应的利益，也会牺牲另一种未被选择的利益。换言之，某种产品或服务的价值可以用机会成本来衡量，即相同的投入如果运用到下一个机会中可能会产生的价值（Allen et al., 2005：326）。因此，在将成本分派到前提投入的同时，"估算成本"（imputed cost）也必须被计算在内，而且这种成本还应该被分摊到所有生产要素，尤其是公司自有资本中。

机会成本的概念在经济学中十分重要。资源的利用方式不同，所获得的产出就会不同，但从本质上来说，资源都是有限的。可供利用的土地、劳动力和资本投入到某些活动中会比投入到另一些活动中产生更高的效率。机会成本是不可避免的，因此公司决策者需要做出取舍。当每一个工人、每一片土地和每一件资本设备都被安排到最合适的任务时，最有效的生产结果就能够实现。

例如，如果我们需要更多新颖的媒体应用软件，但只需要较少的计算机游戏，我们可能会将本属于计算机游戏生产的创意、营销和管理人员，计算机和信息技术专家，以及相应的设备调整到媒体应用软件的生产中。但是，相比于应用软件专业开发人员，游戏开发人员并不擅长于开发应用软件，所以结果可能是应用软件的产量小幅增加，而计算机游戏的产量却大幅下降。同样地，应用软件开发人员可能会被安排去开发计算机游戏，但相比于目前正在从事计算机游戏开发的专业人员，他们并不擅长于此，由此就可能在产出损失方面出现机会成本。将生产计算机游戏的资源转移去生产应用软件（或者从应用软件到计算机游戏）所产生的机会成本可以被算作为了生产更多软件应用而放弃的计算机游戏的产量（反之亦然）。

为了实现利润最大化，媒体公司需要决定哪一种总体产出比例是最能获利的，例如，一份期刊的印刷量应该是 10 万还是 20 万。为了完成这个抉择，媒体公司需要确切地知道不同水平的产出相对应的成本和收入。所谓的"生产函数"（production function）描述了不同水平的成本和产出之间的关系。相关因素（劳动力、固定设备等）的价格变化，将会导致已经变得更加昂贵的因素被相对较便宜的因素所替代。例如，在 20 世纪 80 年代和 90 年代，计算机出版技术的引进降低了固定设备的成本，同时也降低了排字等生产环节中高昂的人工费用，由此引发了印刷出版产业的组织重构。另一个替代因素的实例发生在视听产业中，21 世纪初，整个视听产业转向动画电影的生产，其目的是应对电影明星不断上涨的工资所带来的人工费用问题（Hoskins, McFayden and Finn, 2004: 92）。

"边际产量"（marginal product）是指，在其他条件不变的情况下，在固定投入中多增加一点或少增加一点可变投入，所带来的总产品（或总产量）的变化。收益递减规律显示，如果在既定数量的固定要素（例如车间和设备）中加入的可变因素（例如自由技术工人）超过正常数量，这个可变因素的边际产量和平均产量就会下降。Hoskins，McFayden 和 Finn 提供了一个例证，一个生产 DVD（产出）的小型公司使用一种由三个工人（劳动力代表投入）操作的机器。当工人由一个增加到三个的过程中，生产力不断提高。但是，由于更多人工的加入，机器需要被分享，每一个机器操作者的效率和生产力开始下降，收益递减开始出现（2004: 87）。

但是，与边际收益递减规律相反的是，当产出（或者更确切地说是产品的消费量）增加时，许多传媒公司获得的边际效益递增而非递减。对于传媒产业中规模收益递增的解释存在于传媒产品的本质属性及其被消费的方式中。传媒内容的价值不在于印刷的纸张和墨水，也不在于传递文本和图像的录像带，而在于它所提供的意义、信息或故事——传媒内容的知识产权。这是一种无形的价值，因此大量复制和少量复制在成本上差异不大。生产一个电视节目或者一部电影的成本并不会受到观看人数的影响。因此，对于传媒公司来说，投入成本和不同水平产出之间的关系可能由于规模收益递增作用的存在而发生具有积极意义的扭曲。

1.4　竞争性市场结构

如前所述，生产函数描述了在不同水平产出的情况下，需要不同的成本。实际上，想要获得利润最大化的公司不仅关心成本，也需要知道不同水平的产出与什么样的收入相关。在很大程度上，这取决于一个公司所处的是什么类型的竞争性市场结构。

经济理论为我们提供了一个模型，该模型可用于分析一个市场可能具备的结构类型，以及在这种市场中公司之间的竞争程度。传媒运营所处的竞争性市场结构，将会对传媒公司如何有效地组织它们的资源和商业活动具有重要影响作用。理论中主要的市场结构包括完全竞争、不完全竞争（例如，垄断竞争和寡头竞争）和垄断。这些结构之间的差异基本上取决于在一个既定市场中竞争的生产者和销售者的数量。结构的类型很重要，因为它决定着个体公司所拥有的"市场权力"（market power），同时也影响着个体公司在市场中控制和影响经济运行的能力（例如制定价格）。在一个市场中，个体公司拥有的市场权力越少，这个市场的竞争性就越强。

一个市场的结构不仅取决于具有竞争关系的销售者的数量，也受到许多其他因素的影响，包括产品差异、现有购买者数量以及对新进入的竞争者的阻碍。完全竞争和垄断是相反的两个极端。在完全竞争的市场中，市场具有高度竞争性和开放性，每一个公司的市场权力为零；在垄断的市场中，单个公司对整个市场拥有绝对控制力。大部分公司趋向于在中间状态而非极端状态的市场结构中运行。

当有许多同类（例如，完全相同或不具备差异性）产品或服务的销售共存于市场中，完全竞争就会存在，那么就没有一个公司可以主导这个市场。在这种情况下，经济力量可以自由地运行。每一个公司都被假设为"价格接受者"（price-taker），且这个产业具有可以自由进入和退出的特征。因此，在完全竞争的状态下，不存在进入的障碍——也就是说，只要新进入者愿意，就没有阻碍他们进入市场的障碍（例如，缺少可用的频率或高昂的初期资本投入）。垄断，则是另一个极端状态，这样的市场中只有一个销售者，无论如何都不会有竞争，而且通常有较高的进入障碍。

在现实世界中，很少可以看到完全竞争的例子。包括传媒在内的大部分产业都销售具有差异化的产品。也就是说，非常相似的产品共同构成一个产品类型（例如，图书），但这个类型中的每一个产品又具备消费者可以辨识的明显差异。换言之，每一个类型中的不同产品可能是相近替代品，但不是在完全竞争的情况下会存在的完全替代品。当有许多相似产品或服务的销售者共存于一个市场时，垄断竞争就会存在。但在此情况下的产品仍具有差异性，而且每一种产品只由特定的一家公司生产。因此，这种市场中的公司对产品的价格拥有一定程度的控制力。

如果一个市场中仅有少数几个销售者，而它们的产品存在同质化或差异化的竞争，这样的市场结构就可被描述为寡头市场。那么，竞争者数量少到几个算是"少数"呢？"集中率"（concentration ratio）是通常用来测量一个市场中寡头程度的工具。这种测量通常以比例的形式出现，例如，某一领域中排名前四位或前八位的公司在产量、雇员数量或收入这几项指标上占全领域总数的比例。另一个市场集中度的测量方法是"赫芬达尔—赫希曼指数"（Herfindahl-Hirschman Index，HHI），该指数测量的是一个产业中所有公司的市场占有率,从而提供关于市场竞争水平的粗略指导(Fisher, Prentice and Waschik, 2010:175-6)。在传媒领域,市场集中度可以根据受众份额(audience share)进行计算。根据利普希和克里斯托(Lipsey and Chrystal)的研究,在一个寡头市场中,"每一个公司都有足够的市场权力以防止它自己成为一个价格接受者,但每一个公司也都受制于公司间竞争,这种压力足以阻止一个公司仅从自己情况出发考虑市场需求曲线(market demand curve)"(2007:188)。因此,在一个寡头市场的情境中,公司对市场的控制力比在垄断竞争中更大。

在传媒公司的运行环境中,寡头市场是最常见的一种市场结构类型。本书的第3章会讨论为什么许多传媒领域都被少数几个大公司所主导。在许多情况下,这个问题的答案在于,大规模生产经济带来的成本降低。规模经济(economics of scale)普遍存在于传媒业中,因为这个产业具有较高的初始生产成本,以及低边际再生产成本和分发成本的特征。范围经济(economics of scope),即通过多元产品生产所获得的经济,也是传媒企业通常具备的特征。因此,对于在传媒产业中运营的公司来说,大型组织具有许多优势。

不完全竞争的理论认为,与组织规模相关的成本优势将会促使一个产业发展成为寡头结构,除非某些市场干预或政府调控阻止这些公司发展到对它们而言最有效率的组织规模。如果没有这样的干预行为,这个产业中现存的公司可能会制造一些本不存在的进入障碍,以至于这个产业被少数的大型公司主导,而其原因仅只是它们成功地阻碍了新公司的进入。但实质上,任何产业中的规模经济,其本身就可以作为阻止新公司进入的自然障碍,因为新公司的规模通常都小于已发展成熟的知名企业,所以自然地处于成本劣势。

1.5 市场结构和行为

公司的行为由其所处的市场结构决定,这种期待的理论依据是由乔·贝恩(Joe Bain, 1951)首次提出的结构—行为—绩效范式(structure-conduct-performance paradigm, SCP)。结构—行为—绩效范式认为,市场结构(即,公司的数量、进入的障碍等)将决定一个产业中的公司如何行为(例如,它们的定价政策和广告政策),而这些行为又将反过来决定该产业的绩效,也就是它的生产效率(Moschandreas, 2000:7)。这个模型意味着,一个市场中公司的数量越少,合谋、反竞争策略和其他低效率的可能性就越大。

尽管实证研究可以证明市场结构和绩效之间存在关联,但结构—行为—绩效的方法仍被认为存在局限,因为在结构、行为和绩效之间存在"同时性关联(simultaneity in relationship)"(ibid.;Martin, 2002)。最近的理论进展认为,垄断和寡头市场中的公司并不都会导致低效率的行为,而且除了竞争性市场结构之外的一些背景因素也会对公司的绩效产生影响(Tremblay, 2012:85)。由美国经济学家威廉·鲍莫尔、约翰·潘扎和罗伯特·D·威利格（William Baumol, John Panzar and Robert D. Willig）提出的可竞争市场理论认为，在一个对新进入者开放的市场中也会存在垄断行为，换言之，市场的可竞争性可以防止竞争主体利用市场权力限制产量和抬高价格（Lipsey and Chrystal, 2007：198）。

在主流经济学中，博弈论日益流行。该理论强调的是，公司的绩效由其与其他市场参与者的互动决定。博弈论模型所检验的问题是，公司如何在策略性的互动中展开行为，以达到自身利益最大化的目的（Allen et al., 2005：570）。数学博弈论的形式只能保守地被用作分析传媒业的一个指导框架（大多与建模和编程的策略有关）（Wildman, 2006：85）。公司之间相互依赖是寡头市场的显著特征，也是传媒业较为普遍的市场结构。寡头行为与策略博弈行为相似（Moschandreas, 2000：169），因此，许多传媒经济学的研究，一方面利用产业组织的传统框架，同时也会开展对竞争者行为的推测和分析。在实践中，不同市场结构和环境中传媒公司的行为，是许多传媒经济学家关注的问题（Picard, 2006；Wildman, 2006；Wirth and Bloch, 1995），同时也是贯穿本书的重要话题。

1.6　传媒经济学有什么特别之处？

因为传媒和其他文化产品有一些普通产品和服务所不具备的特性，经济理论在这个产业中的应用以及相关的经济预测就面临诸多挑战。传媒的产出似乎要挑战经济学规律存在的基本前提——稀缺性，即无论一部电影、一首歌曲或一个新闻故事被消费多少次，其价值都不会被用尽。

经济学寻求在资源配置中促进"效率"（efficiency），经济效率的概念必须与客体对象相联系，但传媒组织的客体对象太过宽泛。许多传媒组织遵循经典的公司理论，以追求利益最大化和满足股东权益为主要目标。但实际上传媒组织也受到其他动机的驱动。例如，那些在公共服务部门中运营的传媒组织，产量和其他公共服务目标是其存在的目的。一些广播电视公司处于市场和非市场之间的中间区域——它们一方面为满足产业监管者的需求而履行一套目标，同时又为满足股东利益而追求另一套目标。正因为生产和运营的目标是有一定的模糊性，所以运用传统经济理论来解释传媒组织的运营较为困难。

在自由市场经济中，大部分关于资源配置的决策通过价格体系完成。但传媒领域中价格和资源配置之间的关系有些不同寻常。尤其是在广播电视业中，尽管基于订阅观看的电视服务在增长，但电视消费中的许多服务仍不是直接由观看者付费的。缺少价格这个联系消费者和生产者的中介，将消费者偏好反馈给生产者的计划就难以实现了。

从经济学角度出发，如果可以通过资源重新配置，在多生产出一件新产品的同时不影响另一件新产品的产出，那么资源重新配置之前的生产方式就是非效率的。然而，这一逻辑却不足以解释传媒产品的生产特征。例如，一个电视公司可以通过重新配置资源，以相同成本产出更多小时数的节目,赢得更大范围的观众。但如果这种资源重新配置会降低传媒产品的多样性,还可以认为这是更为有效的资源利用方式吗?

这些关于生产和资源配置效率的问题在经济学中属于福利经济学的分支。英国学者已经开展了一些关于广播电视经济学及相关公共政策问题的研究,最具代表性的是艾兰·皮科克(Alan Peacock)的研究,而最近有研究成果的学者是加文·戴维斯(Gavyn Davies)。这些研究都采用社会福利函数来解释社会活动,这个函数表示的是可供选择的资源决策所能产生的最大化的福利。在其概念框架内,传媒经济的作用在于,如何把与媒体供应有关政策选择的福利损失降到最低。

1.7 媒体的重要经济特征

掌握传媒经济学特征的一种好方法,就是去思考使传媒区别于其他领域经济活动的特点。其中一个特点就是传媒公司运营的市场环境,这种市场被 Picard 称之为"双重产品"(dual product)市场(1989:17-19),或者也可以理解为"双边市场"(two-sided markets)。这里的"双边"指的是,传媒公司同时生产两种不同的产品,而这两种产品可以被分别销售给两个不同的群体(Rochet and Tirole,2003)。这两种不同产品首先指的是内容,即电视节目、报纸、杂志文章等;其次是受众。听众、观众和读者所消费的娱乐和新闻内容,即是可供出售的内容产品;而消费这些内容的受众群体构成了第二种有价值的产品。第二种产品也可以理解为媒体连接受众的入口,它可以被打包、定价出售给广告商。

对于许多传媒公司来说,受众是一种货币,因为是受众创造了广告收入,而这部分收入对于商业电视台、广播电台、线上媒体服务提供商以及报纸杂志出版商来说,都是主要的收入来源,后续章节将会详细讨论这个问题。而且,即使是不以利润为目的的传媒组织也需要关心受众数量的问题。例如,公共广播电视服务,必须密切关注它们的收视率和观众的人口统计结构。因为观众的使用效果和满意度,是公共广播电视服务在获取资金支持的谈判中最为核心的要素,使用效果和满意度的水平将决定着它们能够获得多少数额的公共资金支持。

另一种类型的传媒产品,即内容,具有许多有趣而不寻常的特点,Blumler 和 Nossiter(1991),Collins, Garnham 和 Locksley(1988:7-10)都在其研究中指出了这一点。传媒内容通常被归类为文化产品,这些文化产品,包括电影、广播电视节目、书籍和音乐,都不仅是可供交换的商品,同时也是可以丰富文化环境的作品。许多文化产业都共同具备一种属性,即其价值对于消费者而言是符号化的,并且不一定取决于这种信息的物质载体,而是与其承载的信息内容相关。例如,广播调频、数字文件只是信息载体。当然,信息和意义是无形的,而正因为此,它们才不会被用尽。所以,与其他信息产品一样,传媒内容不能在完全意义上"被消费掉"(Albarran, 2002: 28; Withers, 2006: 5)。

实际上,很难定义究竟是什么构成了一个单位的传媒内容。但通常而言,传媒内容可以被描述为一个故事、一篇文章、一个电视节目、一份报纸或者一个广播频道。无论是什么样的定义方式,受众所获价值的本质属性是意义,而并非物质性客体。因为传媒内容的价值普遍与非物质属性相关,所以既不会被用尽,也不会被损坏。也就是说,一个人观看一个电视节目,并不会减少另一个人观看相同节目的机会。正因为传媒内容不会被用尽,相同内容才可以被一次又一次地提供给更多的消费者。在这个意义上,广播电视节目呈现出了"公共产品"(public goods)的关键特征。其他文化产品,例如艺术品,也具有公共产品属性,因为一个消费者的消费行为并不会减少一件艺术品对另一个消费者的价值。正常产品和私人产品则不同于公共产品,私人产品在被消费时会被用尽,例如,一个面包、一罐蜂蜜或一品脱黑酒,在被一个人消费之后,另一人就无法消费了。但当一个故事被卖出后,其售卖者依然拥有它,并且能够再次地卖出。

对私人产品的消费会消耗稀缺资源,因此需要合理配给,通常是通过市场规律和价格手段,公共产品则不遵循这个规律。创造一件公共产品的初始成本也许会很高,但每供应更多一个单位所生产的边际成本则会趋向于零。在既定传播范围内,传输一个电视广播节目给更多一个观众或听众所包含的边际成本通常为零,至少对于地面广播电视来说是这样的。同样,向更多一个网络用户提供线上媒体内容的边际成本也几乎可以忽略不计。尽管生产一本新书、一个音乐专辑或一部电影通常需要较高投资的"沉没成本"(sunk costs)(Van Kranenburg and Hogenbirk, 2006: 334),但接下来的再生产和向更多消费者传播的成本就会很少或几乎为零。因此,当既定媒体产品的受众数量扩大,传媒组织就可以享受到更多的边际收益。

当受众数量减少时,传媒公司的成本节约就会很少。在其他产业中,生产者可以根据产品销售量的多少来调整所需要的生产成本,例如,如果需求减缓,就可以减少原材料的购买量。但对于广播生产者来说,无论有多少听众使用一个广播调频,传输一个已经生产出来的节目所花费的成本都是固定的。基于网络的媒体供应商同样面临这样的问题,网页浏览量并不会影响一个网站及其内容所必需的生产成本。同样地,如果发行量未能达到预期,报纸和其他印刷媒体出版商也无法实现更多的成本节约。当然,不同于广播电视和电子出版,印刷和发行的边际成本还是可观的。

高风险是媒体和其他创意产业的另一个显著特征(Caves, 2000)。创造一个电视节目或其他媒体产品的初始版本很高。但与此同时,传媒产业也具有较高的需求不确定性的特征,即生产者难以预知哪种内容可以更好地迎合大众口味。抵抗这种风险的策略对传媒生产决策至关重要,它决定着媒体如何组织其结构和活动。这将是本书后续章节中另一个重要话题。

1.8 规模经济

规模经济在传媒产业中十分常见。对于它的论述将会贯穿本书的始终,因此很有必要先阐明这个术语的具体含义。规模经济被认为存在于任何边际成本低于平均成本的产业中。当提供更多一个单位产品的成本因为产出规模的扩大而降低时,规模经济就会显现。这个过程可以总结为"合作效益函数"(function coefficient,FC),该函数测量平均成本(average cost,AC)与边际成本(marginal cost,MC)的关系:

$$FC = \frac{AC}{MC}$$

许多产业都存在规模经济,尤其是制造行业,例如汽车业。这些产业具有较大的产量,而且自动化装配流水线技术更降低了平均生产成本。规模经济的存在与许多因素有关,有时是因为大公司比小公司更容易获得高折扣的成本价格,通常来说,规模经济的实现是因为大公司的专业化和劳动分工程度更高,效益由此产生。

规模经济在传媒产业中的存在,是因为这个产业的产品具有公共产品属性。对于传媒公司来说,边际成本(MC)指的是向新增加的一位消费者提供一件产品或一项服务的成本;平均成本(AC)则是指提供全部产品或服务所需的总成本,除以其受众数量,即观看、阅读、收听或以任何方式消费媒体产品的用户数量。在大部分传媒领域中,边际成本都很低,在一些情况下甚至可以为零。因此,如果有更多的观众收看节目,更多的用户访问网站,更多的读者购买杂志,媒体公司提供内容产品的平均成本就不断降低。随着消费规模的增加,平均生产成本不断下降,媒体就可以获得规模经济和更高的利润。

1.9 范围经济

范围经济也与更多产品被消费带来的生产成本节约和效率提升有关。但在范围经济中,成本节约来自于更多类型和更广范围的产出。范围经济就是通过生产多元产品实现的经济,是传媒企业常见的特征,而且这一特征也与媒体产品的公共产品属性有关。

范围经济是"一个公司同时生产多种产品"(Baumol and Blinder,2011:267)所可能获得的成本节约和成本效率。如果大规模多元产品的生产和发行可以使一个公司的产品供给价格比多个单独公司分别供应更为低廉,那么范围经济就会出现。范围经济出现的条件是开销可分摊,或者其他效率提升的方法可实现,使得两个或更多相关产品的同时生产和销售比单独生产和销售更具有成本效率。例如,如果一个产品的生产所需集合的专家资源可以被另一个产品再次利用，就可以获得成本节约。

范围经济在媒体中很常见，因为媒体产品天然具有一种属性——为一个市场所生产的一种产品可以被重塑后销售到另一个市场中。例如，一位政治家的访谈可以录制成供广播电视台使用的纪录片，同时也可以被编辑到另一个新闻节目中。同样的电视内容可以被再包装成更多的产品。范围经济实现的过程，是将一个以某类观众为对象的产品重塑为以另一类观众为对象的一个新产品。

假设在范围经济实现的情况下，一个可以进行多元生产的公司（例如，同时生产产品 A 和产品 B），成本（C）的节约可以带来利益，这个过程可以描述为下列数学关系：

$$C(A, B) < C(0, A) + C(B, 0)$$

无论在何种情况下利用范围经济，多元化都是一种经济效益较高的策略手段，因为"一个实施多元生产的公司的总成本相比于生产相同产品的一组单个公司更低"（Moschandreas，2000：102）。多元化的战略在媒体公司中越来越常见，反映出规模经济的效用。随着数字化的发展，这种策略的普及范围将更加广泛。范围经济和规模经济都是传媒经济的重要特征，这些概念都将在之后的章节中进一步论述。

1.10 不断变化的科技

媒体产业对科技的依赖程度比较高，科技的新发展经常会对媒体的产生和传播方式产生重大影响。在历史上，每一次重大的科技进展，从印刷技术的发明，到广播电视的到来，再到互联网的普及，都给媒体市场中的现存者带来了剧变和机会。因此，传媒公司对所谓的"创造性破坏的狂风"（the gales of creative destruction）并不陌生，这个问题将会在第 2 章深入讨论。

毫无疑问，数字化对传媒产业和市场具有变革性力量。数字传播手段的发展，既提高了媒体内容的发行数量，也加速了受众的碎片化，因此将媒体供给链中稀缺性的重点从内容和渠道转移到抓住受众注意力的能力。因为数字化的融合和互联网的成长已经侵蚀了传统媒体的边界，并且重塑了传媒市场和消费方式，更剧烈的竞争由此出现，调整组织结构和厘清传统商业策略成为必要，这就给传媒供应商带来了许多新的挑战。同时，以数字化发布平台为目标的转型，本身也带来了许多的商业契机。

最近的技术变革深刻地影响着内容生产者。数字化影响着生产的成本，同时也促进了自动化内容管理系统的引进，这些技术都使得内容资产的利用和管理更有效率。但同时，它也带来了新的危险，包括来自"中介"（intermediation）的更大威胁，换言之，线上内容的推送和再组装，以及其他的"搭便车"问题。

贯穿全书的一大重点就是理解数字化发展的经济影响。但值得注意的是，尽管科技不断进步，市场机会不断扩大，内容供给的经济学在许多方面并没有改变。例如，传媒内容的公共产品特征，以及规模经济和范围经济的盛行。现在和未来的传媒商业都将一直围绕传递故事和消息给消费者这个中心，也就是在内容和受众之间创造一种联系，并且从这种活动中生产经济效益。如何充分利用科技手段是传媒行业永恒的挑战，但显而易见，市场结构、产业组织行为和传受互动关系，这些活动都有相应的经济基础理论和原理的指导，而这些内容正是本书力图为您奉献的。

第 2 章

融合与多平台

数字化和融合对近年来传媒产业的生产、发行和消费都具有重要而持续的影响。本章节将探寻这些技术的发展如何改变传媒公司内部的资源使用方式；在融合趋势下，传媒生产和供给过程中更加强调多平台手段的利用，这样的改变如何重塑传媒产业经济结构。本章将会介绍市场结构、市场边界和进入障碍的相关概念。同时也会介绍垂直供应链（vertical supply chain）的相关问题，并考察数字化是如何影响传媒产业内各部分之间的相互依赖、竞争和发展的。除此之外，本章还会对科技变革与创新之间的关系进行思考。

在学习本章之后，您将可以回答以下问题：
- 理解垂直供应链的含义；
- 讨论融合和全球化对传媒公司和市场的影响；
- 理解"创造性破坏"（creative destruction）概念，以及科技变革、创新和经济增长之间的联系；
- 评估"多平台战略"对数字化融合的回应效果。

2.1 垂直供应链

经济学家使用垂直解构（deconstruction）或解聚（disaggregation）的方式实现对一个产业的分析。通常而言，任何产品或服务的生产都包含着若干可以从技术上进行分解的环节。"垂直解构"指的是，将产业活动拆分为许多不同的功能部分或环节，从而可以对每一部分的活动进行更为深入的研究。垂直供应链的概念是由管理学家迈克尔·波特（Michael Porter, 1985）提出的，他认为一个产业的活动是按一定次序进行的：在生产过程中从上游的初期环节开始；然后进入下游环节，产品在下游环节得到处理和精炼；最后，当产品销售给消费者时，产业链活动结束。

垂直供应链框架对分析传媒行业结构十分有用。对传媒业来说，有许多环节明确存在于垂直供应链中，这个供应链连接着生产者和消费者。这条供应链上主要包括三个环节：首先是创造媒体内容，例如，收集新闻故事、制作电视广播节目和制作网络内容；其次是把媒体内容组装成产品，例如，一份报纸或一项电视服务；最后是把成品发行或销售给消费者。

图 2.1　简化的传媒产业垂直供应链

垂直供应链或者"价值链"（value chain）的概念假设了一个从生产到组装和加工，再到最终与消费者交接的序列，价值不断地被加入到这个序列的每个环节中。在实践中，传媒产业中的价值创造活动略显分散和复杂。随着数字技术的普及和互联网的发展，一个很明显的现象是，消费者自己变成了数量巨大的内容制造者和发布者，即越来越多的消费者加入传媒生产的上游活动中。只有将这一现象纳入考量，才能基于传统垂直供应链的概念对当下传媒产业的复杂性做出准确判断。另外，许多传媒公司在双边市场（见第1章——译者注）中运营，这就意味着，除了供应内容，传媒公司的另一部分商业活动是将受众注意力销售给广告商。

传媒产业在本质上还是一个为消费者提供内容的产业。尽管许多传媒公司是在双边市场中运营，任何传媒公司的核心活动仍然是供应媒体内容。其总体目标是制造知识性的资产并且对其进行包装，以合理范围内的最高价格向最广泛的潜在受众进行尽可能多次的销售，从而获取收入。因此，在这个意义上，垂直供应链的理论仍然可以提供一个有用的分析框架。

在垂直供应链所包含的流程中，第一个环节一般都是"生产"（production）。通常来说，媒体内容的创造由电影制片人、作家、记者、音乐家、广播电视制作公司来完成。由于互联网的出现，与网络用户的协同创作或完全由网络用户完成的创作，这种新的生产方式正变得越来越盛行。生产者有时也许会直接提供内容给消费者，例如将内容发布在网站上；但与此同时，生产者所创造的产品也会以输入的形式进入随后的一个"包装"（packaging）环节中。在这个环节中，内容被收集和组装成为可销售的媒体产品或服务，负责这个环节的通常是电视网、线上聚合者（online aggregators，例如 Google 和 Yahoo——译者注）、杂志或报纸出版商。最后是"发行"（distribution）环节将媒体产品传递到最终目的地——受众那里。

传媒产品的发行可通过若干种不同方式实现，对于一些产品来说，这是一个相当复杂的环节。自 21 世纪以来，发行环节越来越多地通过数字化平台和移动设备实现，因为媒体消费习惯正在变得越来越青睐这些渠道。但电视和广播服务仍然主要通过电波传输，或通过宽带通信基础设施传递。对于付费电视来说，发行环节中还包括加密程序和用户管理，以及信号的传送。报纸和期刊仍然通过报刊经销商传递到消费者受众，或者也可能根据订阅的需求直接分发到消费者家中或者工作场所。但是，对于大部分媒体内容来说，通过网络的电子发行都很重要，许多传媒组织已经开始将发行作为一种多平台活动，即在发行环节中包括多元化数字传播平台和形式。

对于传媒业来说，垂直供应链中的所有环节都是相互依赖的。例如，如果媒体内容没有被传播给受众，那么它就没有价值；同样地，如果没有媒体内容可供传播，传播设施和渠道，以及用于消费媒体的可移动设备都只有较少价值，或完全没有价值。没有任何一个环节是比其他环节更重要的，因为它们之间相互依存。因此，一旦在一个环节中形成了"瓶颈"（bottleneck），整个供应链中的每一个参与主体都会受到威胁。如果一个参与者试图垄断产业链中某一个环节，例如一个上游公司控制了所有可替代性的生产投入，或者一个下游公司控制了所有可供接入消费者的渠道，那么对所有参与主体就会不利，而且消费者利益也可能因此受损。

供应链不同环节之间的相互依赖关系对传媒公司所采取的竞争策略具有重要影响。如果一个公司企图获得更大的市场控制权，那么它就会向主业之外的上下游环节进行多元化拓展。垂直整合（vertical integration）指的是，将供应链上下游之间相关联的活动整合到一起，由一家公司来经营。完成垂直整合的公司，其业务活动跨越供应链中两个或更多的环节。传媒公司在垂直方向上拓展运营范围的方式有两种：一是投资新资源；二是兼并供应链中位于其前后环节的成熟企业。

2.2 不断变化的市场结构和边界

基于对完全竞争、垄断竞争、寡头和垄断的清晰定义，经济学为分析市场结构提供了一个理论化的框架。在实践中，许多传媒公司，尤其是广播电视公司，长期以来都受到来自技术因素（如频率和波段的稀缺性）和国家规制因素（如广播电视执照的要求）单独或同时的严重影响。直到 20 世纪八九十年代，这两个因素都在抑制着市场竞争。而且，传媒组织传统上倾向于在限定地理范围内的市场开展经营，并且通过内容产品和专门针对该市场的广告服务来获得收入，这样的经营特征在某种程度上限制了大众传媒产品和服务在全国和国际市场中的竞争。当然，并非所有类型的传媒产品都受到地域限制。

但是，上述情况已经开始发生变化了，很大程度上是因为技术的进步发挥出极具变革性的影响力，这种力量侵蚀着传媒市场的进入边界。对于任何想要发布媒体内容的人来说，互联网极大地降低了进入成本（Flew，2009；Shirky，2010）。基于网络传输的媒体服务因此开始盛行，其中很多服务和产品现在已经变得非常流行，例如，基于订阅的Netflix在线视频流服务，基于用户生产（user-generated）或其他零成本内容发布的YouTube。

在互联网出现之前，印刷工业的生产方式在20世纪80年代从以劳动和资本密集的热金属铸字印刷技术普遍转变为冷金属印刷技术，这一转变降低了曾经阻碍新进入者的高昂成本。在广播电视领域，传播技术在数十年中稳步发展，从有线到卫星，再到最近的数字化和网络传播，这些技术的发展有效地解除了由于频率资源稀缺性造成的传播限制。因此，广播电视行业开始以新型服务提供商为发展目标（Brown，1999：17；Lotz，2007）。而在电视剧和电影产业中，数字设备成本变低，技术方面的进入障碍随之降低。在整个传媒供应链的各环节中，技术进步一方面降低了进入成本；另一方面，又引入了更多的竞争。

然而，虽然新技术和趋向于自由化的立法消除了一些进入障碍，其他新的进入障碍又出现了。传播方式更多元丰富，获取受众注意力就变得更重要（Arts and Bughin，2009：21），同时，控制关键性接入点的重要性也凸现出来。数字发行渠道的扩展将新的环节和额外的功能引入媒体供应链，而其中一些具有高度垄断的倾向。例如，在将消费者导向他们所感兴趣的数字内容的过程中，搜索引擎已经成为一个不可缺少的工具。我们可以认为"谷歌拥有在互联网中创造或破坏商业活动的巨大力量……它既可以带来大量的流量……它也可以将商业活动抛弃在'互联网中的西伯利亚'。"（Waters，2010：22）搜索引擎在互联网中占据重要位置，而其活动具有规模经济和网络效应，这个领域很容易形成垄断（Schulz，Held and Laudien，2005；van Eijk，2009）。

"门户垄断者"（gateway monopolist）这个概念通常被用来形容那种控制了供应链上关键环节或控制了媒体内容与受众之间连接点的公司。当一个公司控制了一个门户或通道，而这个门户对任何媒体供应商来说都是通向受众的必经之路，那么这家公司就成为"看门人"（gatekeeper），它决定着谁可以进入市场。门户垄断者可能出现在上游环节（如通过垄断某种内容），也可能出现在下游环节（如控制占据主导地位的网页导航系统，或其他与消费者联系的必经之路）。举例来说，随着移动设备在21世纪日益流行，它作为内容发布者和数字订阅者之间通道的地位将会更加重要，以至于门户把控的权力将会逐渐积累到在市场中占据主导地位的移动设备生产商手中。如果规制者不加以限制，这样的门户垄断者显然就会对传媒领域构成威胁，那就会产生新的市场进入障碍。

普遍来说，传媒市场的传统边界已经被侵蚀。全球化（globalization）就是其中一种关键驱动力，这个过程对包括传媒和通信在内的许多经济领域都产生了影响。全球化的概念始于 20 世纪 80 年代，它具有多种意义，但在经济领域中通常指的是，随着商品和服务在法律和物流上的跨国障碍不断消除，国家界限正在逐渐消逝。对于社会理论学者来说，全球化指的是文化现象上的国际化过程。而经济意义上的全球化指的是，因为更多的贸易协定、更高的资本移动性、更多的国际性外来投资以及新技术的影响，国家经济边界不断受到侵蚀的过程。

互联网是一个没有边界的基础通讯设施，它是全球化过程中的一个重要影响因素。这一基础设施可以跨越国界传播通信内容以及所有类型的数字内容，它的快速发育和生长重塑了所有类型传媒商业活动的竞争环境。同时，跨国市场整合又加速了传媒环境的全球化进程，例如，欧盟（European Union）和北美自由贸易协定（North American Free Trade Agreement，NAFTA）。许多传媒产品，例如报纸、电视频道和广播频道，仍然凭借着它们与本地受众和广告商长期建立的关系，将特定的国家或地区的市场范围定位为服务和销售的对象。但是，全球化正在逐渐消解地理性的市场边界，并且鼓励商业和非商业的媒体组织（如英国广播公司，British Broadcasting Corporation，BBC）在其生产和经营方式上采取更开放的视角和策略。

实际上，近年来在不断消解的并不仅仅是地理性的市场边界，在某种程度上不同类型媒体和通信产品、服务之间的边界也在变得模糊（Hoskins, McFayden and Finn, 2004; Picard, 2002）。曾经人为划定的、用以界定某一个特定产品和服务市场的边界变得越来越不清晰，例如，对报纸、电视和通信行业的划分正在逐渐失去意义。因此可以认为，市场结构和竞争变革的根本动力来自数字化融合。

2.3　数字化融合

"融合"（convergence）的概念已经有许多不同的用法。根据 Jenkins 的界定，这个概念"试图依靠'谁在说'和'说的是什么'来描述科技、产业、文化和社会的变化"（2006：3）。但是，因为名声和实际之间的不匹配导致了人们对融合的"神话"产生了一些怀疑和警示，主要针对的是用"融合"的理念来支配传媒商业策略（Noll, 2003）。尽管如此，在互联网发展和移动设备快速崛起的驱动下，数字化融合在是 21 世纪已经是一个不争的事实。

融合起源于以采用相同数字化技术为目标的转变，这个转变贯穿通信产业和媒体内容生产、发行的所有环节。这个概念指的就是"聚集到一起"。其动机包括两个方面：其一是数字化技术可分享利用，其二是曾经分立的产业领域和产品市场也可以被分享利用。因为可以采用相同的技术来完成数字信息的捕捉、标签、储存、操控、包装和发布,媒体产出就可以更容易地被"再包装",以便适应多种形式的分发和传播。举例来说,如果收集到一个社会名流或流行歌星的个人信息,比如照片、文本或视频,一旦将它们转化为数字格式,就能够很容易地以各种不同形式重复获取、再组装和传播。因此,数字化和融合正在不断地削弱那些曾经将不同媒体产品分隔开来的边界。

相同数字化技术的使用刺激了新形式内容的发展,例如将视频和文本结合起来,以及将互动和多层次效果包含在媒体产品中。同时也刺激了融合型设备的发展,例如移动电话和媒体播放器。这种朝向数字化平台的转变(互联网就是其中最主要的例子)意味着,所有类型的内容都可以通过许多设备发行和传播给受众,例如移动电话中的视频播放,或者广播节目通过地面数字电视(Digital Terrestrial Television,DTT)或互联网传播。英国的发展历程可以代表发达经济体在这方面的经历。如图2.2所示,家庭和个人通过有线宽带设施和可连接网络的移动设备高速连接互联网的数量在近年中飞速增加。

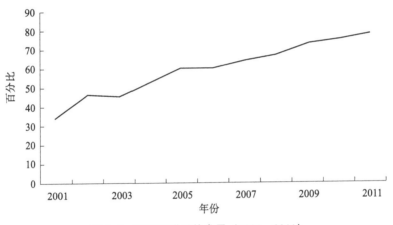

图2.2　英国互联网的发展(2001—2011)

资料来源:英国通信管理局(Ofcom)的跟踪数据(Ofcom,2011a:206)。

融合不仅影响到内容和传播,同时也影响到传媒和通信组织的运营和公司策略(Küng, Picard and Towse, 2008)。通过诱导广播电视、通信和计算机的行业活动之间发生更多的重叠,融合已经逐渐把这些领域更加紧密地联系起来。而且,融合也加剧了竞争——它是近年来引发策略变化的重要驱动力(Chan-Olmsted and Chang, 2003; García Avilés and Carvajal, 2008)。对许多媒体供应商来说,应对融合所带来的挑战采取的主要措施是,通过更加多元的平台来分发它们的产品,希望通过这一策略能够使自己免受奥地利经济学家约瑟夫·熊彼特(Joseph Schumpeter)所命名的"创造性破坏的狂风"的影响(1942)。

2.4 科技变革、创新和创造性破坏

相较于其他产业来说，科技的核心地位在传媒商业活动中尤为突出。因此，想要生存下来的传媒公司必须随时警惕于那些可能影响到产品生产、发行或消费过程中一个或多个方面的科技进步。在传媒产业中获得经济上的成功，天然地依赖于对科技进步的适应能力，以及将其货币化（capitalize）的能力。

熊彼特提出了"创造性破坏"这一概念，用以描述在科技变革和创新出现的压力下现存商业活动要么适应变化，要么灭亡的过程（McCraw，2007）。企业家的创新可以带来新的机遇和发展，但也会导致现有产品和服务失去生存空间。因此，那些未能成功实现转变以应对科技变革的大型企业，即使它们是目前的市场主导者，它们的市场份额也将会被侵蚀并最终被破坏。

熊彼特认为，创新、经济增长和现存商业活动消亡，这三个过程难分难解地交织在一起。企业家锁定并抓住由科技进步带来的机会并借此获利，这就使创造性破坏具有持续动力，成为一个不间断的过程，而随之而来的经济增长就是回报。熊彼特的论著为"进化经济学"（evolutionary economics）领域的发展带来灵感启迪，这一领域的观点认为，创新能力在公司之间的竞争中可以为公司带来关键性的优势资源（Metcalfe，1998：17）。

在熊彼特所提出的概念中，新生者对旧有产品和商业活动的持续性重建和替代是经济增长的核心，这一观点得到了许多经济报告和研究的有力支持（Aghion and Howitt，1992；Caballero，2006）。这一理论方法在最近的传媒和文化产业发展环境中似乎也得到了鲜明的反映，科技进步给新进入者们带来机会，也给市场中的现存者带来剧变。音乐产业就是一个例子，曾经的黑胶唱片被磁带所取代，而磁带又被 CD 光盘取代，到现在 CD 光盘的份额又已经被 MP3 电子文件侵占了。每一次持续不断的创新都为某些竞争者带来成功和增长，但也为另外一些未能及时完成适应和调整的竞争者带来毁灭。

媒体内容生产和传播中的许多领域，尤其是印刷媒体行业，也正面临着被创造性破坏的狂风吞噬的危险。在报纸产业中，创造性的新产品，例如《赫芬顿邮报》（*Huffington Post*）以非常快的速度获得市场认可。然而，在传统报纸行业中无数的停刊事件也已经发生了，其中大部分的原因就是无法适应科技进步，以及无法应对已经改变了的消费方式和广告模式（Patterson，2007；Slattery，2009）。杂志行业也有类似情况，许多公司正在努力做出革新以面对消亡的威胁（Luft，2009）。数字化融合和互联网的发展为创新提供了大量的机会，所以它们是"创造性"的力量。但与此同时，报纸行业最近关停事件频发，这也足以证明，新的发展已经给一些市场现存者造成了困难，或者甚至导致了它们的消亡。

在熊彼特看来，创造性破坏是资本主义社会的一个内在特征，它能够为产业发展和社

会进步带来裨益（1942）。依据同样的思路，熊彼特和其他经济学家，例如弗里德里奇·哈耶克（Friedrich Hayek）、莱昂内尔·罗宾斯（Lionel Robbins），还认为，衰退（recessions）可以服务于一个积极的目标，那就是促进资源的再分配，使资源从生产力较低的经济活动（发生较多公司清算的商业领域）向那些更具生产力的活动中转移。因此，在科技变革带来的衰退阶段中，恰如传媒公司在 2009 年到 2010 年所经历的那样，清算主义（liquidationism）和创造性破坏共同形成的力量，以更快的速度将那些适应较慢的现存者清理出去。

可以在创造性破坏（一个对经济具有潜在帮助作用的过程）和毁灭性破坏之间划出一条界线。后者指的是，现存商业活动会被根除而没有任何积极有益的结果能够被创造出来。如果一项创新可以使一个公司取代市场中的现存者，而它所实施的行为或活动无益于更大范围内的经济或公共产品，例如会带来污染，那么实际上它就不是创造性破坏，而是毁灭性破坏。为了保证政策立场的有效性和恰当性，对一项创新做出正确的诊断——提前判断它会带来创造性破坏还是毁灭性破坏，是非常重要的。

数字化融合被认为可以为大众和消费者带来许多显而易见的益处，因为它意味着创新型服务的到来，即媒体消费具有更大的灵活性，消费者对怎样和何时使用媒体的控制力更大，消费者参与的机会也更多。但是，数字化和互联网却给内容供应商造成了一些消极影响，主要表现在通过知识产权获得收入的问题上。这样的影响在某些领域中引发人们的担忧，横扫内容供应产业的变革能否达到创造性破坏的预期效果，还是"只能算得上普通的毁灭"（Liebowitz, 2006：1）。实际上，像 Google 和 YouTube 这样的线上服务提供商，它们也许并没有负担任何用于内容生产的投资成本，但是它们通常都处于"虹吸"（siphon off）受众和收入的绝佳位置，这一局面对广播电视和其他专业生产者以及全世界范围内的媒体内容提供者都造成了显而易见的威胁。

数字化融合和互联网是革命性和破坏性的，还是进化性的科技变革，针对这个问题还存在不同的意见。但有一种看法可以被普遍接受，那就是像数字化融合和互联网这样非常重要的技术变革"对于现存竞争者来说始终都是很大的难题"（Küng, Picard and Towse, 2008：33）。尽管如此，历史上许多产业领域的公司都曾经在创造性破坏的过程中生存下来。在传媒领域中，适应技术变革的挑战也并不是新鲜事物（Carlaw et al., 2006）。正如一些学者论述的那样，大部分现存媒体是可以存活下来（Cole, 2008），但实现这一目标的前提是公司运营策略能够成功地适应融合时代。

2.5 多元化平台

在整个媒体行业中，许多公司已经采取了与生产和内容资产相关的多元平台策略，作为对数字化融合的趋势的回应。为了应对市场边界急速模糊化的趋势，许多公司已经向新的生产方式迁移，这种方式的目标就是在多元平台上以多元形式提供和利用媒体内容，当然包括数字化内容（Doyle，2010a）。报纸和杂志提供商的策略是将更多的精力投注到增加线上订阅的数量。面对急速增大的竞争压力，许多但并非大部分的电视公司已经开始采用多元化和跨平台的分发方式，并将其作为留住和发展受众的一种重要手段。例如，英国几乎所有的媒体都在讨论如何拥有一个多元平台，或者采用"360度"（360-degree）的方式来完成内容获取和分发（Parker，2007；Strange，2011）。"360度"的方式指的是，在生产一个新内容产品的早期环节中，多元分发的问题就会被考虑在内，即这个产品将有可能会通过多元的而非单个发布平台进行分发和利用。

提供内容的商业应该在多元平台中完成活动，而非在单个平台中完成，这样的观点为大多数具有一定规模的传媒公司所赞同，其中也包括电视产业中的公共服务提供者和商业竞争者。在英国，最重要的公共服务提供商就是BBC，以及由广告商支持的第四频道（Channel 4）。第四频道的首席执行官将不断变化的图景总结如下："广播电视已经不再是以单向传播的方式将娱乐和信息传递给成千上万正在等待收听、收看的消费者的通道（Duncan，2006：21）。"持续增多的传播平台数量和互联网的不断普及，已经破坏了广播电视长期建立起来的作为"巨大内容宝库监督者"的位置（ibid.）。数字化发展和碎片化共同改变了媒体与受众的关系，并且孕育了新的受众期待，这一过程被BBC苏格兰分部（BBC Scotland）的一位高级执行官总结为：

在整个媒体行业，现在每一个人都有多元平台的内容技术。这是由市场所驱动的，是由受众所驱动的。受众决定着他们想要什么，以及他们想要怎样的构成材料①。

向多元平台的迁移还涉及组织精神和管理活动的调整。BBC的总监Mark Thompson围绕新的需求提出了重塑公司活动的核心策略，那就是"从现在开始，无论是否有可能，我们必须要考虑多元化"（Thompson，2006：12）。在商业领域中，也有许多广播电视商有意识地详细检查他们的组织文化，以便于能够更为有效地对多元平台技术进行货币化的利用。关于什么是内容供应业务的认识已经发生了根本性的改变，以下是英国MTV网络的数字化负责人介绍的情况：

传媒公司的未来并不仅限于生产电影、播出电视和制作电视，也包括生产像Rock Band那样的单机游戏……和线上游戏……以及虚拟的世界，在我们的品牌之下，可以有成千上万的人们在互相交流沟通，而并不仅仅是在做跟电视有关的事。MTV在英国绝对是"360度"媒体的拥有者。我们生产程序，我们拥有品牌，我们的媒体产品通过多元平台发布②。

---

① Small：2009年访谈于格拉斯哥。
② O'Ferrall：2009年访谈于伦敦。

大量新近研究显示，对多媒体和线上业务的投资热情已经在整个媒体产业乃至国际范围内得到证实（Friedrichsen and MuhlBenninhaus，2012；Krone and Grueblbauer，2012；Medina and Prario，2012；Nieminen，Koikkalainen and Karppinen，2012；Vatanova，Makeenko and Vyrkovsky，2012）。举例来说，更大的投资可以体现在一段时期内快速增长的新业务活动的雇员数量。聚焦于英国电视产业的实证研究显示，"这个领域应对科技进步的一个反应就是，在某些部分中工作岗位的淘汰和减少，而与互联网和数字媒体相关的工作岗位数量却有显著增长"（Doyle，2010b：253）。

在理论上，采用一种多平台手段来完成内容供应的动机似乎是具有经济意义的，因为可以将媒体内容的公共产品属性实现货币化转换，这在本书第1章中曾经提到过。在这一动机的激励下，媒体拥有的知识产权和资产可以在额外的渠道中获得更为充分和彻底的开发利用，而且可能只需要花费相对较低的边际成本。内容的重新定位和循环利用绝不是新鲜事物，这一策略已经为许多传媒集团的利润率做出了贡献（Caldwell，2006；Murray，2005；Vukanovic，2009）。但在实践中，多元平台手段对利润的作用并不总是直接体现出来，因为不同组织投注到这项策略中的雄心有很大的区别，这就给短期和长期的成本和利润都带来了不同的影响。

尽管多元平台手段的采用在传媒公司中已经普遍存在，但就它所涉及的一些问题，仍存在诸多异议，这些问题包括：所提供的内容的类型，所采用的传播平台的组合方式，所寻求的机会的类型，以及所需要的投资和实验的水平（Anderson，2006；Bennett and Strange，2011；Johnson，2007；Krone and Grueblbauer，2012；Medina and Prario，2012；Pardo，Guerrero and Diego，2012；Roscoe，2004）。对于一些人来说，这项策略的本质就是以较低的成本多次利用现有内容资源。而对另一些人来说，通过多元平台实现内容的传播，包含着创造多元化文本的重大投资，以及投入辅助性的材料以提升不同传播模式下内容的可持续性。尽管多元平台传播可以使传媒公司从它们的内容资产中提炼出更多价值，从而提高媒体供应的经济性，并且获得规模经济和范围经济。然而，在受众不断碎片化的环境下，保证这一策略能够有效开展所花费的额外成本，也许无法被相应的边际收入所抵消，这种可能性至少在短期内是存在的（Doyle，2010a：9-14）。

无论付出多少成本，创新和适应科技变革的需要对于在自由市场经济中运营的公司来说，都被普遍认为是获得生存和竞争成功的关键要素（Baumol，2002）。数字化变革导致受众和广告商的行为出现了新特征，适应这些新特征对于传媒公司来说事关重大（Gershon，2012）。英国本土广播电视的经验显示，围绕着向多元平台手段转变所作出的调整和创新，一般来说要以两个方面的优势为前提：一个是能够提供更多且更好的内容消费方式；另一个是能够提供新形式的受众参与机会。

关于第一个优势，广播电视商和报纸杂志出版商需要调整策略以确保通过互联网和其他数字渠道的传播得到更多重视，这一重要动机可以促进对内容资产更为充分的开发利用。在电视产业中，线上电视服务流行度快速飙升，在英国有 BBC 的 iPlayer 可录制服务（catch-up service），在美国有国家广播公司（National Broadcasting Company，NBC）、福克斯公司（Fox）和迪士尼公司（Disney）拥有的 Hulu 视频流点播服务（on-demand video streaming service），这些服务都是体现多元平台手段如何产生额外受众价值的典型例子。额外的细分受众群体中的内容循环利用和"窗口策略"（windowing）（详见第 6 章——译者注），尽管绝非新的实践，但却具有较高的经济意义。

实现第二个优势有一个前提，数字化和多元平台传播为创新和高效率提供了机遇，一些前所未有的方式从中被孕育出来。在这些方式中，新型技术可以让内容提供者更加了解他们的受众，从而可以提供更加符合受众需求的产品或服务（Caldwell，2003；Doyle，2010a；Shapiro and Varian，1999）。凭借数字回路（digital return path）技术，受众偏好（audience preference）的信号传递得到改善，内容提供商有效追踪、分析、监控和迎合受众不断变化且非常独特的口味和兴趣的能力得到了极大提高。而且，因为数字媒体消费具有"向前倾"（lean forward）而非"向后靠"（lean back）的特征，内容提供商可以与受众建立更加紧密的关系，这又可以转化为创新和商业机遇的源泉。这一话题将在第 4 章中深入讨论。

2.6　一个新的聚宝盆？

多元平台手段的采用在传媒公司中十分普遍。这种实践的驱动力，一方面，是想要更为有效地开发内容；另一方面，是想要利用数字化双向连通的优势。但是，通过一种更能适应多种平台的（platform-neutral）方法来重新设计公司使命，也反映出消费模式和受众偏好（尤其是年轻受众）正在发生着重大的变化。与此同时，因为多元平台手段提供了更多的创新机会，所以这一变化对那些未能适应新技术的媒体组织造成更大威胁。

究竟在何种程度上多元平台传播提高了媒体内容供应过程中的分配效率？答案在于，这一传播手段大幅增加了内容消费和参与的机会。因为多元平台传播的存在，媒体消费品的产量和消费量都激增了。具体反映在：媒体内容具有了更广泛的跨平台入口，以及从单个故事、内容资产和品牌中开发多元内容版本的潮流。数字化已经移除传播容量的限制，同时，内容的再版也变得更加容易。因此，通过更多平台实现传播，尤其是在互联网中的传播，已经成为一种普遍认同的策略。

然而，尽管产量剧增且消费机会多元化，对于受众而言，这一背景条件是否带来了更好的消费体验，这还是一个需要探讨的问题。生产一个面向多元平台的内容产品是很昂贵的，而且某些形式的媒体内容天然地更加适合于某一些传播方式而非另一些。所以，普遍范围内采用一种多元平台手段就会不可避免地带来这样的情况，那就是以牺牲另一些形式的内容为代价获得某些形式内容的增加（Johnson，2007；Murray，2005：431）。其中的问题在于，多元平台策略可以促进更多的跨平台内容循环利用，以及对更安全和更受欢迎的主题、品牌的依赖，因为它们可以获得较高的关注度和影响力，这一问题在预算有限的情况下会更加凸显（Doyle，2010a）。在这个意义上，普遍流行的多元平台策略损害了内容多样性，或者降低了内容质量。也许可以由此认为，这样的结果并没有提高反而是减损了传媒运行的效率。

以上结论强调了先前提出的一个更具普遍意义的问题，即对于传媒和其他文化产业来说，对经济效率的判断是内在矛盾的。因为从社会文化的维度来考虑媒体的产品供应，一套内容产品安排是否在经济上优于另一套，这样的评估如果要完整全面，就必须要将不同产品安排所能产生的社会福利影响也纳入考量。

第 3 章

企业成长和集中化策略

传媒产业一直以来都具有所有权集中化的特征，而且传媒组织的活动不仅会跨越许多媒体领域，还会跨越国家边界。数字技术的普及，虽然改变了竞争的环境，但也更加凸出了规模化的优势，以及大型传媒公司跨领域所有权所创造的优势。本章回顾了媒体产品独特的经济属性，其中尤其关注媒体产品所具有的公共产品特征，同时也会重点关注规模经济和范围经济的问题。另外，本章还会考察这些经济特征与传媒公司所采取的组织结构安排之间的关系。因此，本章将会探索与纵向、横向、集团化和国际化扩张这四项策略有关联的主要经济优势和影响。

在学习本章之后，您将可以回答以下问题：

- 区分纵向（vertical）、横向（horizontal）和斜向（diagonal）扩张策略；
- 解释媒体扩张和跨媒体扩张背后的主要动机；
- 理解跨国发展策略的动力因素；
- 分析与媒体所有权集中化相关的经济优势和劣势。

3.1 对数字化的策略回应

20 世纪 90 年代以来，传媒产业开始了快速的发展。在美国，"信息高速公路"（information super-highway）被时任副总统的阿尔戈尔提出，与此同时，欧洲的政策制定者们也首次提出了"信息社会"（information society）的概念。互联网的发展将一种全新的未来带入了现实,在这一新时代中,消费者可以借助丰富的媒体和通信手段非常容易地与彼此产生联系,这些媒体和通信手段则由大容量的传播设施和智能设备来支持。随着数字化技术和互联网在 21 世纪第一个十年中的发展,传统产业和产品市场的边界在不断消减,再加上可以介入网络的移动设备的迅速崛起,两者共同带来多种形式的结合、重叠和融合,而这些变化对传媒、通信和计算机行业中所有供应阶段都产生了影响。

面对这些改变,传媒公司自然而然地调整着它们的商业策略。因为传统的市场边界和进入障碍已经变得模糊,其中一些甚至已经消失,日益加剧的组织间竞争具有了新的特征,那就是数量稳步增长的发行渠道(或是窗口)可以被传媒供应商所利用。

开发规模经济的思路提供了向二级外部市场和国际市场扩展产品销售的动机。因为市场结构更加自由化了,而且在可以预见的未来中,竞争会更加剧烈,国际化程度也会更深,所以开发规模经济和范围经济的机会也随之增多。全球化和融合的趋势创造了更多的可能性和动机,即在科技和商业意义上都具有合理性的前提下,尽可能多的"再包装"和"再定位"媒体产品的形式(图书、杂志系列、线上内容、电视节目和形式、播客、DVD 等);以及在尽可能多的地域市场中,向尽可能多的消费者,通过尽可能多样的分发渠道和窗口销售媒体产品。

在创造机会获得规模经济的同时,数字化发布平台和互联网的发展也为媒体内容营造了更多的市场空间,这些媒体内容的特征不同于模拟信号时代。其中一个重要的区别就是,在数字化平台的支持下,双向互动对内容供应商和消费者之间的再平衡做出了贡献,让后者获得更大的支持——在"一对多"(one-to-many)传播模式下的媒体供给关系中,供应商一直完全控制着产出,现在这一局面至少在一定程度上被改变了,所凭借的正是在数字化平台中引入更多可供选择和用户驱动的界面。另一个变化是,互联网营造了安德森(Anderson, 2006)所提出的"延伸性"市场空间的概念,在这种市场空间中,可以有更多机会去销售那些不太流行的产品类型,专业细分市场由此得到发展。

传媒产业对这些发展的反应十分明显。尽管存在着经济衰退的周期性抑制作用,传媒公司仍是各种公司活动中的积极参与者,例如接管和并购,以及其他战略性的交易和联盟(PwC, 2012)。传统传媒公司热衷于收购具备数字化生产能力的合作伙伴,从更广泛的角度来说,融合的趋势正在稳步地推动着分别来自媒体、通信和互联网技术的公司进入彼此的领域。现在许多公司都可以同时提供媒体和通信服务,尤其是所谓的电话、网络和电视"三重播放"。高容量通信设施的提供商对传媒内容业务的兴趣越来越大(反之亦然),同时对传统电视和电话业务之外的多媒体、社交网络和其他互动性数字服务所能创造的商业可能性也很感兴趣。因为存在着规模经济和范围经济的潜力,如果能通过同一个通信设施把更多数量的产品和服务传递给消费者,其中每一项服务的经济效益就会越好。

融合和全球化助推了媒体集中化(concentrated media)和跨媒体所有权(cross-media ownership)的趋势,与此相伴随的还有整合型媒体集团(integrated conglomerates)的发展。例如，新闻集团（News Corporation）、时代华纳和美国在线（Times Warner/AOL）、皮尔森集团（Pearson）、贝塔斯曼（Bertelsmann），这些集团的活动都横跨了传媒产业中的多个领域，而这些现象都是合理的。高度集中化的公司可以将生产成本分摊到更加广阔的产品和地理市场中，当然也就可以从自然而然形成的规模经济中获益（Hoskins, Mc-Fayden and Finn, 1997：22）。当然，扩张始终是与风险相伴而生的。正如 Sánchez-Tabernero 和 Carvajal 所强调的那样，伴随着体量增大，财务和管理的挑战可以并且确实为传媒公司带来了严重问题，传媒公司在体量增大的过程中失去了重点和动力（2002：84-87）。尽管如此，不断扩大的、多元化的以及垂直整合的集团显然更适合于利用正在席卷着传媒和通信产业的科技与其他市场变革所带来的机遇。

在此过程中，至少有三种类型的企业成长策略可以被识别并区分出来：横向扩张（horizontal expansion）、纵向扩张（vertical expansion）和斜向扩张（diagonal expansion）。横向的兼并通常发生在供应链上处于相同环节的两家公司之间，或者合力完成某一项活动的两家公司之间。在许多领域中横向扩张是一种常见的企业发展策略，它可以扩大公司的市场份额，与此同时，通常还可以更加合理地配置资源并获得规模经济效益。在同一领域中经营的公司可以从合并中获得许多方面的益处，例如，在公司规模增大以后，管理技巧可以通用，劳动力专业化的几率也可以得到提升。在传媒产业中，规模经济效益的普遍存在使得横向扩张成为一种十分具有吸引力的策略。

纵向扩张包括"向前"进入供应链后续环节和"向后"进入供应链先前环节。完成纵向整合的传媒公司可以涉足多种生产和经营活动：从媒体产品的创作（掌握版权）到不同包装形式下的产品传播和零售。纵向扩张通常可以为公司带来交易成本的削减。而另一个对于传媒公司来说意义重大的益处则是，纵向整合使传媒公司获得了对其所处的经营环境更大的控制力量，有利于避免失去较为重要的上游或下游环节中的市场进入权力。

斜向或"集团化的"（conglomerate）扩张指的是公司向新的业务领域进行多元化拓展。例如，一个通信运营商和一个电视公司的合并也许可以生产效率收益，因为这两种服务——视听服务和电话服务可以利用相同的通信设施。报纸出版商可能会斜向扩张进入广播电视业，而广播电视公司可能会通过多元化扩张进入杂志出版业。传媒及相关产业中存在着无数种斜向扩张的可能性，这种策略在大多数情况下都可以创造经济效益和协同作用。其中一种优势就是有助于分担风险。多元化经营的大型传媒公司，可以在它所涉足的单个领域受到利益损害的时候在其他领域得到缓冲。更重要的是，普遍存在的规模经济和范围经济意味着许多传媒公司可以从斜向扩张策略中受益。

另外，许多传媒公司已经变成了所谓的跨国公司，即一家公司同时存在于多个国家，以及在一些情况中所存在的不断去中心化（decentralized）的管理结构。全球化促使着传媒经营者将他们的视野从本地市场中延伸出去，并将其作为拓展消费者范围和延伸规模经济的方法。例如，英国的 EMAP 公司（Emap International Limited①）在 20 世纪 90 年代中期兼并了若干家法国的杂志出版商，并逐步成为法国杂志市场中第二大规模的公司。但在 2007 年，EMAP 的消费者杂志（consumer magazines）和广播业务被德国出版巨头 Bauer 接管，这也是一家热衷于通过兼并实现国际化经营的媒体公司。斯堪的纳维亚地区和德国的许多出版商，例如 Sanoma 和 Axel Springer，都在 21 世纪初的几年里将它们的经营范围拓展到了中欧和东欧地区。像这样跨国兼并的例子在传媒业中比比皆是。维亚康姆集团（US group Viacom），即派拉蒙电影公司（Paramount Pictures）的母公司，通过其子公司 MTV 高调进军多个国际地区的电视市场，并都已获得了一席之地。

这些扩张策略背后的基本理念通常来说都是尽可能最大限度地利用相同资源。多元化的大规模媒体组织显然可以更好地利用适用于在不同产品和地理市场中的相同资源。但是，规模扩大和多线运营给公司管理带来的困难和挑战也不可否认（Sánchez-Tabernero and Carvajal, 2002：84-87）。至于公司的利润表现，由扩张和多元化带来的财务陷阱和管理复杂化有时候可能会超过了规模经济和范围经济带来的收益（Kolo and Vogt, 2003）。至少在短期内，这种风险是可能存在的。尽管如此，大型的、多元化的和跨国的经营实体至少更有能力获得天然存在于传媒产业中的规模经济和范围经济，而在全球化和融合趋势的作用下，这一特征更加明显。

这一特点呼应了德默斯（Demers）所称的"资本主义悖论"（paradox of capitalism），那就是全球化的竞争带来了长时期内更少的竞争（Demers, 1999：48）。尽管国家市场的界限逐渐消解，而且可以被媒体业中现存者用来保护自己阻碍新进入者的科技门槛也越来越少，但媒体所有权不断地集中化，权利不断地被集中到少数巨型跨国公司手中，这一趋势在传媒产业中依然存在，它清楚地反映出，这个产业中压倒性优势总是归属于大规模的巨头公司。

3.2　管 理 理 论

近来的市场变革和媒体的公共产品特征为那些以利润最大化为目标的传媒公司寻求建立传媒帝国的行为提供了很有说服力的经济学解释，但值得注意的是，传媒公司寻求扩张的行为也有可能是受到其他因素的促动，这些因素可能与经济学或者利润最大化没有太大关系。在传媒产业的所有领域中都有可能发生这种情况，想要建立传媒帝国的心愿有可能反应的是个人或者管理议程中的目标。而在传媒业的环境中，这一特殊情况更加明显，因

---

① EMAP 是一家英国媒体公司，主要业务是生产和发行 B2B 杂志，组织行业活动和会议，涉及行业包括健康、建筑和时尚等。其官方网址为 http://www.emap.com。——译者注

为对公共传播主要渠道的控制通常伴随着重要的政治和文化影响力的实现。

管理理论倾向于强调经理人的个人利益在企业发展策略中扮演着关键推动力的角色。罗宾·马里斯（Robin Marris），奥利弗·威廉森（Oliver Willianson）和其他学者认为，企业发展对于许多公司来说是主要的战略目标，但不是源于利润最大化的原因，而是由于企业规模的扩大可以为公司的高级管理人员带来各种各样的个人利益（Griffiths and Wall，2007：80）。

目前许多公司都采用公共有限公司（public limited company，plc）的形式，这种公司由经理人而非所有人（或股东）来经营。由此，公司的所有权和控制权发生了分离，因为所雇用的经理人拥有不同于股东的目标，公司目标就有可能偏离利润最大化。

依据委托代理（principle-agent）的分析显示，当被雇用者（即经理人）拥有一定程度的自由裁量权（discretion）时，他们的自利行为会使利润低于最好情况，而在完美情况下，委托人担任自己的代理人，委托人指媒体的股东，代理人指媒体的管理者。（Lipsay and Chrystal，2007：242）

当然，经理人是会关心利润持续增长的，但他们也有自己另外所关注的事情。颇具影响力的管理学家马里斯提出，经理人的一个主要目标是不惜花费一切代价尽可能地扩大他们手上正在经营的公司，无论是否能够提升公司的效率或盈利能力（Moschandreas，2000：206-7）。马里斯、威廉森和其他管理学家认为，公司的发展是经理人的主要目标，因为这可以带来"更丰厚的工资、更大的权力、更高的社会地位和职业安全感（Griffiths and Wall，2007：80）"，从而提升管理的效用。

因此，经理人想要扩张公司规模的原因归结为以下几点。第一，高级管理岗位的工资水平与公司经营活动的范围有着密切的关联。例如，英国通信公司（British Telecommunication，BT）的首席执行官比卫报媒体集团（Guardian Media Group）和苏格兰电视公共公司（Scottish Television plc.）的首席执行官赚的钱更多。另外，快速发展中的公司会比已经进入稳定期的公司支付给管理人员更高的报酬。第二，随着公司的发展，它的高级管理人员可能会成为在整个行业更具影响力的领军人物，因此经常会被邀请参与行业荣誉组织，例如英国工业联合会（the Confederation of British Industry，CBI）。一家大型传媒公司的高级管理人员显然是一个手握大权且很有政治影响力的角色。

经理人希望建立企业帝国的另一个原因也许是，公司的规模越大，越不容易被其他公司吞并。高级管理人员通常都会希望避免公司易手以及被新的管理团队取代的风险。通过不断地扩张，例如，兼并若干小型公司，公司价值会更高，也随之成为一个较难被吞并的目标。一家公司吞并的可能性越低，其高级管理人员的职业安全感就越强。

基于对传媒产业中所有权策略的考察，桑切斯-塔韦内罗（Sánchez-Tabernero）和卡瓦哈尔（Carvajal）指出一系列经济学的和非经济学的因素，这些因素促动着经理人公司"痴迷"地进行规模扩张，例如政治和心理的动机，或者来自投资者的压力（2002：83）。

扩张策略如果只是对现存压力的回应，或者是建立在个人或政治动机上，那么这样的扩张就不一定能够对公司的经济实力和表现带来积极作用。正如 Picard 所述："规模扩大同时带来了优势和劣势，而且扩大公司规模并不能解决公司所面对的所有压力和问题"（2002：191）。扩张绝不是保证增加利润的路径，而且实际上，早期研究案例证明了发展和多元化的策略虽然可以带来跨领域协同和经济收益，但实际上只产生了少量或者没有产生任何意义的效益，或者也没有创造出更多的资源利用机会（Doyle，2002：115-116）。

大部分产业经济学者都认为经理人拥有某种程度上的自由裁量权，他们会利用这种权力去追求利益最大化之外的目标，管理议程有时也可以用来解释公司的行为。尽管如此，从公司的角度出发，包括传媒公司在内，扩张通常可以用令人信服的战略动机来解释，即长期来看扩张有利于增加组织的安全性和盈利能力（Griffiths and Wall，2007：81）。本章节后续部分将会用案例来说明传媒公司的扩张能够带来什么利益和优势。

3.3　横向扩张

一般而言，横向扩张的动机既可能是追逐利润最大化的公司想要获得更大的市场权力（如能够对价格实施某种控制的能力），也可能是想要获得效率收益。横向扩张通常会带来市场份额的扩大。横向扩张要么通过内部发展实现，要么通过兼并其他生产相同产品的公司实现。由扩张所带来的净效益，包括市场表现和社会福利（societal welfare），其大小取决于扩大的市场权力和增加的效率收益之间的权衡（trade-off）。效率收益的实现（如资源利用效率的提升）看起来可能有益于公共利益，但市场权力和市场支配力的积累却可能导致一些有悖于公众利益的行为。

首先来看横向扩张对效率的潜在影响。传媒领域中横向的合并或并购（或自然的组织发展）会为电视公司、广播商、线上内容服务商或者报纸出版商带来更大的市场份额，而又因为普遍存在的规模经济效益，这些传媒公司的效益就有可能得到提升。换言之，随着产量的增加，这些传媒公司的边际成本低于平均成本。在普遍意义上，兑现规模经济效益的期望是横向扩张策略的传统动机（Griffiths and Wall，2007：79），在传媒产业中，这种期望更是明显的促动因素。

诚然，除了规模之外，其他因素也对传媒公司的财务表现有着重要影响，例如，管理效率的变动或细分产品的定位。但尽管如此，早先的一些研究已经证明，传媒公司的规模（主要指跟市场份额有关）与其利润表现之间存在着正相关关系。例如，大型电视广播商比小型电视广播商产生的利润率更高（Doyle，2000）。这一相关关系并不令人惊讶。正如许多学者所述，大量的特定产品规模经济存在于广播电视产业中，因为只要建成了一套传输设施，向更多一位观众提供服务所需的边际成本（在同一传播区域内）几乎为零或者非常低廉（Cave，1989：11-12）。无论受众规模多大，提供一份既定的服务所需要的日常费用基本是相同的，那么在其他条件不变的情况下，由于更多的观众可以产生更多的收入，规模经济就随之产生了。

规模经济基本上在传媒业的所有领域中都存在（Hoskins，McFadyen and Finn，2004：97）。例如，在报纸或杂志出版业中，销售更多一份相同版本印刷产品所需的边际成本较低，因此当发行量上升时，这种特定产品就能产生规模经济。实际上，在传媒业中普遍存在的规模经济效益与媒体产品低廉的复制成本有关。媒体产品的初始生产成本（即创作第一份产品或原稿所需的成本）可能较高，但这份产品被复制之后一次又一次地传播或销售给越来越多的消费者，而这一过程只会增加少量的边际成本。而且，即使是在初始成本昂贵的生产阶段中，规模经济也可能存在。从事内容生产的公司也许会发现，随着产量的增加，边际成本会低于平均成本。以电视节目为例，边际成本就是每多生产一个小时的电视节目所需的成本，而平均成本就是总的生产成本除以已生产节目的小时数。

随着电视生产公司的产量增加，公司可以从固定的日常管理费用中获得规模经济，举例来说，更充分地利用固定设备（摄影机、后期制作设备等）和领取工资的员工。所以，横向扩张的动机也可以是为了提升未被充分利用的资源的利用效率。实施横向扩张和增加产量的传媒公司也可能实现生产力的提升，因为随着公司的扩大，实现专业化生产的可能性会更高。而具有争议的观点是，规模经济的实现可能会促进大型传媒公司获得更多的投资以及以更快的速度采用新技术。例如，挪威的研究发现，隶属于大型报业集团的报纸比小型的独立报纸更愿意进行创新（Krumsvik，Skogerbø and Storsul，2012）。而且，快速发展的传媒公司更有可能吸引高质量的人才。

在一家传媒公司进行横向扩张的时候，一种重要的潜在效率收益是，在一种以上产品的生产中分享专用资源和专家资源的几率得到了提高，范围经济由此产生。举例来说，如果为某一个媒体产品所采集的专家内容可以被再次利用到另一个产品中，那么范围经济就出现了。因此，对于运营着一个以上节目服务的广播电视商来说，规模经济和范围经济有可能同时存在，而且这两种节目服务的相似性越高，范围经济的效益就越高。正如在第4章要讨论的，广播电视网络的建立正是基于利用这种优势的逻辑。

当一个广播电视商实施横向扩张并且增加其所提供的服务数量时，就有更多机会可以合并后台支持工作（如财务和管理），还有像实况节目销售和二级节目销售这样需要专家支持的项目也可以合并。这些成本效益的存在成为公司交易的背后动机，在这些交易中，一家广播或电视公司收购另一家或者另外若干家公司。英国电视领域从1983年开始到2004年达到高潮的一系列兼并和收购就是最好的例子，这个高潮出现在2004年英国独立电视台（Independent Television，ITV）的成立，这个统一的实体取代了许多个曾经独立经营的小型地方电视服务公司，独立电视台将它们纳入到一个集团品牌之下（如图3.1）。

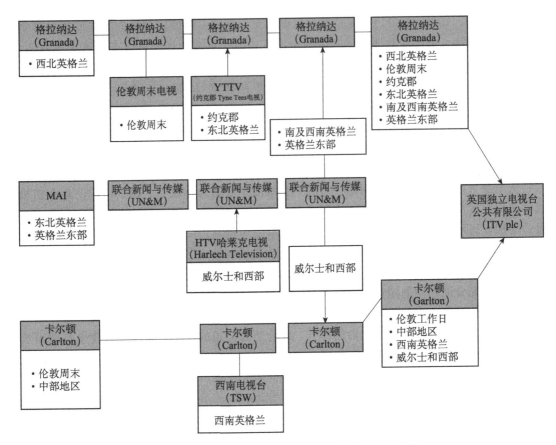

图 3.1 独立电视台从 1993 年到 2004 年的公司扩张策略

范围经济的存在解释了普遍的扩张趋势,以及为数众多的多元产品公司的存在。例如,GCAP①(在全英国拥有 72 个广播站)在 2008 年接管了 Global Radio(拥有 10 个广播站)之后,成为英国最大的商业广播公司,同时也是一个拥有多元产品的媒体组织(OFT,2008)。在英国报纸产业中,处于领军地位的全国性和地区性报业公司都拥有不止一份报纸。在杂志产业中也是同样道理,领先者们都经营着多元产品。

对于发行多份报纸的报业所有者来说,各种类型的范围经济都可能出现。举例来说,大型出版商可以在成本价格和支持服务(如印刷和发行)上获得群体优势。拥有多份报纸的出版商可以将后勤功能或其他可以共享的活动,比如广告销售,进行合并和合理化配置。但是,对于全国性报纸出版商来说,编辑过程中记者资源的共享,通常不会被作为开

---

① GCap Media,是一家英国商业广播公司,由 Capital Radio Group 和 GWR Group 在 2005 年 5 月合并组建。——译者注

发范围经济的主要部分。尽管以多种发布形式为目标进行生产是数字时代新闻业的必要组成部分，但因为保持单个产品的独特品位是一种神圣不可侵犯的需要，许多出版商对于在多个报纸中共享记者资源的合理性仍持怀疑态度。

传媒产业中规模经济和范围经济的存在都暗示着一种自然的产业发展趋势，那就是寡头垄断的市场结构和大规模多产品的公司形式。假设在更多的消费者或更多的媒体产品中共享或分摊成本不会导致产品质量受损，那么横向扩张的策略就将产生效率收益，且从理论上来说，这一过程有益于社会福利。但是，如果成本的节省是以牺牲观众或读者的使用效果为代价的，即便这种节省可以提高一家公司的利润率，这种扩张也无法提升效率本身。

除了效率之外，在传媒业的任何领域中占有较大市场份额的媒体公司（或者是在不同领域中拥有跨媒体产品的公司）还可获得另一种优势，那就是更多的群聚效应（critical mass）。大型公司在与供应方和消费方进行交易时拥有更多的谈判筹码。举例而言，大型的报纸和杂志出版商可以在纸张和印刷上获得更好的价格。同时，处于市场主导地位的公司拥有更大的能力去操控其消费者需要支付的价格。控制着与广大受众接触机会的大型传媒公司通常可以获得更优厚的广告价格，即比小型公司更高的千人成本率（cost-per-thousand rate）。大规模受众群体比小规模群体的人均价值更高，这一倾向似乎也适用于线上媒体，最受欢迎的网站因其在受众注意力上的优势份额而获得了较高的线上广告收入（Napoli, 2011：70）。

大型传媒公司的市场权力越大，就越有助于提升它们的盈利能力，但这可能伤害消费者的利益（如它们可能会定价过高），而且也有可能对市场的运行造成威胁。从某种程度上来说，大型传媒公司施展市场权力的行为有可能阻碍竞争；市场权力为单个公司带来的战略优势同时就会是市场效率的阻碍因素，而对消费者而言也会有负面营销。概言之，横向扩张的战略可以带来一系列的效率收益，这些收益会对社会福利产生积极的贡献；但与此同时，如果单个的公司获得了较大的市场权力，那就会对社会福利造成威胁。

3.4　斜向和集团化增长

传媒产业中另一种常见的扩张形式是发展业务侧线，或者将业务发展到被认为是补充型的活动领域中（如报纸和杂志，或电视和广播），再或者是在全新的领域中发展业务（例如，传统传媒企业收购数字媒体，新闻集团在 2005 年收购 MySpace，迪士尼在 2007 年收购企鹅俱乐部）。许多斜向跨媒体扩张都带来了积极的协同和效率收益。这其中一个非常重要的潜在优势是有机会在一个以上的媒体产品中分享专业和专家的资源。这当然就能够带来规模经济和范围经济。

跨媒体所有权的组合所产生的最明显的经济效率就是，使公司既可以分享相同专业形式的内容，又可以分享相同的传播设施。当一个传媒公司的产品被特征化为某个特定主题或某类特定话题，那么将其运作扩展到若干不同领域中，通常就能创造出有价值的协同作用。举例来说，通过《金融时报》（*Financial Times*），专业提供管理和金融信息的皮尔森集团（Pearson）可以在若干不同的产品和传播形式（如报纸和广播）中开发其规模经济和范围经济。对一种特点类型内容的专注可以帮助一家公司塑造出较强且可识别的品牌，基于这种条件的公司更有可能在从一种平台向另一种平台的跨越中获得成功。

规模经济和范围经济的有效性在很大程度上取决于专业性的投入，例如，媒体内容的构成因素；或者也取决于其他随着公司斜向扩张可以被再利用或可以被更充分开发的重要资源。值得注意的是，近年来得益于数字化技术，将图片、声音和文本简化为相同格式更加方便，同时数字化使快速的电子传播和媒体内容原材料或半加工材料的交换更加便捷。在此背景条件下，将内容再包装为不同形式也已经变得更加容易了。

在一个集团公司的资源配置中将不同的媒体活动结合在一起可以产生许多十分有用的效率收益。然而，扩张并不总是带来协调效应和业绩的提升（Peltier，2004）。一些媒体公司已经发现了扩张对其成本的影响，伴随着斜向所有权扩张中不同媒体活动的结合所产生的效率收益的确切性质需要非常谨慎的评估。举例来说，当一种基于文本的媒体活动向另一种媒体活动扩张时（从印刷出版到电子出版或从报纸到杂志，等等），就有可能创造出分享内容的机会，但实际上并不需要实现基于文本的媒体所有权与基于音频或文本或音视频的媒体所有权的结合（如报纸与电视），才能带来规模经济、范围经济或其他任何一种经济优势。尽管数字化技术已经普及，以及相伴而生的媒体公司倾向于多平台的发展方向，但实际情况是，涉及到内容生产和传播的一些技能、技术和设备仍然具有鲜明的行业特征。这一判断可以被许多大型多元化媒体集团的实践所证明，例如，新闻集团仍然允许广播电视和报纸两个分部在基本上完全互相分离的情况下运营。因此，尽管将不同媒体活动结合在共同所有权之前的策略很可能获得将资源进行合理化配置的机会，但这并不意味着所有的结合都会自动地带来特别的效率收益，但是在其他任何兼并包括与相关领域活动的松散联合中也许更有可能产生这种收益。

虽然跨所有权并不能立即带来消减浪费或以更有效方式运用集体资源的机会，例如广播、电视和报纸的跨所有权结合，但是，基于跨所有权的结合，斜向扩张的公司也许可以从中得到一些商业方面的策略上的裨益。举例来说，多元化的所有权可以带来对公司产品进行交叉推广（cross-promote）的机会。而交叉推广究竟对经济和社会是有利的还是有害的，这取决于这种推广方式是怎样被应用的。如果交叉推广被用于支持全新的扩张（de novo expansion），例如，引入一种可以增加选择余地的新产品，那么社会福利和竞争应该会随之得到提升；但如果交叉推广被用于为已存在的媒体产品建立跨领域的市场主导地位，那么就会对竞争和多元性产生消极的影响。

与斜向扩张有关的另一种驱动力是降低风险（Picard，2002：193）。举例来说，一个收入完全来自于广告的广播商可能会向其他的收入直接来自于消费者的媒体领域扩张，从而使自己在面对周期性的广告费下滑时可以得到保护或风险缓冲。在衰落产业中运行的企业可能会希望将其业务拓展到一个已知的处于上升期的领域中。Aris 和 Bughin 观察到，许多大型媒体竞争者的发展模式都受到了"产品组合优化"（portfolio optimization）逻辑的指导，它们都会投资到新兴的增长领域中（如电视产业），以此为其所身处的已经成熟或正在缓慢衰退的领域创造一个平衡力量，Lagardère Media Group 就是这样的大型媒体竞争者，它是欧洲最大的媒体公司之一（2009：266）。

在分析来自于任何斜向扩张战略的收入时，应当把不同种类的收益进行区分，例如效率收益和风险分担等，也需要区分不同的获益者，例如公司股东、公司管理者或者更大范围的社会。效率收益，例如规模经济和范围经济，其目标不仅应该为公司利益服务，也应该通过提高资源的使用效率实现更为广泛的经济裨益。收购战略，可以消减不必要的浪费，或者可以推动一项活动的重建以便于巩固一个公司未来在经济上的存续和成功，所以这一策略自然就会被认为是与更加宽泛的经济效率和增长目标相一致的。但是，跨媒体扩张的战略，如果并没有产生效率收益，以及可以预测到仅仅是为了公司股东或管理者的战略利益，那么就可能无法带来任何普遍的经济收益。

与此相反，更大的规模、更强的市场权力和市场主导位置，可以导致与公众利益相反的行为和实践（Moschandreas，2000：362-363）。一旦一个公司获得了市场主导位置，竞争压力的移除可能会带来各种各样的非效率，包括为了保持主导位置而花费在资源上的额外支出。因此，应用于媒体和其他公司的竞争政策，致力于促进充分的竞争，从而导引这些公司有效地运营。

3.5 纵向扩张

在第 2 章中描述过的那个垂直供应链表明，如何将制作一件媒体产品或一项媒体服务以及将其供应给消费者这一过程中所涉及的活动拆分成若干个阶段。举例而言，报纸产业可以被分解成为：新闻收集、编辑、印刷、发行和零售。电视产业可以大略地被划分成为：节目的生产、日程的组合、传播，在一些情况中，还有零售的环节。许多媒体公司都是纵向整合的，因为它们所参与的业务活动超过了供应过程中的单个环节。例如，许多广播公司会在内部自制节目。

为什么纵向整合会是一项具有吸引力的战略呢？一般来说，同时控制内容生产和传播是重要的，因为媒体产品的传播量越大，每个单位的生产成本就会越低。在电视产业中，将同样的媒体产品尽可能地卖给更多不同的观众或者不同的观众市场，每个观众的生产成本就会随之降低。作为一个传播者，向上游纵向扩张进入生产环节就意味着，可以获得有保障且恰当的内容供应在传播设施中发布。作为一个内容生产者，纵向扩张变成一个传播者意味着获得了有保障的受众连接机会。

纵向扩张并不仅事关收入最大化、获得更多的安全性或者更大的市场控制力。另一个优势在于，它可以降低交易成本。这里的成本包括在市场中进行谈判和实施交易的成本，例如，对于购买方来说，包括获得恰当产品的时间、精力和不确定性（Lipsey and Chrystal, 2007: 116）。广播公司将节目生产的过程内部化而不是在开放市场中购买节目权限，在精确保证其所需的内容种类时就可以面对更少的"并发症"和延迟等问题。

因此，与其他形式的扩张一样，与纵向扩张相关的两个主要动机是，效率的提升和市场权力的积累。在纵向扩张的任何例子中，可能两种动机都可以实现，而且两种动机可能相互关联着。纵向的整合可能是由最小化成本的愿望所驱动，或者有可能由提高安全性的愿望驱动。例如获得必需的原材料的机会，对于广播电视公司来说就是具有吸引力的电视节目。但是，后一种动机，也就是获得对市场环境的某种控制力的愿望，自身就有可能带来对市场的主导。

进一步来看纵向整合是怎样促进成本最小化的，一个重要的考虑事项是，两种费用之间的差异：一种费用是从其他公司购买或向其他公司销售的花费，包括获得信息和商谈合同等；另一种费用是在组织内部完成本来由其他公司承担的功能的花费。罗纳德·科斯（Ronald Coase, 1937）最早提出了这样的观点，即"市场"和"公司"代表着两种不同的资源分配方式。对于科斯来说，公司存在的意义就是，通过公司（利用管理者等级制度）完成经济活动的协调相较于通过市场（利用价格体系）的成本更少。在一个公司的结构中进行活动的整合是可以实现的，因为这种整合可以带来交易成本的节约，这也就是纵向整合的一个动机。

一个公司里成本减少的可能性也许来自于信息的增加，例如，关于价格或产品规格的信息增加，或更加广泛的关于市场的信息增加。因此在电视产业中，例如，节目制作者和播出者之间是公司间交易时所涉及的成本，可能会比这两项活动在公司内完成时的更高。直接从公司内部生产分支中为节目生产提供资源，也许会比从外部节目制作商那里寻求购买、进行谈判和达成交易更能节省时间和避免麻烦。

尽管如此，对于媒体公司来说，促成纵向扩张的最主要原因通常还是来自于供应链中不同环节之间相互依存的关系。如果不能到达受众，媒体内容就什么也不是，反之亦然。因此，媒体公司向主业之外的上下游进行多元化扩张的主要驱动力实际上是反映的是获得更多安全感和对市场环境进行控制的期望。完成上下游整合的媒体公司可以避免受到上下游中主导供应商或购买商的市场权力的控制。纵向扩张可以使公司获得一些安全保障，例如，必需的原料投入，或者传递其产出所必需的渠道。这在媒体行业中是关键性优势，因为媒体公司对内容获得渠道和内容发布渠道都具有依赖性。

如果一个播出商完全依赖于外部的节目生产者为它提供日程安排中所有的畅销节目，那么这个播出商就有可能受到内容供应商的"后契约机会主义行为"（post-contractual opportunistic behaviour）的侵害。如果播出商日程安排中的一个重要节目系列的提供商作出威胁，比如，撤走节目或以更高的价格将内容卖给播出商的竞争者，那么播出商为了留住这个节目就不得不承担高额的成本。而纵向整合就是一种可以避免类似高额成本产生的方法（Martin, 2002: 405-406）。

如果垄断权力出现在节目生产的阶段（如一个内容供应商完全控制了某种类型节目的供应以至于没有任何其他替代品可供购买），那么，如果没有纵向整合的话，拥有着上游垄断权力的媒体公司就有可能从下游播出阶段中的任何垄断利润中获利（Moschandreas, 2000: 260）。尽管没有任何替代品可供选择的情况极少出现，对于具有较强市场权力的内容品牌来说，投入的特异性，例如特别的演员、作者或表演者，是获得市场追捧和成功的一个关键因素。为了避免被重要的供应者要挟，播出商和其他的媒体播出者除了实施纵向扩张进入生产环节之外，似乎没有别的选择。

从内容生产者的角度来说，纵向整合也有许多吸引人的优点。例如，如果一个内容生产者拥有一个广受欢迎的线上内容服务渠道或者一个从事广播活动的渠道的所有权，那么它的产品到达受众的机会就得到了保障。同时，纵向整合或许也可以为内容生产者带来更可预测和更加可靠的订单来源。

一个稳定且可预测的生产计划对于内容生产者来说是一项重要优势。而且，这种优势使完成了纵向整合生产的公司可以更加有效地完成计划，以及更加有效地使用它的生产资源、设备、技术人员和其他工作人员。一个完成了纵向整合生产的公司还可以获得有所保障的传播渠道，这就有助于树立公司作为内容供应商的声誉和品牌。

数字化和网络的发展促动了将多元化内容生产者和数字平台运营者囊括在内的新形式的纵向和斜向扩张。将传统媒体内容生产与数字化传播进行结合的典型案例是时代华纳（Time Warner）与网络服务提供商 AOL 在 2000 年进行的合并，此案例在随后被公布的关于整合这样巨大的公司的困难表明了一个代价昂贵的教训，那就是过度扩张和对"新"媒体业务的过高估计所带来的风险（Gapper, 2005: 7）。尽管如此，将内容生产的优势与固定和移动数字传播的能力结合起来的雄心仍然是媒体领域中公司活动的一个主要驱动力。例如，法国媒体公司维旺迪（Vivendi）起家于水务和污水管理公司，但是，经过一系列的业务发展和开始于对 Canal+ 的兼并，这个公司逐渐成长为一个跨国媒体集团，旗下囊括有一系列内容生产活动（包括音乐和视频游戏发行，电影和付费电视），以及通信网络业务。另一个例子是美国媒体公司康卡斯特（Comcast），该公司在 2011 年并购了 NBC 环球（NBC Universal）的大部分股权，自此从一家几乎完全集中于播出业务的有限公司发展成为一个占据市场主导地位的纵向整合媒体公司（Gelles, 2011b: 19）。

如果要评估一个媒体兼并者的动机或者优点，有时会难以分解对更高效率的追求和通过垄断权力获得更高安全性的追求（Griffiths and Wall, 2007: 75）。一个媒体公司有可能通过纵向扩张获得更高的安全性，但在此之后，它在整个垂直供应链各环节中获得的控制权越大，这个公司就越有开始主导市场的危险，这样就会对竞争和消费者造成有害的后果。通过提供进入障碍，纵向整合可以保护市场中现存公司的市场权力。例如，如果所有最好的节目生产商都被广播商们交叉拥有着，那么一个广播市场的新进入者为了保障它能够供应足够吸引人的节目，就会被迫地采用纵向整合的结构，以此来推高市场进入的成本。换言之，"纵向整合是一个自我强化的过程：一旦一些重要的竞争者开始整合，其他竞争者就会被迫采取相同的策略，以保证获得内容的机会（对平台运营者而言）或者传播的机会（对媒体公司而言）"（Aris and Bughin, 2009: 271）。因此，从一方面来说，Coase将纵向整合看作是对市场失效和不完善的回应，而另一方面其实也是导致这种市场不完善的原因。

3.6 跨国发展

许多大型媒体集团，例如新闻集团（News Corporation）、鲍尔（Bauer）、贝塔斯曼（Bertelsmann）和里德-爱思唯尔（Reed Elsevier）都是跨国公司。例如，法国媒体公司维旺迪曾一度兼并了美国的环球影城（Universal Studios），并且在整个欧洲发展它自己的Canal＋付费电视的国际市场份额，在2009年成了摩洛哥主要的通信行业竞争者，并且在巴西兼并了宽带传播业务。拉丁美洲的线上内容提供商Terra，是一家西班牙通信运营商Telefonica的子公司，也正在向欧洲市场扩张其业务活动（Edgecliffe-Johnson, 2012: 21）。跨国发展，无论是以在其他地区进行业务的兼并和收购的形式，还是以国际合作的形式，都已经在传媒产业中被反复上演并成为普遍现象（Terazono, 2007），而且都是受到了相同的经济动机的促动，那就是基于一个主要市场并面向全球的纵向、横向和集团化扩张的策略。

在之前章节中已经讨论过，全球化带来了许多行业领域中激烈的国际竞争，包括但并不止于媒体和通信行业（Lipsey and Chrystal, 2007: 183）。由于贸易壁垒的削弱，资本移动性增强，同时还有互联网的发展，这是一种很少受到国家界线限制的传播设施，地方性和国家性的媒体业务已经不再像过去那样绝缘于具有竞争力的国际供应商。因此，尽管许多媒体组织仍然坚持面向其所在市场的受众和广告商，但大部分媒体组织，已经在关于扩展其产品和业务的地理范围的问题上开始采取开放的眼光。

国际扩张策略的广受欢迎促使许多大型跨国媒体集团出现在欧洲以及其他地区（Sánchez-Tabernero, 2006: 489）。在一些案例中，跨国发展反映出本地市场的饱和，或者来自于本地的有关竞争和多元化的规制对未来国内市场发展的限制（Bruck et al.,

2004：9)。在这些环境下，国际发展为增加收入、分摊或减少成本，以及衍生经济提供了很有价值的机会（Picard，2002：213)。

但是，与其他形式的扩张相同，国际扩张同时受到与获得效率收益和更多群聚效应相关的经济动力的推动。这反映了在传媒产业中规模经济和范围经济的普遍存在，在这里，尽可能扩大消费产品的受众范围是一种天然的动机。这其中就包括了在合理的前提下向国际市场的扩张。当然，国际化可以通过与本地公司的合作来实现（或者如第4章中已经详细讨论过的，分支机构的安排在杂志出版中很常见），或者，通过出口而不是从国际市场中买入业务。但是，选择在海外市场购入或是发展分支机构的时候，正在扩张的组织会被这样的机会所吸引：在收获所有可能的成本效率和通过扩大了的组织进行更有效的资源分享的同时，还能实现交易成本的经济化。随着国家边界不断被侵蚀的过程逐步展开，这种经济上和策略上的优势可以保障多元产品和跨国公司继续主导媒体公司的产业图景。

第 4 章

网　络

网络是传媒产业中由来已久的一种特征,而现在这一趋势发展地愈发明显。网络和其他促成内容、品牌和广告关系等可以被共享的产业配置存在于电视和广播产业,有时在印刷出版产业中也存在,例如杂志业。这些传统的媒体网络之所以存在,在部分上是因为供给方的规模经济的长期存在,但是数字化带来了新的竞争者,同时也放大了网络在传媒产业中作为组织系统的重要性。本章考察媒体网络的经济学意义,并且解释融合如何为媒体和传播组织带来与以下这些方面有关的新的经济问题:网络外部性、获得需求方的规模经济、市场主导的问题,以及社交网络日益凸显的重要性问题。

在学习本章之后,您将可以回答以下问题:
- 识别和解释广播电视网络的形成动机;
- 分析跨国性出版网络的特征;
- 了解被运用到数字媒体和传播中的网络效应的概念;
- 评估数字化和互动性是如何在媒体经济中提升网络的重要性的。

4.1　网络的经济学

网络存在于一系列的环境中——社会的、组织的和产业的,包含有许多可能的关系形态和形式。网络产业的结构包含着互联(interconnections)和连接(links)(Shy, 2003)。

典型的例子包括：电力供应、交通和通信。举例来说，交通设施，例如铁路包含有由节点构成的网络，这个网络使其使用者可以到达四面八方。与此相似，电话网络使得声音可以自由地经由中央连接从一个点到达另一个点。

因为其经济活动的范围包含着复杂的排列状态，传媒领域并不能完全被描述为"典型的"网络产业，但是在这个领域中可以发现许多不同类型的网络。网络作为媒体商业特征的重要性已然形成，而且任何既定的网络特征都对媒体经济具有重大影响。流量（traffic flow）在网络中的方向是一个关键的区别特征（Economides，2007）。网络在传统环境中的主要存在是，例如，广播电视业中从提供者到受众单向的内容传播，反过来可能也会被用来吸引广告商。当媒体网络所包含的是一种朝向受众的单向内容流，支持这种安排的媒体经济动机通常是供给方规模经济的可用性（availability）。一种地理位置分散的媒体渠道网络的形成提供了一种把包含在内容生产中的高初始固定成本分摊到额外更多的受众群体中的有效方法，这些受众群体和选区拥有对内容的相同兴趣，但又分布在不同的地区中。

由数字化和互联网发展所带来的一个重要的变化是，传播设施可以支持双向的和多方向的信息流动。尽管多方向的信息流动从来就不是传统大众媒体供应体系的特征，但其他网络产业中却有存在于所有节点之间相互的流通。当流通是多方向而不是单方向时，不同类型的优势从中产生，而且支持着网络形态的经济动机也会随之被改变。数字化技术的普及将这样一个问题带到媒体供应商面前，那就是如何最优化地利用那些产生于交互（reciprocal）和一对多的流量中的优势。

网络效应（network effect）的概念所基于的思想是，一个网络的价值会随着别人对它的共享而增加。这个概念指的是，对某产品或服务的更高或更广的使用量可以给予所有使用者更大的价值。举例来说，当一个新增的会员加入到一个商务相关的或者职业线上网络，例如 LinkedIn，就会给所有注册使用这个网络的其他订阅者带来更多一份好处。早期针对网络效应的研究集中在通信领域，该产业为这个概念提供了很好的例子，注册使用服务的人越多，服务的价值就越高（Farrell and Saloner，1985；Katz and Shapiro，1985）。

线上社交和传播网络，例如 Facebook 和 Twitter 都体现着网络效应，因为使用这些服务的人越多，每一个网络参与者获得的效用（utility）就越大。根据计算机工程师罗伯特·梅特卡夫（Robert Metcalfe）的名字命名的梅特卡夫法则（Metcalfe's Law）提供了一种量化这种效用的方法：例如，一个通信网络的总体价值与连接到这个系统的用户数量的平方成正比（Shapiro and Varian，1999）。归于每一个体使用者的网络价值究竟是否如梅特卡夫所认为的那样高，这一问题在最近有关网络效应理论应用的更多作品中受到争议（Odlyzko and Tilly，2005），但更多参与者可以为传播网络增加价值的基本思想显然是适用的。尽管如此，网络优势的来源是多样的，而且并不仅限于交互传播的机会。网络效用主要来源于科技的兼容性，而且正因为这个原因，这种效用被认为是计算机和电子产业所特有的，这些产业中不同系统之间的同步能力至关重要。

卡茨和夏皮罗（Katz and Shapiro，1985）在他们关于网络的研究工作中对"直接的"和"间接的"效应进行了区分，这种效应的产生取决于所讨论的网络的本质属性。当一个新增的人以有形的方式参与到一个传播网络中来，例如通过购买或安装一个传真机或电话机，其他的网络使用者就能直接从中获益。而对于一项特别专利标准或系统的使用者来说，无论何时，只要一个新增的消费者购买由那个标准或系统所支持的产品，一份间接的益处就会产生，因为更多的使用量会使这个系统更加流行，那么目前这个商品的互补性商品就会更普及、更便宜（Katz and Shapiro，1985：424）。当一个产品或服务更多的使用量提升了互补性商品的价值，例如兼容的软件，间接的网络利益就会出现。

一个与媒体紧密相关的概念是"双边网络效应"（two-sided network effects）。在双边市场存在的地方，一部分用户用量的增加可以为另一个不同的用户群体带来裨益。举例来说，支付卡系统依赖于零售商和购物者两个方面上的普遍使用，如果能够具有这样的前提，那么任何支付卡都可以从与商家的普遍关联中获益，而另一个用户群体，卡片持有者则可以从跨边网络效应①（cross-side network effects）中获益（Rochet and Tirole，2003）。许多媒体都是在双边市场的产业中运行，在这个意义上，这些媒体公司同时服务于受众和广告商。例如，广播网络依赖于销售商业播出时段的收入，因此，为了创造跨边网络效益以便从一个用户群体——广告商那里征收费用，广播电视网络有较强的动力去"补贴"（subsidize）另一个用户群体——收听者的使用行为（Evans and Schmalensee，2008）。

在一些产业中，科技兼容性是网络效益的来源。例如，对于一些软件和硬件产品来说，高需求也许不仅来自于产品内在的特征，即在事实上它的性能优于竞争产品，如果确实有的话，也可能消费者希望购买使用较为广泛的产品，因为这样的产品也许在兼容性和标准统一性上不容易出现问题。在那种消费者可以从产品或服务的广泛接受度中获得价值的网络市场中，先期进入市场的竞争者就会享受到"先发优势"（first-mover advantages），也就是说，当许多早期使用者预期到其他使用者会在之后阶段也加入到使用队伍中来，并因此开始使用的话，首先被引入到市场中的科技获得更多的发展动力（Gottinger，2003：8-9）。

网络效应的存在会改变产业的竞争性质，也可能会促成个体公司对市场的主导（Koski and Kretschmer，2004；Tremblay，2011）。一般而言，市场竞争者们相互竞争的主要领域是价格和产品质量，但是当网络效应出现的时候，对供应商们来说最关键和必要的竞争是赢得和保持消费者们对其产品或技术标准或品牌的认同感。因为先期进入具有决定意义，有观点认为这会使得抓住了先入优势的次级产品和服务获得对高级产品的主导权。这是因为消费者不愿意承担一些短期成本，即中断对熟悉的用户网络的使用或者转移到相对

---

① 在双边市场（two-sided market）中，网络效应（network effects）可以分为同边网络效应（same-side network effects）和跨边网络效应（cross-side network effects）。——译者注

来说不太流行的品牌或兼容性不高的技术上（Farrell and Klemperer, 2007）。

转移成本（switching costs）和网络效应有助于将消费者绑定到固定的品牌或系统上，这通常被称为"供应商锁定"（vendor lock-in）。伴随着变化而产生的麻烦和代价，或者已知的效率损失（loss of efficiency）都会阻止人们做出转移的行为。消费者对转移的不情愿极大地支持了市场中已存在的竞争者，例如在银行业中，很少有顾客会热衷于将其账户转移到另一个银行去。当涉及科技问题时，正如媒体和传播产业通常遇到的情况，人们所花费在学习使用当前标准上的时间将会使人们更加不情愿抛弃这项已经付出的投资，"即使新的技术更好，或者转移可以获得更高的效率"（Gottinger, 2003: 12）。

社交网站（social networking sites, SNS）提供了这样的明证，即在不断发展的传播市场中获得"供应商锁定"的潜在机会。这个产业中最大的两个竞争者：Facebook 和 Myspace，近年来投入巨资发展更多的会员以获得长久的市场地位（Johnson, 2008）。在其提供服务的网站界面结构中，Facebook 鼓励其网络成员不断地构建包括个人线上档案和个性偏好在内的一系列个人数据、社会交往和链接。但是，无论是出于转换到另一个社交网站的目的或是其他原因，检索以上这些数据都并不容易。如一位产业分析师所言："这种转移成本非常高，尤其是在你已经建立起了上百个朋友的网络，以及构建了一份生活和照片的档案之后"（Smith, cited in Gelles and Waters, 2010）。

供应商锁定被认为对市场的发展具有潜在的伤害，因为它给予了一些竞争者过度的市场权力。尽管在早期阶段消费者可以从中获益，因为供应商们之间竞争激烈，尽力占据市场份额，但是网络效益的存在暗示着这种竞争是内在不稳定的，而且有极大的危险可能会最终陷入主导系统的垄断，并由此导致市场进入的彻底关闭以及与垄断化相关联的非效率（inefficiencies）的产生（Farrell and Klemperer, 2007）。

既然网络效应天然地就会促进网络产业中的竞争者朝着获得更大规模用户数量的方向发展，在此前提下，市场主导是有害的，就并不令人惊讶。而且，市场主导并不是网络的扩张会带来的唯一担忧。更多的用户进入到网络中来，也会产生容量问题（Yoo, 2006），所以由新的参与者增加的边际价值，在某些时候会由于系统崩溃问题而被降低，例如传播系统不堪流量重负的时候。

通常情况下，数字化和互联网的发展增加了可供媒体公司利用的网络形式的机会和优势，也提高了媒体网络的经济意义。但是，网络外部性（network externalities），即一个新增的个体参与网络对第三方机构形成的影响，既有积极的一面，也有消极的一面（Liebowitz and Margolis, 10994; Shy, 2011）。因为网络和网络效应变得越来越普遍，新的挑战不仅出现在媒体市场参与者面前，也使政策制定者开始关注可持续的竞争和媒体供应效率的问题。

4.2 广播电视网络

在广播电视业中，一个网络通常构成了一组位于相同地理区域中的竞争者，这些竞争者加入一个战略联盟从而能够生产和利用某些互补优势，这些优势通常围绕着内容的共享使用来建立。在广播电视产业中，网络战略背后的经济逻辑是高度强制的，在商业广播电视市场中广播电视网络通常是市场领袖。其中产生的最重要的益处是节目制作的规模经济。这个网络使得一个广播电视商群组可以或多或少地分享相同的节目规划，由此降低提供服务给网络中每个站点的单个观众或单个听众的成本。网络是一种扩大单个电视或广播服务的受众范围的方法。

英国独立电视台（ITV）是一个电视网络的好例子。ITV 或 "Channel 3" 是免费播出的，商业的全国性电视广播频道，它包括 15 个地区性许可区域。ITV 的受众份额在最近几年被不断地侵蚀，尽管如此，它仍然在全英国家庭中保持着 18% 的收视份额（Ofcom，2012a：163），ITV1 到目前为止仍然是英国最受欢迎的商业频道。这个网络的 15 个地区性许可区域覆盖了英国全境。这些许可区域的所有权最初由许多地区性的电视公司共同所有，但是在 20 世纪 90 年代初期开始迅速合并，现在有 11 个属于 ITV plc（参见图 3.1），两个属于苏格兰电视台（STV），一个属于 UTV（北爱尔兰电视台）和 Channels Television。ITV 网络在一个系统内共享节目，这个系统中的 15 个许可持有人共同出资形成一个用于 ITV 节目计划的集体预算，与此相对应的，这些出资人获得在其所控制地区播放那些节目的权利，其中穿插一些专用于本地市场的产品。每一个许可持有人都会销售在其区域播放的 ITV 共享节目中间或前后的广告时段。

交纳给集体节目预算的费用各有不同，其依据是参与者在网络中各自占有的收入份额。因此，虽然关于参与者的具体条件经常会爆发冲突（Fenton，2011a），ITV 所部署的成本分担计划包括了一些较大区域对一些较小区域的许可证持有者的交叉补贴（cross-subsidization）。尽管如此，每一个参与者，无论大小，都从这个网络中获益了，因为如果要独立运营节目的话，传输这样昂贵的节目计划将会超出其负担能力。

在美国，最主要的电视网络实行着两个重要功能，这些电视网包括美国广播公司（ABC）、全国广播公司（NBC）、哥伦毕业广播公司（CBS）和福克斯广播公司（Fox）（Litman，1998：131；Lotz，2007；Owen and Wildman，1992：153）。它们不仅支持着与 ITV 相同的节目成本的分享，同时，美国的电视网络还聚集到一起销售广告。在美国，想要在全国范围内发布广告的广告商可以在一个网络中一次性购买所有网络的广告发布。这就降低了全国性广告商的交易费用，增加了地方性广播电视商参与网络播出的时间需求。

美国的电视网络依赖于一系列的地方电视台或者"附属台",大约 200 余家,这些电视台共同为全国的观众提供节目。每一个网络都拥有一些自己的附属台,但许多附属台是独立的。地方附属台从电视网中接收现成可以用于传播的节目套装,包括非常全面的节目计划以及广告。作为在黄金时段播出电视网所提供节目的回报,附属台被允许可以向全国或地方广告商销售自己的部分商业广告时段。

在历史上,附属台也会收到一些"补贴"或者是来自电视网的一些付费,其数额在不同电视台中有所不同,作为交换的就是接收并播出电视网的节目计划。在 20 世纪 90 年代,电视网的附属台在费用方面的谈判地位得到提升,其背景是新的市场进入者如 Fox 带来了上游"包装"阶段更加激烈的竞争(Gapper,1998:22)。自从那以后,伴随着费用的消减,电视网络的命运就开始衰落。

网络中的附属台试图通过保证来自付费平台的传输费用来保持收入,但大多数情况下,付费平台也面向全美国观众转播电视网络节目(Liand Edgecliffe-Johnson,2009)。付费电视运营商之间的竞争意味着"不与顶级网络商合作的话,没人可以负担运营费用",这就使得地方附属台可以通过谈判来提升每一个订阅者的传输费用(Brannon and Bargouth,2010:302)。广播电视网络也将注意力转移到转播费用上,并将它作为一种有价值的次级收入来源,尤其是在对广告的竞争越来越激烈的情况下。随着附属台的谈判地位受到替代性的电视网络内容发布平台的侵蚀,曾经的网络商付费给地方电视台播出其节目的情况现在被倒置了,而且附属台有时还不得不将其转播费收入中的一部分上交给提供内容的广播电视网络商(ibid.)。

虽然世界各地成熟运行的电视网络都面临着来自地面电视、有线电视、卫星电视、数字电视和线上广播电视商等竞争者越来越激烈的竞争,它们能够吸引的广告收入水平普遍在下降,但这个下降速度比其观众份额的下降速度稍慢一些。美国的电视网络和英国的 ITV 网络都面临这样的情况(Gasson,1996:148-150)。在一个愈发碎片化的市场中,能够为大众提供直接影响的能力具有特别的价值。广告商通常愿意为更易接触大众的播出时间支付高于通常的千人成本(cost per thousand,CPT)的价格。

黄金时间的观众,以及在特别流行的节目周边的时段是很典型的例子,它们会被以高于其他时段的 CPT 价格销售。举例来说,在 2011 年 3 月的"超级碗比赛"(the super bowl)中,可以到达 1.11 亿美国电视观众的每 30 秒广告时段售价是 300 万美元(Gelles and Edgecliffe-Johnson,2011)。与此相似,最受观众欢迎的频道也能在广告销售中获得好价格。美国主要的电视网,即 NBC、CBS 和 ABC 总体的黄金时段观众收视份额在最近十余年来急剧下降了,但包括 Fox 在内的这四个电视网仍然是可以到达大量美国电视观众的最佳的方式。

主要的电视网络积累的规模优势会成为进入广播电视业的障碍。历史悠久并拥有大量受众的电视网络在节目制作上的规模经济对进入这个市场的新进入者来说是巨大的阻碍因素。一个新的广播电视商通常都需要非常长的时间才能获得足够多的受众到达，以使其开始获得足以支撑直接与现有电视网络竞争的节目服务的收入。例如，ITV 每年的节目制作预算需要大约 8 亿英镑，作为比较，其地面竞争者 Channel Five 的预算是 1.35 亿英镑（Sweney，2011），而一些新的付费频道的预算仅为 0.2 亿英镑。

当网络的优势通过纵向整合战略得到加强，进入市场的障碍就更加难以克服了。美国最大的网络服务提供商康卡斯特（Comcast）公司对 NBC 的收购，提供了一个很好的向前纵向扩张战略的例子，这个收购将 NBC 环球（NBC Universal）的电视和电影内容业务与康卡斯特广阔的有线电视和网络传播优势结合在一起（Epstein，2011）。向后纵向整合是另一种常见的战略，这种战略为广播电视网络提供了一种控制内容成本通货膨胀的手段。根据 USA Networks 前任主席巴里·迪勒（Barry Diller）所述："除非你能够制作节目并且在价值链的每一个你能发现的部分中都拥有它，否则我不认为有任何商业模式可以奏效"（转引自 Gapper，1998：22）。

这一观点已被美国主要电视网中的案例广泛证明，例如，1995 年 ABC 和迪士尼（Disney）的兼并。事实上，Fox 还把纵向扩张的概念进一步延伸了，它的母公司，即新闻集团（News Corporation）在 20 世纪 90 年代后期收购了洛杉矶道奇棒球（Los Angeles Dodgers baseball team）。默多克拥有的卫星广播商英国天空广播公司（BSkyB）曾经尝试了一种相似的策略，它在 1999 年试图接手曼联足球俱乐部，但这一计划被英国的竞争监管当局阻止了。这些动作反映出在广播电视网络商之间的收视率大战中体育节目所有权越来越高的重要性，另一方面也是因为英国电视网支付重大体育赛事的价格通胀很严重（Edgecliffe-Johnson，2011a；Garrahan，2011a）。

关于观众的福利，广播电视网络的普遍存在会被批评加剧了不同区域中电视内容的统一性。在另一方面，因为电视网有助于产生巨大的规模经济，它们创造的成本节省（cost savings）使得地方和区域的观众有可能拥有在地方和区域广播电视商独自运营的情况下不可能负担得了的更加昂贵的和优质的电视节目，这一观点仍值得讨论。作为一个更大范围电视网络组成部分的地方电视台，它所享受到的黄金时间节目制作的成本节省，应该将更多的资源投注到这个网络所不能提供的节目计划中，例如，投注到专用于本区域的节目。

4.3 跨国出版的全球网络

有过国际旅行的人都会对一些无所不在的广播电视网络很熟悉，比如 CNN，但网络并不是广播电视业所独有的特征。杂志出版业提供了许多国际合作关系的案例，这种合作是为了促进在跨越国界的更多地理区域中实现媒体品牌的扩张。与许多广播电视网络相似，一种典型的杂志出版伙伴关系跨国界网络的做法（modus operandi）是，从处于中心地位的协调总部或枢纽向外部位于不同地理区域中的合作伙伴传输内容，作为交换，这些区域合作伙伴通常在略微的形式调整之后继续向前将内容传播给本地受众。

杂志出版业长久以来都是国际业务，而欧洲的杂志公司都非常积极地发展跨国刊物和品牌。不同的是，报纸出版商很少会试图将其产品跨越国家界线进行销售，美国、德国、法国、英国和斯堪的纳维亚地区的很多消费者杂志公司在将其产品推广到新的国际区域上都取得了诸多成功（Doyle，2011）。面对着不断加剧的竞争，需求不断碎片化，杂志出版商拥有的本地市场趋于饱和，海外市场则为扩张提供了肥沃的土壤。广告市场的需求在驱动杂志业的这一趋势中扮演着重要角色（Hafstrand，1995）。全球化使得跨国市场层面上消费者商品的竞争更加凶猛，也由此催生了杂志商尽可能快速地树立具有国际知名度和吸引力的品牌。

时尚产业提供了许多零售商品的例子，例如香水、服装和墨镜等，这些商品都可以在全世界范围内销售。创造一个全球品牌的准则包括，基于对许多国际区域中长期明显增加的回报期待，在全球范围内大量且持续的广告投资（Arvidsson，2006）。对于全球零售品牌的生产者和拥有者来说，接触到全球受众的机会具有很高价值。所以，以下情况也就不奇怪了，即跨国电视网络如 MTV，或者杂志如《Elle》，这些可以使广告商在全世界范围内接触到非常具体的地理单元中目标群体的媒体可以恰到好处地迎合广告产业方兴未艾的需求。

杂志出版商在国际化业务上历史悠久的成功实践反映了这种产品的一种本质属性，相对于其他媒体，那就是自身在海外扩张中的优秀表现。将会在第 5 章中深入讨论的品牌管理和市场细分的技巧是杂志出版业务的核心。通常来说，一个杂志用于创建其有个性的品牌形象和品牌优势的投资，要足够保证这个杂志可以对一些具有相同生活方式的群体或者许多不同地理环境和区域市场中的细分人群具有吸引力，当然也许还需要做出一些在本地层面上的适应调整。因为它们对视觉材料的强调，许多休闲和生活方式的刊物可以较为容易地调整其语言，而且不会在翻译过程中失去产品的核心吸引力。

这些支持杂志出版业进行国际化扩张的因素，产生了国际出版合作伙伴之间许多种形式的正式或非正式的网络。为了扩大一个杂志的国际化读者群体，它的出版商通常会采用出版若干不同国际版本的策略，而这一策略通常又是通过用基于合同的方式与不同地区的地方出版商建立合作伙伴关系来实现（Cabell and Greehan，2004）。与广播电视网络一样，支持一个杂志出版商网络形成的最强有力的经济动机是，它使得不同地区的一群公司可以分享相同内容的重要构成要素，因此降低了参与到这个网络中每一个公司向其读者提供内容产品的人均成本。与此同时，对于单一内容供应商而言，这种网络还提供了一个扩展受众群体的途径。

在全球范围内销售无数的略有调整的杂志版本，这样的杂志品牌不在少数。《FHM》就是这样一本杂志，它面向的读者群体是年轻男性。这本杂志在 1994 年被英国的媒体集团 EMAP 买下，在此之前则是被鲍尔消费者杂志（Bauer Consumer Media）所购买。被 EMAP 买下之后，该杂志从一本在裁缝商店里免费发行的低发行量男性时尚杂志很快变成了主导整个英国正在兴起的男性生活方式领域的男性杂志。在将《FHM》发展成为国内市场领军产品之后，其母公司又着手于通过国际扩张战略将这本杂志发行到其他更多国家的市场中去。

在 2005 年到 2006 年的发展巅峰时期，共有 30 多个国际版本共同构成了《FHM》的发行网络（如表 4.1），其中一些版本由母公司完全控制的子公司负责发行（如英国、美国和法国），但大多数是由基于一份许可协议的国际合作伙伴负责发行。在巅峰时期过去之后，因为市场竞争更加激烈，同时也因为整个男性生活杂志领域有所萎缩，《FHM》的发行网络规模有所缩减。例如，美国版本不再以印刷方式发行。尽管如此，《FHM》的例子生动地说明了一个发行伙伴网络的形成如何推动了一个成功的杂志品牌及其生产要素的快速普及。

表 4.1　2005 年《FHM》的国际网络

	版本	公司		所有权	建立时间	发行量（万）
1	FHM UK	EMAP	Market Leader	100%	1985	56
2	FHM Singapore	EMAP	Market Leader	License	1997	4
3	FHM Australia	EMAP	Market Leader	100%	1998	14
4	FHM Turkey	Merke2 Dergi	Market Leader	License	1998	3
5	FHM Malaysia	EMAP	Market Leader	License	1998	2
6	FHM France	EMAP	Market Leader	100%	1999	18
7	FHM South Africa	Medio24	Market Leader	JV	1999	11.5
8	FHM Philippines	Summit	Market Leader	License	2000	13
9	FHM US	EMAP		100%	2000	120
10	FHM Romania	Hearsr Sanoma	Market Leader	License	2000	3
11	FHM Taiwan	King's International	Market Leader	License	2000	3
12	FHM Holland	TTG	Market Leader	License	2000	5.5
13	FHM Hungary	Hearst Sanoma	Market Leader	License	2000	5
14	FHM Germany	Attic Futura	Market Leader	License	2000	25
15	FHM Russia	Independent Media		License	2001	5
16	FHM Thailand	Siam Sport	Market Leader	License	2003	7
17	FHM Indonesia	MRA Group	Market Leader	License	2003	3.5
18	FHM Latvia	Lilita	Market Leader	License	2003	2
19	FHM Denmark	Benjamin/Bonnier		License	2003	4
20	FHM Mexico	Editorial Premie/e		License	2003	7
21	FHM Spain	Focus Ediciones	Market Leader	License	2004	22
22	FHM Slovenia	Video Top		License	2004	0.5
23	FHM China	Trend		License	2004	8
24	FHM Norway	Bonnier Media	Market Leader	License	2004	6
25	FHM Estonia	1&L Publishing	Market Leader	License	2004	
26	FHM Lithuania	1&L Publishing		License	2004	2.5

续表

	版本	公司		所有权	建立时间	发行量（万）
27	FHM Portugal	Edimpressa	Market Leader	License	2005	6
28	FHM Greece	Lambrakis	Market Leader	License	2005	5
29	FHM Sweden	Sonnier Medio		License	2005	4
30	FHM Croatia	Video Top		License	2005	2
总数						356.5

资料来源：根据该公司2005年11月提供的数据。

在设立一个国际发行网络时，组织工作中最为关键的操作事项包括，选择能够携手并进的伙伴，建立与伙伴进行沟通和提供支持的系统，制作一份"品牌手册"（Brand Book），以及完成合同条款的谈判事宜。一本杂志的品牌手册应该包括对一个版本应该是什么样子以及具有什么感受的具体描述，关于核心价值的说明，在关于设计和排版等问题上具有蕴含什么样的标准和规范的说明。不同的合作项目可以有不同的许可条款，但通常都会由许可获得者向许可授予者支付一定百分比的收入，这一收入来自于复制版本的销售额和广告额（Doyle，2006）。

作为这笔收入的交换条件，杂志品牌的拥有者要提供的不仅是经过测试和检验的产品概念，还包括让许可获得者接触到大量可供编辑的内容的机会。跟广播电视网络一样，杂志品牌拥有者的作用像是一个中央枢纽，负责组装收集内容，这些内容之后会被传递给各个地方的附属机构，这些附属机构针对地方市场的口味偏好对内容进行适应性的调整，最终将经过调整的产品传播给地方受众。提供给地方出版商的资源包括，最为明显的内容和品牌，同时也可能包括自来母公司出版商关于业务管理的经验指导，以及怎样最大限度地开发和利用某个杂志品牌对广告商的吸引力。

作为一个国际性杂志出版网络的特许经营人（franchisee），可以给地方合作伙伴带来非常明显的益处，同时也能给杂志品牌拥有者带来利益，因为这种方式可以最小化国际扩张过程中许多的风险和成本（Deresky，2006）。发行网络中的所有参与者都可以获得的利益包括，来自内容生产的规模经济，可供分享的专家经验，以及联合的品牌推广和市场营销。

尽管如此，维持一个发展中的国际化地方出版商伙伴网络也会遇到一些复杂问题，尤其是在传播领域，品牌可能会受到限制（Doyle，2006）。在许多不同的国际背景下延伸任何文化产品或品牌的过程，天然地会比其他类似情况困难很多，比如洗发膏或移动电话的国际化销售。主要的挑战来自于需要对产品进行恰当地适应性调整，以使其符合本土的环境、敏感度和品位等。一旦开展特许经营成为既定的路线，品牌手册就需要为地方合作伙伴提供清晰的形式样本，及编辑内容的关键要素、设计风格、排版式样和产品。但与此同时，为了使产品符合地方受众的需求和偏好，地方的合作出版商也应该被给予足够的自由权限和范围，以便于根据地方环境的需要对产品做出调整和适应。

消费者产品的全球性市场的出现为在跨国层面上的媒体供应商之间的合作提供了越来越多的激励。一些人认为，地方文化的特殊性正在被改进。存在于国际受众中的品位和偏好的差异正在逐渐地被全球化的进程所侵蚀，而杂志和其他跨国性媒体既促进了这一进程又回应着这一进程，而且实际上杂志和其他跨国性媒体是加速了这一进程（Cabell and Greehan, 2004: 8）。但是，究竟在多大程度上媒体全球化确实在发生着，另一些人对此问题仍持怀疑态度（Hafez, 2007）。在实践中，正如一些出版商通过代价巨大的错误才发现，对地方品位和价值观特殊性的清楚认识，在避免冒犯性的和令人尴尬的内容误判的问题上很有必要。

保护核心品牌显然是最为重要的，同时允许地方合作伙伴拥有足够的编辑和经营范围并相信合作伙伴明白何种适应性调整是必须的，在这两者之间找到恰当的平衡对于跨国品牌的所有者来说是一个关键性的挑战（Doyle, 2006）。

虽然国际化管理的研究文献提供了许多关于维持跨国商业联盟的警示，但从鲍尔（Bauer）、桦榭媒体（Hachette Filipacchi）、赫斯特（Hearst）等公司的发展轨迹来看，它们在发展获得全球范围内市场领军位置的杂志品牌时的实践表明，至少在出版业，跨国伙伴关系具有较高的工作效率。只要一份杂志可以成功地被引入到一个新的地理区域中，那么品牌所有者和特许经营者都可以获得较高的经济回报，如果是这样的话，跨国伙伴关系具有较高效率的判断就不那么令人惊讶了。

尽管挑战重重，经济方面的案例支持通过这样的方式扩展一种产品的消费，即对基本的或标准的生产要素做出略微调整以提升它在国际市场中的吸引力。在此基础上无论是什么产品的扩张，通常都能够降低投资风险，并且使产品供应商可以将规模经济和范围经济变现。基于这一条件的媒体扩张效果尤佳，因为对于媒体来说，在国际不同版本中分享的初级材料，即核心内容或知识产权，它们只要一旦被创作出来，其复制成本就很低。相同的故事，以及（或者）它的变形版本可以被销售给全球范围内多个市场中不同的受众，而其价值并不会因此被损害或减少。

技术的进步，与广告商对方便地接近全球受众的需求一起，继续支持着国际化杂志出版商的发展。数字化和电子通信设备的应用使得内容在国际性出版网络中的传播和来回交流前所未有的容易，例如版面清样（page proofs）等。对于杂志出版商来说，形成联合性布局以使最成功产品的足迹可以延伸到更多的地区，这样的动力在未来只可能会越来越强烈。

4.4 线上内容传播

尽管传统的媒体网络通常都基于这样的想法，那就是不同地区的内容供应商可以分享一份相同的内容,在数字化的世界中,媒体和通信的基础设施趋于融合且通常无法互相区分,那么网络的概念就包含完全不同的内涵。互联网本身是由众多网络构成的一张大网,尤其对于年轻观众来说是这样的,这张大网快速地改变了所有与内容的生产和消费有关的方式(Borreau and Lethiais,2007)。互联网以及在网络支持下才能实现的功能的普及化通过个人计算机屏幕、电视机、手机和平板已经使得供应商和受众或用户之间具有了新形式的连接关系,随着更为普遍和丰富的连接形式的出现,一系列新类型的网络开始出现,在一些情境中甚至已经开始繁荣起来。

对于一些新出现的媒体网络来说,与传统的媒体网络一样,主要的存在目的就是延伸一套核心内容的受众范围,以此提高总体受众价值和由那套内容产生的注意力。例如,互联网公司雅虎提供线上通信和网络用户数据监控服务(Web-user data monitoring service),同时也通过网站提供新闻和内容。这个公司现在把它的内容传播服务描述为一个"网络",一位高级执行官解释说(Ross Levinsohn,美洲地区负责人,转引自Edgecliffe-Johnson,2011c):

如果将我们运营着的所有频道考虑在内的话,它其实非常像一张网络,而实际上我们的广告商和消费者也明白这一点……

在大概十多年前的文章里我们就能看到说"网络电视死了!"这样的论调。但是,在日益碎片化的媒体产业中,如果你可以将大量的受众聚集在优质的内容体验周围,广告商就愿意为此付费。我将这种想法运用到雅虎的管理中,将我们的业务作为一个网络,在这里我们可以聚集大量的受众,并将他们与优质的内容匹配起来。

这位执行官关于"雅虎的网络"(the network of Yahoo)的观点应该与公司的发展情况相一致,即在内容受欢迎程度不断增加的支持下,一个主流电视网络被观众和广告商认可程度也在增加。在美国,观看数量最多的互联网视频系列中,十分之九的市场份额由雅虎占据着,基于这一利好局面,雅虎正在增加对原创内容生产的投入(Menn,2011)。雅虎试图去开发在内容生产中的供应端规模经济,这种做法与此前许多传统媒体网络所采用的策略具有相似性。

传统网络的运营是基于这样一种思路,即从本地合作伙伴提供的较小业务块发展到规模巨大的受众聚集量,但对于像雅虎这样的线上内容网络来说,受众数量的构建发生在更加微小的范围水平中。雅虎聚集受众的策略是"个人化的方式,因为这是数字化业务与传统业务的最大区别"(Levinsohn cited in Edgecliffe-Johnson,2011c)。对于雅虎来说,聚集受众并不是通过将不同地理单元中的受众拼凑起来,而是通过使用数字化技术支持下以个体为目标的复杂手段,将大规模的观众或读者聚集到一起。莱文索恩(Levinsohn)解释说:"我们的秘方是我们所拥有的技术,这种技术发挥着潜在的力量,基于这种技术,我们可以以个人化的方式,为你提供内容和广告(ibid.)"。

针对个人偏好的内容裁剪有可能发生在主页，那么展现在每一台设备上或者每一个人眼前的主页就会略有不同，决定这种差异的是由"数据收集活动"记录下来的历史行为（Story，2008）。这里的历史行为包括：选择过什么页面、点击过什么链接、搜索过什么问题、使用或下载过什么媒体内容、点击过什么广告，等等，大型的互联网公司已经越来越熟稔地收集关于其用户口味和偏好的数据。这些数据对于营销者和广告商来说具有极其高的价值。这种数据收集也使得基于互联网的媒体供应商可以利用这种反馈信息来对其内容供应界面进行基于个人偏好的调整，例如，在一个媒体网站的主页中，提高符合某个特定用户偏好的内容类型的显著性。

雅虎最近引进了这套技术，目前可以提供 1300 万种不同类型的主页，其目的是"优化每一位个体消费者的体验"（Levinsohn cited in Edgecliffe-Johnson，2011c）。内容供应的个性化已经被证明是一种"无比强大"的策略，在三个月的时间里，这种策略增加了 200% 的点击转化率（ibid.）。雅虎绝不是仅有的认识到在数字化平台上收集回路数据这一策略所具有的价值的互联网公司。许多媒体公司都热衷于利用一系列既便宜又不太具有侵犯性的手段在互联网中调查受众的偏好（Napoli，2011）。就传统媒体供应商而言，这种智能手段可以为上游内容生产的决策提供更有效的参考。例如，根据积极的线上讨论，广播电视商可能会决定将一个节目提升到影响力更显著的时间段。由网络连接支持的内容传播服务比传统单向的媒体产品和服务在这个方面更具优势，因为所收集到的受众数据运用到在每一个个体层级上对内容供应进行调整和改良。

传统的媒体网络概念基于大规模相同内容的传播，这种传播通过大量遍布在不同地理区域中的结点来实现，这些结点中包含着原创内容供应方与其不同地理区域中合作伙伴的合作，这些本地合作伙伴负责将内容进行调整，以增加内容对不同区域受众的吸引力。本地化的附属部门、合作伙伴或者分公司在将内容素材根据不同区域或国家的受众偏好进行改良的环节上扮演着非常重要的角色。与此相反，由雅虎线上服务所提供的这种模型并不需要本地合作伙伴的介入。提供针对内容的"裁剪功能"（tailoring function）的是嵌入生产过程中的技术，这种技术可以通过追踪、分析和回应的手段展示受众的偏好。

线上互动在通信产业中通常被认为是网络的一种决定性特征，但是，仅有互动的特征是否足以使其具备成为一个媒体网络的条件，这个问题似乎有待商榷。涉足电信或媒体领域的公司都倾向于遵守其中一个领域的结构性规范，尽管如此，这两个产业之间的界限已经日趋模糊。从消费者的角度出发，雅虎那样的新型"网络"和 Hulu、Netflix 那样的"非网络型"互联网门户，它们之间的界限并不总是那么明显；尽管前者是将熟稔的个性化内容生产手段运用到大规模聚集受众的传播中，而后者是提供线上电影订阅服务、内容聚集站点和聊天服务。尽管如此，这些服务作为对传统网络电视的补充，已经引发了"掐线"（cord-cutting）现象的普遍化发展，观众们停止了对付费电视服务的订阅，转而选择更加便宜的线上视频服务（Garrahan，2010）。各种各样的服务竞相吸引受众注意力，包括线性的、非线性的、一对多的和双向的；但可以清晰地看到的是，竞争优势将属于具有收集用户偏好数据的能力的竞争者，借助于这种优势，供应商可以更为有效地锁定受众。

4.5 社交网络和微博客

最近几年中，线上社交网络繁荣发展。社交网络是"联系人"之间的信息渠道，在互联网出现之前就已经存在很长时间了，它在有关商业机会和劳动力市场的信息交换中扮演重要角色。早期对社交网络的研究集中在其形式、特征以及效用和成本的问题上（Jackson，2006）。最近几年线上社交网络的快速发展表明，互联网可以在网络或用户社区的形成和发展中发挥非常高效的作用；在这种社区中，用户之间可以进行多样化的互动。在此背景下，新一代的互联网公司，如 Facebook、LinkedIn 和 Twitter，成为"社交浪潮"（social wave）的最前沿地带，而在这股社交浪潮的推动下，线上传播空间在社交和商务信息交换活动中的地位越来越重要。

像 Facebook、Myspace 或中国的 Renren 这样的线上社交网络是以用户站点为中心的，这些网络鼓励其用户发布视频和照片等内容，个人信息档案随之构建起来。社交网站（social networking sites，SNSs）支持用户之间的短信联系和互动交流，而且这些网站的功能也在不断发展中。人们投入大量的时间到社交网路的使用活动中，表明了社交网络日益增加的受欢迎程度。例如，在英国，2007 年社交网络活动只占据了 9% 的线上活动时间，而到 2010 年时这项活动的占比已经达到 23%（Ofcom，2010a：238）。

传统媒体网络和线上社交网络之间最主要的区别是，对于前者来说，内容的供应者和消费者之间存在着明确的区别。为了要吸引受众，媒体网络需要花费巨资创作或者从外部购买具有竞争力的原创内容。而在社交网络中，成员们同时扮演着内容的生产者和消费者的角色。虽然受众的注意力可以被社交网络的拥有者进行货币化，但是拥有者并不需要承担来自于原创内容生产的成本。

运营线上社交网络和传统媒体网络的经济学规律是不同的。在这两种情况中，网络的发展是有利的，但是扩张这个网络的本质动机是不同的。使社交网络获益的网络效应（network effect）是，参加到这个社交网络中的成员越多，这个网络对其中每一个成员的有用性就更大，因为每一个成员都可以跟更多的人进行交流和互动。而对于传统媒体网络来说，服务的价值并不会因为更多受众的加入而发生改变，更加广泛的受众参与所带来的效益在于，它使内容生产所需的高昂固定成本可以被分摊到更多的个体单位中。

一般而言，社交网络的运营成本低于传统媒体内容提供商，但是这也取决于社交网络所提供的增值服务的特征和功能。社交网络所采用的商业模式各有不同。例如，LinkedIn 是以商务为核心定位的社交网络，它所基于的是"免费增值"（freemium）的模式。这种模式指的是，基础性业务可供免费使用，但高级别服务则需征收订阅费用，这种商业模式在一些网络内容服务中被证明是有效的，例如线上游戏服务（Moules，2009）。作为一种服务于职业人群的细分市场服务，LinkedIn 在收取订阅费上相对而言占有一些优势，但尽管如此，他们仍然会从其他增值业务获得收入来源，尤其是招聘项目和营销服务。

许多社交网络都有多元化的收入来源，其中广告和营销扮演着重要角色。到目前为止，Facebook 是最受欢迎的社交网站，它拥有 7 亿的活跃用户，这些用户平均每个月的使用时间超过六个小时（Dembosky，2011）。基于这一条件，大量的用户注意力使这个社交网络的拥有者获得巨额广告收入也就不奇怪了；据估计，Facebook 现在占有线上展示广告（online display advertising）市场中三分之一的份额，这一数据还包括了谷歌搜索业务（ibid.）。当然，销售展示广告和横幅广告绝不是社交网络仅有的收入来源。

在 2012 年 5 月上市之前，Facebook 已经增加了用于研发更多可以将用户参与行为进行货币化的成本投资。其中一项尝试就是商业公司可以在 Facebook 中创建"like"页面，某一个产品或服务、品牌或概念的拥趸就可以加入这个页面成为粉丝，而这些页面与 Facebook 的广告系统是整合在一起的，所以"like"页面就可以为后续的精准商业信息传播提供支持。一项调查显示，Facebook 的"like"页面中每增加一个新的粉丝，在一年之中就可以为相应的零售商网站额外创造 20 次的访问量（Experian Hitwise，2010）。社交网络在提升品牌形象上具有重要作用，而广告商对这种手段的重视逐渐孕育起了一个新兴的产业，这个产业主要的业务就是帮助广告商更为有效地使用社交空间来实现营销目的。正如广告业领军企业 Unilever 的首席执行官保罗·波尔曼（Paul Polman）承认的那样，社交网络所提供的有关个体口味和偏好的详细数据具有极高的价值：

> Facebook 和其他一些类似的公司所具有的影响力不可小觑……这些公司可以近距离了解他们的、当然也是我们的消费者。这对于营销产业的影响是非常显著的。（Paul Polman cited in Bradshaw，2011b）

受欢迎程度高的网站都可以通过收集详细的用户数据获得可观的收入，这些数据主要指的是网站访问者的口味、偏好和习惯，这些数据可以销售给以该网站访问者为目标群体的公司，供它们实施精准的营销活动（Angwin，2010）。因为社交网络是互联网中访问量最大的一个部分，所以社交网络的平台拥有者可以获得最为丰富的用户数据，那么将这些数据进行货币化的动机就显而易见了。在大多数情况下，用户数据的收集是非侵扰性的，并且在短时间内只会对用户体验产生很少的影响。但尽管如此，社交网络对用户数据的收集还是引起了对隐私保护问题的担忧，因为社交网络成员也许并不希望他们的行为受到追踪，也不希望他们的数据被销售给别的商家，以及不希望成为广告商信息的投放目标（ibid.）。

社交网络已经开始与大品牌商家和广告商紧密合作，以实现对其知识资源和能够接近具体类型受众群体的能力的货币化（Dembosky，2011）。但有时，这种行为可能会带来用户疏离（user alienation）的风险。Facebook 采用了一种以"赞助故事"（sponsored story）为名称的广告形式，这种广告是将商业公司或品牌"like"页面中的粉丝评论重新包装成为广告信息，其中包括了提供评论的粉丝的头像照片，这种信息会被展示在这个粉丝的朋友们的主页或个人页面中。尽管个性化的广告或许可以实现效果更好的影响，但这种广告还是会被认为具有侵扰性的和被利用的，尤其一些人认为想要把这种广告从社交网络中排除出去是非常困难的一件事。

因为社交网络的价值是可以根据用户的规模进行预测的，所以用户疏离的风险应该成为对那些可能招致用户反感的收入策略的制衡手段。然而，尽管存在着网络效应和转移成本，尽管用户对主流服务的不满意可能带来一些缺陷，社交网络产业中市场领先优势所创造的动力似乎被证明是可以自我持续产生的。不过，已然被发现的缺点却可以刺激竞争。例如，Google 在发布其社交产品 Google＋ 的时候，就十分强调这个新产品与社交网络市场领导者 Facebook 最大的区别，那就是对隐私和个人数据安全的保护（Waters，Nuttall and Bradshaw，2011）。

社交网络市场的新进入者面临着艰苦的斗争，即享有品牌认知度和网络效应的市场领先者之间的竞争。尽管如此，网络社交空间所具有的技术依赖性和以年轻群体为目标的特征意味着，这个市场对创新和变幻不定的时尚潮流永远都是开放的。微博客网站 Twitter 的出现就是一个例子，它证明了即使在非常短的时间内，新的服务也可以在全球范围内获得不可预见的普遍影响力。它的潜力在"阿拉伯之春"事件中得到有力证明，在那样一种新闻信息传播被高度限制的背景下，Twitter 成为具有重大影响的事态进展的主要信息传递渠道。

Twitter 是一种社交媒体工具，它允许用户使用 140 字之内的简短信息进行互动交流。自 2006 年成立之后的五年，该服务在全球范围内的注册用户量达到了 3 亿（Arthur，2011）。Twitter 使其用户通过互联网或智能手机与其他人实现及时的连接，以及分享信息或新闻的片段，或者提出问题。与 Facebook、Myspace 以及其他成功的社交网络竞争者一样，Twitter 的普及化推动了全球范围内线上社交媒体空间的发展，在这些空间中有丰富的互动链接（reciprocal links）和持续进行并互相交错的话题讨论。

Twitter 微博客服务的用户体验与以 Facebook 为代表的线上网络互动有所不同，Twitter 的体验更加简单和快速。尽管如此，这项服务的社交本质还是促成了许多分享兴趣的社群。与其他社交网络一样，Twitter 也可以连接到拥有相似背景资料和兴趣爱好的用户，这就为商业营销提供了机会。尽管 Twitter 在商业收入来源的开发利用上慢于其竞争者，但是创造收入的计划已经开始被实施了，包括开始于 2010 年的"促销推文"（promoted tweet），以及更为大胆的营销产品的引入，例如直接的商业广告（Bradshaw，2011a）。尽管该公司希望能够发布具有时间敏感性的零售促销的赞助信息，但它并没有采用更为复杂的数据挖掘策略,因为那有可能会威胁到用户隐私。与其他社交网站一样,Twitter所面临的挑战是,怎样将商业广告整合到社交互动中,但又要保证不能招致用户反感,否则就会危及社交网络的受欢迎度,甚至降低其发展速度。

4.6 媒体经济中网络的角色变化

在传统媒体业务中,例如广播电视和出版,许多类型的网络布局都已经存在,而且现在这些网络仍具有重要价值。但是网络对于其他许多产业来说,是更加普遍和重要的特征,尤其是通信和信息技术产业。因为数字技术的发展使媒体、通信和IT产业之间的关系愈发紧密,所以网络的重要角色在这种融合性秩序中更加凸显出来。互联网是一个全球性的网络,它由许多相互连接的网络共同构成,它将个人计算机和其他由网络支持的设备比如智能电话和平板连接起来。这个全球性的网络是最近几年最为重要的新型网络(Economides,2007),而且它作为一种内容传播和交流的方式,天然地提高了作为组织体系的网络在媒体产业中的重要性。

广播电视产业中的网络通常是基于一种分享的理念建立起来的,即在枢纽型供应商那里组装起来的电视和广播内容通过不同的本地化分支(或纽带、结点)传播给观众。与此类似,相对而言非正式一些的网络是国际性的杂志出版商,在这个网络中不同地区的合作伙伴分享的是共同的品牌和一套核心内容。因此网络布局可以使媒体供应商共同开发供应端规模经济。在这里,规模经济的产生不是因为随着产量增加所带来的成本下降,初始成本是保持不变的;带来规模经济的是,媒体网络增加了一套媒体内容的消费量,因此摊薄了生产这套内容的成本,对于网络中所有的参与者来说,人均生产成本随之降低。

互联网和网络支持功能的发展引入了媒体内容的供应者和消费者之间双向和多向的信息流,这一发展孕育了新型网络的出现。因为这种新型网络形成于复杂的技术背景下,所以它们通常具有一些"智能"特征(Gershon,2011),或者具有通过自我学习实现适应、提升或"进化"的能力(Monge,Heiss and Magolin,2008)。像雅虎这样的线上内容网络,利用数据回路技术收集关于个体口味信息的数据,可以使内容的传播不再基于地理位置而是基于个体在一定时间段内所呈现出的偏好。内容产品和个体偏好之间更有效的匹配使得内容可以被更有效地开发利用,而且随着基于网络的媒体内容数量的增多,新的线上媒体网络利用这种手段已经建立起了大量具有某一偏好特征的受众群体。随着传统媒体向多平台传播的迁移,它们也可以受益于双向连接的传播,即使用这种传播方式延伸服务范围。数字回路的引入使受众需求信息的收集更加有效,反之也促进了内容供应商摊薄生产成本,获得规模经济。

互动信息技术在整个互联网中被普遍掌握,促成了新的传播和互动型内容网络的繁荣，社交网站和在线社交游戏都包括在内。当积极的网络效应出现时，更大量的和更广泛的使用量为所有的用户都提供了更大的价值，这个规律对通信网络和社交网络都适用。新兴的属于社交媒体类型的网络，大多数是虚拟而非真实的，基本上都被认为具有积极的网络效应。在社交媒体中传播的内容大部分都是成员们自己生产的，这是社交网络和传统媒体网络之间最大的一个区别。

通信网络、社交网络和传统媒体供应网络，这三者的性质和网络形成的经济动机都有所差异。积极的网络效应对于像 Facebook 和 Twitter 这样的互动网络来说是非常重要的，但对于传统形式的媒体网络来说，规模经济虽然不是仅有的但却是更加重要的动机。但是它们的共同点在于，都有利用网络的形成来实现扩张和占据市场主导地位的动机，并希望借此遏制其他公司。所以，有关网络形成的这一动机引发了对于垄断的潜在忧虑。

对于传统媒体供应商来说，社交网站的发展带来的既有威胁又有机会。不仅因为社交媒体占据了日益扩大的网络广告份额，同时也因为社交媒体促动了非付费内容的发展，这一结果被认为是数字技术所带来的不可逆转的趋势（Anderson，2009）。网络效应的存在抑制着社交网络向用户收费的可能性，因为这一行为可能会损害用户的参与积极性。被 LinkedIn 和 Skype 所采用的免费增值服务模式也反映着网络效应的特征，以及鼓励更加广泛的用户参与的需要。尽管社交媒体和传统内容服务互相之间不是替代品，但是传统媒体却因为消费者对内容付费意愿的不断下降而遭受着损失。与此同时，许多传统媒体开始向通信和社交服务领域进行多元化的业务拓展，以期能够缓冲付费内容收入下降带来的打击。传统媒体中不同类型网络业务的快速整合不仅提供了多样化的收入来源，而且也促使传统媒体重新开始思考它们与受众的关系，这也许会为未来媒体生产格局的思维创新提供灵感。

第 5 章

需求：从推送到拉取

受众碎片化，以及个体受众借由数字回路（digital return path）表达其偏好的权力增强，彻底改变了需求和供应两方之间的互动模式。本章将探讨媒体内容供应和受众需求之间正在变化着的关系所产生的经济影响。探索的主要问题是，技术变化怎样通过引入受众偏好数据改变媒体供应商的生产，以及怎样使媒体供应商的目标受众定位从大众变为细分市场。这些技术发展促成了市场需求细分策略，提升了品牌推广技术的重要性。与此同时，传播和观众权力增加所带来的改变，对电视观众的管理形成新的挑战。尽管数字回路技术的引入为个体受众需求的表达提供了更多的机会，但这一技术进步并不能完全地消除广播电视业运行中的市场失灵问题（market failures）。

在学习本章之后，您将可以回答以下问题：
- 评估需求的变化和更大的用户权力是如何影响媒体经济的；
- 分析从大众市场转向细分市场的影响；
- 了解品牌推广和市场需求细分策略日益显著的重要性；
- 从经济学角度了解为什么电视观众管理的技术会发生改变；
- 解释市场失灵的概念，评估有关公共资金支持的内容供应的争论中关键性的立场。

5.1 从大众到细分

传统概念中的媒体指的是向广大受众提供媒体产品或服务的组织，例如，生产报纸的报社和生产电视节目的电视台。媒体的收入既来自于直接向消费者征收内容费用，也来自于销售受众注意力给广告商来获得广告收入，所以在塑造市场供给中具有重要作用的因素不仅包含读者、观众和听众的偏好，也包含主要广告商的利益。因为媒体的成功主要依赖于所能聚集的受众规模，所以许多媒体组织就把重点放在生产、组装和传播那些可以获得广泛影响力的产品上。为广大受众提供相同的产品和服务可以促成规模经济，而其他的策略，例如网络化，则是将内容调整为符合某一细分群体受众的口味需求，以此获得规模经济。

但是，不断进步的技术，尤其是数字化和互联网的发展改变了媒体供应商和受众之间的关系，而且使个体消费者需求具有了前所未有的显著作用。最近的技术进步所带来的主要变化是，可供媒体传播的渠道数量稳步上升、传播平台的快速发展，以及可以支持更多互动和不同形式用户参与内容的终端的快速发展。这些进步使传播模式从"一对多"逐步转变为"一对一"，前一种是大众媒体供应长期以来的典型模式，而后一种模式则具有更为复杂的经济特征。个体媒体用户表达偏好和根据自己的喜好接近内容的能力越来越强，这已经改变了媒体供应商和受众之间传统的互动模式，在传统格局中，"推（push）"是主要的传播方式，而在新的格局中，"拉（pull）"成为传受双方平等关系之间的重要部分（Reding，2006：33）。

随着技术的不断发展，无数的网站建立起来，传播渠道快速扩张，同时，接收内容的设备已被广泛采用。在电视和广播产业中，20世纪八九十年代的有线技术和卫星技术使新的广播电视频道普遍建立起来，随后，数字压缩技术和网络流技术又一次促进了传播方式自21世纪以来更为长足的发展，且这一发展阶段目前仍在持续中。

在英国，来自监管者英国通信管理局（Ofcom）的数据显示，2011年全国有超过500个拥有执照的电视频道在运营，而在20世纪80年代初期仅有4个电视频道。图5.1展示了英国的多频道电视是如何发展繁荣的，这一发展进程也可以反映更广泛的国际性趋势。在整个欧盟范围内，截止到2010年，据估计有9 800个拥有执照的电视频道，而在1989年时仅有47个[①]。随着广播电视传播渠道数量的增加，电视公司之间的竞争也日益加剧，所以电视公司不得不更加努力以获得受众关注（Brannon and Bargouth，2010）。同时，更多的竞争带来了不同形式的内容，更多的主题或细分产品和服务也随之出现。

许多经济学者都会考虑，在竞争激烈的产业中，供应商如何调整它们的产品以回应竞争的需求。例如，在酒店业，经济学者会使用这样的比喻：两个冰淇淋售卖者同时出现在一个沙滩上，游泳的人和晒日光浴的人平均分布在沙滩上，问题是两个冰淇淋售卖者分别应该选择在沙滩的什么位置开店？这个问题的答案是，与其将两个冰淇淋店分别开在沙滩

---

① 数据来源：欧洲商业电视联合会（Association of Commercial Television in Europe，ACTE）的网站。

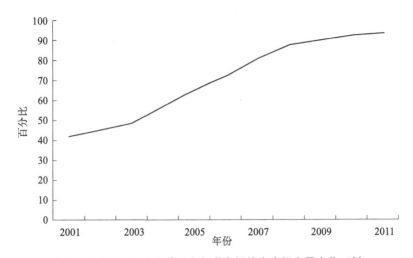

图 5.1　2001—2011 年英国多频道电视的家庭拥有量变化（%）
资料来源：英国通信管理局（Ofcom）CMR 提供的每年第一季度数据（Ofcom，2011a：132）。

的两端，不如都开在沙滩的正中央。假设它们在价格上没有竞争，那么最佳的竞争策略就是两家店肩并肩地开在沙滩中央。如果两家店分别向左或向右略微移动，那么他们就失去了另一半沙滩的市场。在频道数量较少环境中，以主流口味为服务目标的、基本相同的产品也许可以占据市场主导，所以可以将上述模型借用到电视产业的背景中来，以便于理解广播电视商所采取的节目竞争策略（Hughes and Vines，1989：44）。

如果你观察其他许多产品的消费者偏好分布，你会发现其中一些产品会比另一些更受欢迎，对于电视产业来说也是同样的道理。美国电视产业在 20 世纪七八十年代的发展经历表明，当数量不多的频道在竞争市场份额的时候，与冰淇淋销售者一样，它们趋向于肩并肩地站在市场的中间位置，而不是分布到不同位置，因为这样才能更好地为整个市场中的受众提供服务。

为什么会这样？美国经济学家研究发现了所谓的"节目选择模式"（programme choice model），用于解释广播电视节目中被称为"竞争性重复"（competitive duplication）的现象。Beebe 模式就是其中的典型代表，这种模式强调影响节目范围的各种因素，包括在不同的节目类型中观众偏好的结构、现有的电视频道数量、节目运营所处的市场竞争结构，以及支持节目服务的方式（Owen and Wildman，1992：99）。节目选择模式显示，如果大部分观众希望看到相同类型的节目，而且电视台又受到广告商费用的支持，那么不同的广播电视商就有可能提供非常相似的节目，以满足观众的需求。因为竞争中的电视频道认为以提供相似的替代品的方式满足大多数偏好，会比为少数偏好的受众提供服务更加有利可图，这样一来满足大多数人偏好的节目数量就会过多。

显然，竞争供应商的数量，以及内容费用如何偿付，这两个因素决定着内容供应商会生产什么样的产品。在一个无规制的电视市场中，只有当频道的数量多到足以消耗"竞争性重复"产生的利润时，生产少数偏好节目的边际利润才会跟生产多数偏好的相同，那么为少数和有特殊兴趣的群体提供服务对生产商来说才会有吸引力。随着技术的进步，大多数发达国家的广播电视频道数量都在飙升，而互联网传播的发展已经使指数型增长成为可能。观众直接付费（direct viewer payments）的出现和快速发展，为广播电视业提供了一种日益重要的收入来源，这种收入来源支持着许多新频道的发展。这些发展情况快速地改变着电视广播市场的结构，而对于市场参与者竞争行为的影响也十分深远。

历史发展轨迹显示，当只有少量的广播电视竞争者在一个无规制且由广告支撑的经济环境中，为满足大多数偏好而设计的节目和频道的数量就会过多。电视产业现在运行在一个越来越复杂和多元化的环境中，这个环境支持着一系列不同的竞争主体，既有由广告商支持的也有依靠受众付费的，既有提供线性产品的也有提供非线性产品的，这些竞争主体都为获得一定份额的观众注意力而努力着。因此，对于一个新建立起来的电视频道来说，关于如何进行市场定位、提供何种节目等问题的决策就更加复杂。但显而易见的是，在许多但并非大多数电视市场中，可能存在的利润点就在于为一个细分的或少数偏好的受众群体提供服务，尤其是在受众细分较多的情况下，这样的策略会比在以多数偏好为目标的受众市场中获取一小片份额更加容易。

订阅费支持下的传播服务越来越多，这一背景也助推了电视内容从大众向细分的转变。如果直接付费可行，那么为特定兴趣偏好的受众群体提供内容服务在经济上就是可行的。这不仅仅发生在电视产业中，在 20 世纪 80 年代和 90 年代，服务于特定兴趣偏好受众的月刊杂志为出版商创造了可观的收入，这一背景促成了那个时期细分型消费者杂志的普遍出现。

5.2 用户赋权

另一个由数字化带来的非常重要的变化是数字回路的引入。数字化传播平台的使用，尤其是在互联网中，不仅极大地提高了传播的容量，同时也使搜索工具的使用成为可能，这些技术也促进了更加个性化的媒体消费（Küng，Picard and Towse，2008：22）。由互联网支持的双向传播使内容供应商更加容易了解它们的消费者（Shapiro and Varian，1999：34）。电视供应商不再受到节目日程的限制，而且得益于新技术对观众兴趣偏好的确认和监控，电视供应商可以更加明确其内容资产是否符合特定的、个体的和细分的受众需求。

在新的数字平台上，媒体供应商和消费者之间的互动模式完全不同于过去的模拟频道模式（Bennett and Strange，2011）。在传统的广播电视频道中，频道拥有者只能为观众提供线性的节目计划,而观众只能被动接受既定的节目计划中生产者组装并提供的电视内容产品。数字化平台使电视供应商可以提供非线性的内容接入方式,当然也有可以是线性产品。数字平台可以提供视频点播(video on demand,VOD)和一些近似于视频点播的服务(near video on demand,NVOD),以及普通的广播电视服务。在数字化平台上,广播电视上不再是"内容宝藏的监工"(overseer in the great treasure house of content)(Duncan,2006:21),观众可以成为自己的节目策划人,享受更自由的选择范围和更大的控制权限。

数字平台和传统电视之间的差异经常被描述为"向前倾(lean-forward)"和"向后靠(lean-back)"的区别,数字化的技术使观众不再是"向后靠"的沙发土豆,为观众提供了"向前倾"的选择权,观众自己可以决定想要收看什么节目,以及在什么时间收看。"向前倾"的服务之所以成为可能,是因为内容产品以数字形式被生产出来,这种形式使产品更加容易储存和重复传播。低廉的储存成本意味着,许多数字化文件可以同时被服务商储存起来,并且持续较长时间,所以消费者可以获得更广泛的内容选择权。

如果没有一种方式可以让消费者发现他们所需要的内容,那么即使选择权扩大,其实际效用也是有限的,而数字化平台恰恰可以提供无可比拟的搜索功能。把数字内容打上标签,并且使用恰当的搜索算法,就可以使包含内容的文件更加快速地被发现(Highfield,2006:50)。消费者因此更加容易和方便地使用由巨量的、低储存成本的数字内容带来的更大的内容选择权。

克里斯·安德森(Chris Anderson)是关于互联网问题最为重要的理论贡献者之一,他创造了"长尾"(the long tail)的概念来形容线上市场的出现是如何影响零售销售活动的(Anderson:2006)。安德森认为,一些产品会比另一些产品更加流行,而且大家都认同大部分的销售收入是由一小部分畅销产品所创造。大约80%的销售额是由大约20%受到消费者欢迎的产品或品牌所创造的。

但是,互联网的出现对这种对传统局面发出挑战。像Amazon那样的线上零售商享有较低的储存成本,那么消费者就可以接触到更加广泛的不太受欢迎的产品。在这里,零售业中一个常见的重要问题被克服了,那就是有限的货架空间只能被畅销产品所占据。交易市场在互联网中得到延伸,这就为细分类型的产品提供了一席之地,而这些产品在较长时间内也可能获得较好的销售业绩。

安德森论点的本质是,如果相对而言不那么流行的产品可以有较长的时间出现在市场上供消费者选择,那么这些产品也可以产生较高的销售额。图5.2中展示了两种不同类型产品销售额的情况,从数量上来看,"长尾"(long tail)和"头部"(head)产生的销售额基本相等,"长尾"指的是大量不太受欢迎的产品在长时间积累起来的销售额价值,"头部"指的是畅销产品的销售额价值。

无论是主流市场还是细分市场,延长销售时间以从中获得更多收益都是媒体经营策略

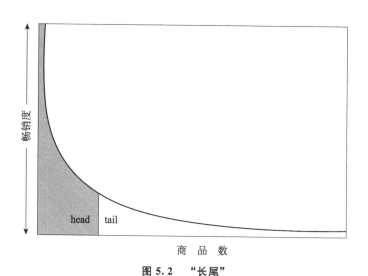

图 5.2 "长尾"

资料来源：Anderson：2006。

的重要构成部分。因此，在这个意义上，长尾的概念在媒体经济的语境下并不新鲜。假设安德森的理论是正确的，那么满足特定偏好的内容就应该可以在互联网的环境中获得较好的收益，因为互联网使得内容的储存成本较低并且提供了便捷的搜索功能。尽管如此，即使是在互联网的环境中，数据的储存和传输仍需要一些成本来支持。基于这一前提，仍然存在那样一些内容产品，它们所能满足的兴趣偏好人群范围过于狭窄，以至于即便尽可能地延长可供购买的时间长度，它们所产生的收入也不足以收回成本，那么供应商销售这些产品的行为就不具有经济上的合理性。怀尔德满、李和宋（Wildman, Lee and Song, 2012）分析了像 YouTube 那样"零成本内容"（zero-cost content，ZCC）服务是如何实现盈利的。他们指出，广告商愿意为某一类型的内容支付更多的广告费，例如专业生产视频比用户生产视频的千人观看广告费率（per-thousand views advertising rate）更高，而且如果用户观看行为集中于一小部分的内容中，那么服务成本就会降低。因此，内容服务商们就有动机上传尽可能多样化的内容，再把更多的流量引导到少量比较受欢迎的内容上去。

在互联网中，供受众选择的内容产品种类更加多样化。更多的选择余地是否使媒体消费在畅销产品和细分产品之间重新获得平衡，至少到目前为止这个问题仍然值得怀疑（Napoli，2011：63）。例如，BBC 的 iPlayer 产品为用户提供了方便的线上内容入口，这些入口可以链接到非常多种类的节目内容产品，都是在电视和广播中已经播出过的专业内容产品，但是在下载记录中，观众需求的分布明显地倾向于那些广受欢迎的、知名度较高的节目，例如《Dr Who》和《Top Gear》（BBC，2010）。

在互联网的支持下，细分内容产品日益丰富，但这也不足以动摇受众对市场主导产品长期以来形成的偏爱。即便如此，在整个媒体消费的图景中，更多的选择空间无疑已经带来了媒体环境的碎片化。受众们愿意接受更多的选择，愿意享用由互联网和移动化连接的技术提供的参与感和控制权，而对于媒体供应方来说，它们也开发出新的服务类型，将数字化传播支持下的互动行为进行货币化开发。例如，零成本内容和社交网站，它们的繁荣发展极好地证明了人们对参与内容创造的热情，和对用户生产内容的喜爱。更多的传播平台、更多的连接可能、更多的内容选择和用户生产内容的崛起，这些变化共同推动着媒体消费碎片化的进程，以及随之产生的用户注意力分散。

5.3　细分和品牌

假设越来越多的内容产品共同竞争受众的注意力，细分市场需求策略、锁定目标和品牌建设就会成为把数字内容资产的价值进行最大化开发的关键因素（Duffy，2005；Ots，2008）。在受众选择权日益增多的背景下，有效地细分市场需求，提供符合特殊受众群体口味的内容，塑造与此相匹配的传受关系，这三个因素决定着媒体供应商是否能够获得竞争优势。

市场细分所根据的理念是，需求存在差异性，所以市场中的需求可以被分解为具有不同特征的部分（Dickson and Ginter，1987：4）。这个概念描述了差异性产品的供应，这些产品是为了满足不同类型的消费者偏好而生产的，并且通过满足不同的偏好实现产品的利润。差异化（differentiation）有可能存在于产品本身之中，也可能表现在产品的包装或者品牌形象上。产品差异化可以看作是对多样化的消费偏好的应对策略。但也有人认为，细分是基于人为的差异，而非真实的差异，这种策略实际上是供应商扭曲和操控消费者需求的一种手段（Samuelson，1976）。市场细分是为了保证商家所供应的产品有对应的需求量，这种策略通常伴随着强势的广告宣传，其目的就是操控消费者的需求（Galbraith，1967）。

在一个日益碎片化的媒体环境中，定位特定的细分市场是一种重要的手段，通过这种手段，内容提供商可以维持其产品的需求量。在媒体产业中，市场细分策略指的是，供应商通过受众分析，明确获知需求的差异性，并以此为根据生产具有差异性的产品以满足不同类型的受众群体。在网络支持的数字化连接日益普遍的背景下，线上媒体供应商拥有更加丰富的可供市场细分策略进行分析的受众数据。基于这些条件，未来市场细分策略的执行将会更加容易，也更加常见。而在竞争愈发激烈的媒体环境中，目标更明确的消费者定位手段，似乎是从"推送到拉取"这一转变的自然结果。

虽然市场细分策略对于一些大众媒体供应商来说还略显陌生，但这一策略已经是杂志出版行业的核心竞争策略（Doyle，2011）。杂志出版产业在最近十多年中的发展轨迹有一个明显的特征,那就是向着读者细分方向的发展,或者说是以越来越窄的特定需求为标准来划分产品类别。相当多的研究已经解释了为什么细分策略会在杂志产业中普遍被采用。

长期以来,杂志的需求受到这样一些因素的影响:文化教育水平、可供休闲的时间和可供支配的收入。在20世纪八九十年代,在整个欧洲范围内,人们花费在消费者杂志的预算在很长一段时间内持续上升,这是得益于同一时期欧洲社会民众休闲时间和收入水平的提升。

较为富裕的欧洲国家(德国、法国和英国)和美国的出版商在20世纪八九十年代充分地利用了人们对高品质娱乐产品的需求,并将之货币化为自己的收益。但如果我们把目光看向未来,相似的发展机遇应该会出现在中国、印度和其他发展中经济体里,这些地方的教育水平、休闲时间和可支配收入水平正在快速增加。从长期来看,这些正在发展中地区的杂志产业很可能迎来需求扩张的充足动力(Doyle,2011)。

越来越窄的细分转变在一定程度上是因为需求的增加,尤其是富裕国家中的中层和上层市场,大多数专业杂志、高品质娱乐杂志、人物特写杂志和兴趣爱好杂志所聚焦的话题都是摄影、体育、烹饪和家具装饰。为了充分利用这一潮流,许多杂志出版商采取的策略是建立新的专门服务于特殊细分市场的刊物。与此同时,20世纪80年代发生在印刷产业经济组织体系中的变化降低了发行高质量杂志的成本。这就使以碎片化的消费者需求为目标运营低发行量的刊物成为可能。在此背景下,许多面向极窄众读者群体的杂志开始出现。

在20世纪80年代,英国的EMAP和IPC,美国的Time Warner,法国的Condé Nast和Hachette,这些杂志出版巨头都倾向于生产发行量较大的刊物,通常都是综合性的周刊。这种策略表明,杂志出版商非常依赖于规模经济而不是范围经济。技术进步使新刊物的印刷成本更低,出版商们由此受到鼓励开始改变他们的生产策略(Cox and Mowatt,2008)。截至2009年,在英国出版的消费者杂志的数量是3 243份,而在1980年仅有1 383份(BRAD/PRA 2009)。把拥有相同口味和偏好的特定受众群体作为目标,采用细分市场需求的策略,将受众划分为更加狭窄的特定类型,这一系列策略已经取代了以大众市场为目标的生产策略,而这一改变也为读者带来了更好的杂志服务,使读者可以享受到比之前更多元化的杂志内容。

许多新建立起来的以窄众市场为目标的杂志对广告商具有很强的吸引力。但是,如图5.3所显示的,新建立的杂志在更大程度上是由其本身的销售收入支持运营的,这种特征反映出这个新兴市场的繁荣,以及需求格局的变化。最近几年里,英国的杂志市场规模已略有收缩,这是全球性经济衰退所导致的后果,同时也反映出这个产业在经历了20多年的成长期之后必然迎来的衰减。但是,正如昆(Küng)所述,销售额之所以会下降,是因为消费者的时间越来越少,而且专业杂志所包含的许多信息都可以非常容易地通过网络得到(2008:44)。

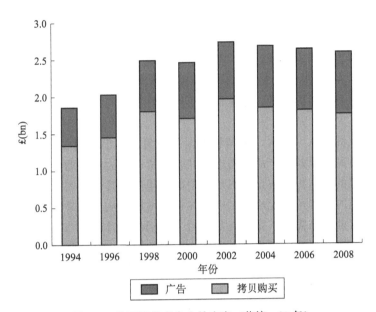

图 5.3 英国消费者杂志的支出（英镑，10 亿）

资料来源：来自韦尔（Warc）/广告协会（2005：117；2009：122）。

与印刷媒体产业中的其他领域一样，杂志产业也正经历着一场由消费者习惯变迁带来的阵痛，将阅读作为一种休闲活动的行为正在消失，而以屏幕为主的娱乐活动成为越来越多消费者的选择。广告产业最近的发展趋势表明，自 21 世纪以来，互联网所占据的广告费用市场份额急速上升，而其所抢占的正是曾属于印刷媒体的份额，尤其是报纸，另外也包括消费者杂志。另外，杂志还面临着另一个问题，那就是附属于报纸的免费彩页越来越多，而这种媒体手段也是广告商所青睐的。

尽管面临着这些挑战，杂志出版商具备一项关键优势，它们擅长于通过延伸强势媒体品牌，锁定细分受众市场的需求并逐步占领这些市场，例如《Vogue》《Cosmopolitan》《GQ》和《Reader's Digest》。随着数字化平台的发展，这种优势会为杂志品牌带来许多发展机会。目前，基本上所有的杂志刊物都拥有发展成熟的网络形式或版本，少数杂志甚至只有电子版本，有一些杂志还提供适用于移动终端的内容产品。数字化媒体平台具有互动特性，不仅可以支持杂志的电子版本，更为杂志出版商提供了加深其品牌和产品与目标读者联系的机会，杂志出版商通过提供更加全面和多层次的内容服务，可以获得更多的订阅读者（Küng，2008：49）。

正如在第 2 章所讨论的，数字化使内容供应商可以与其读者建立新形式的关系，许多领先的媒体市场竞争者已经充分认识到这一点，并将其作为未来发展的重要策略。杂志出版商对这一问题的认识领先于媒体产业其他领域，它们明白对读者的深度了解具有什么样的价值。杂志出版商运用专业知识为细分市场受众提供内容服务，例如对高性能汽车有特殊爱好的读者，或者对婚礼筹办或室内装修感兴趣的读者。出版商经常会为订阅这种细分杂志产品的特殊读者群体提供杂志产品之外的服务，例如现场比赛、展览或者交易会。网络竞争者形成的竞争压力和专业内容在网络中容易被非法盗用的现象，对杂志出版商造成了潜在威胁。尽管如此，杂志出版商也在试图利用互联网带来的机遇提高自身的竞争力，它们不断寻找着与细分受众建立新形式关系的机会，并尽可能将这些关系实现货币化的价值转化。

杂志的主要资产就是品牌，但是杂志品牌不能脱离时尚潮流而存在。尽管很少的知名杂志，例如《Elle》，可以持续生存数十年，但大多数杂志的寿命其实非常短暂。如果想要存活较长的时间，那么经营者必须不断适应新变化，以保证其产品符合不断改变着的市场需求（Gasson，1996：86）。杂志出版商会采用产品组合策略来降低经营风险，它们会经常性地更新产品，或者直接发行新产品。在杂志市场这样动态变化的背景下，出版商们必须密切关注文化和社会潮流，以及那些塑造不同产品需求的流行时尚。出版商们需要具备对某种生活方式群体和特殊爱好人群的深入了解，它们才能精准地发现潮流的变化，从而准确地找到发布新产品的恰当机会（Cox and Mowatt，2008）。

任何新创立的杂志都面临着一个重要的挑战，只有足够长的生存时间才能使创建之初的巨额投资和推广成本得到合理化的价值体现（Gasson，1996：87）。大多数杂志的生存时间都非常有限，经营的成败取决于出版商是否可以正确地为杂志找到有价值的细分市场作为服务目标。杂志出版商不断发现各种兴趣群体，并不断创建有足够品牌影响力的新刊物；只有通过足够长的持续经营时间，经营收入才能覆盖创建成本，之后才能为所有者创造利润回报。创建新杂志的成本可能会非常高，所以相对于经济正常运行的时期，在经济衰退期创建的杂志更少（Jarvis，2009：6）。但是，创建新杂志对于产业的发展非常重要。成功的杂志品牌会采用一系列策略将可能获得的收入效益最大化，这类策略会将一本杂志在其整个寿命期内可能产生的收入来源都考虑在内。其中不仅包括了杂志在国内和国际市场上的销售收入，也包括在更多传播平台上拓展品牌的潜在机会，以及在补充性产品市场中可能存在的机会。

5.4 受众流管理

大众媒体碎片化伴随着传播活动的快速发展，以及内容产品类型的不断拓展，这些背景给电视内容供应商带来特殊的挑战。在电视的后线性时代，为了实现电视内容资产的价值最大化，内容及相关材料的播出计划过程变得非常复杂（第 6 章讨论）。与此同时，电视观众对观看什么内容和什么时候观看的选择权和控制权更大，这一情况使曾经掌握在播出商手中的权力被消解,因此需要对管理受众如何接触内容的技术手段进行新的思考。

普遍意义上的受众流管理概念并不新鲜。在广播电视领域,"流"(flow)指的是频道如何通过精心制定节目传播顺序来吸引和保持受众注意力,"受众流"(audience flow)这个术语由电视研究的先驱人物——雷蒙德·威廉姆斯(Raymond Williams)所创,用于描述广播电视策划人为赢得和保持受众注意而使用的技术和策略(Williams, 1974)。在过去许多年里,这些技术都以受众注意力的最大化以及随之而来的经营收入为中心目标。在电视领域中,许多经济学家致力于为不同市场环境中的节目计划竞争技巧建立模型和分析工具(Bourreau, 2003)。但随着多频道电视将线性内容供应的选择变得多元化,观众可以在一天或一周中的任何时间观看这些内容,创制一份恰当的节目计划以赢得市场竞争的任务变得越来越复杂(Doyle, 2012b;Ihlebaek, Syvertsen and Ytreberg, 2012)。

在过去,为了建立受众流,电视节目策划人需要考虑的因素包括:预算、可供使用的节目、受众在既定时间段的观看可能性、目标受众的兴趣爱好、广告商的偏好,以及竞争者可能采取的节目计划(Pringle and Starr, 2006:123-125)。现在,电视产业的市场中已经不再只有少量的竞争者,竞争环境已经是多侧面和多层次的。在这样的环境中,评估包含在吸引和维持受众注意力过程中的不确定性变得更加困难。有学者认为,过去的电视观看行为是由策划人设定的一个事件,但现在的电视仅只是众多视听内容形式中的一种选择,而且观众自己可以选择在什么时候、什么地方,用什么设备来观看(Bennett, 2011:1)。

但是,非线性的内容供应对消费习惯的影响也不应该被过分夸大。英国传播活动监管机构 Ofcom 的研究显示,尽管相互竞争的多种媒体消费选择是一股强大的潮流,观看电视的行为在整个市场中所占的比例仍然在增加,而非线性的观看行为尽管越来越多,但也只占据着电视观看市场中的一小部分,平均大约是 17%(Ofcom, 2010a:106)。尽管整个产业都在经历着向数字化的转变,但大多数的电视消费仍然是线性的,"沙发土豆"的模式还是比"向前倾"的模式更加普遍。因此,传统的节目策划技术,也就是基于消极受众观看行为的策略,对于绝大多数观众来多说仍然是有效的。无论如何,广播电视商在进行节目策划时仍然需要考虑其竞争者的节目安排策略。

但是,收视习惯的调整是十分明显的,尤其较为年轻的观众。年轻观众比长辈们更擅长于多任务同时进行的媒体消费活动,他们也愿意用更多时间观看 DVDs 和点播视频,或者使用个人计算机和移动设备下载视频内容(Ofcom, 2010a:107)。因为观众已经变得更加主动,这一情况其实为电视服务商们孕育了新的捕捉和保持受众注意力的机会。数字化提供了更多的平台和界面,电视商可以通过各种手段引导观众接近那些可以为他们创造最佳收益的内容和品牌。传统电视传播现在仍然是单个观众广告回报最高的媒体。在 MTV UK,节目策划者们发现,在一个电视节目通过传统线性传播方式播出之前几个月把内容片断"播种"到网络上,就有可能提前引起观众的兴趣。而且,在网络、移动网络或社交网站中提供电视节目的搭售产品(tie-ins)有助于保持观众在线性播出过程中的兴趣。一位电视管理人员这样解释：

如果我们想要保持业务的增长，不可能只是通过制作一个好的电视节目并把它放到网络上……我们实际上是在创造观众，并且在线性播放之前就完成这件事。我们的所有节目都是从网络、移动网络、社交网站开始的，通过这些提前的准备，我们建立起观众群体。他们从这些平台中把注意力转向电视，而当他们不再看电视的时候，他们还是可以通过这些多样化的平台保持了与某个媒体内容产品的联系……[①]

多平台的观众参与是电视经营取得成功的关键因素。例如，Fox 的产品《Glee》就得益于与热情投入的粉丝群体建立紧密的联系，尤其在美国，这个群体有一个统一的名称叫作 Gleeks。一个电视节目能够在多大程度上成为 Twitter、Facebook 或其他形式网络讨论的话题中心，已经成为该节目成功与否的一个标识因素，而这些因素就会对节目策划的决策过程产生重大影响（Bulkley，2011）。让专业人员接近观众是一种常见的策略，例如，演职人员、剧作者、导演积极地参与社交媒体中的讨论，这样的策略可以让观众获得关于某个电视节目更加深入的体验。

内容选择和策划决策中关于受众该数据的作用，是另一个由数字化带来的重要改变。受众数据的使用在受众流管理中一直以来都是重要的，而线上内容的传播产生了前所未有的深入、详尽的观众偏好和行为数据，包括集体层面和个人层面。互联网为广播电视商提供了各种监控受众偏好和潮流动向的手段，通过网络界面收集到的智能数据可以直接应用到内容筛选的决策中，因此，内容产品就变得更加符合受众的偏好。正如一位 BBC 管理者所说，在 Web2.0 世界中，广播电视商获益于"利用'大众的智慧'，无论是'友人推荐'还是'下载最多'"（Highfield，2006：50）。

越来越激烈的竞争和媒体环境的碎片化使广播电视商们更难保证内容成本可以被大规模受众摊薄，但数字化传播也提供了一些新的工具和技术来帮助内容供应商们面对碎片化的媒体环境带来的挑战。21 世纪的竞争环境越来越复杂，在此背景下，为线性传播选择恰当时间段的重要性似乎有所降低，但在特定电视内容与目标观众之间建立联系的重要性在不断上升。同时，利用多元化的数字平台有效地收集和使用受众反馈也变得更加重要。一位曾在 BBC、Channel 4 和 MTV 都有过策划经历且目前就职于 Viacom International 的管理人员表示，对于策划人来说，最关键的挑战是确认什么样的内容创意可以使一个品牌成功地在多个平台中进行传播，以及怎样能保证这些内容在较长时间段内都能吸引受众：

对于年轻观众来说，便携性意味着一切……如果他们喜欢某一件东西……并且有情感

[①] 2O' Ferrall：2009 年访谈于伦敦。

投入，他们就会想要在任何时间和任何地点都能够使用这件东西。我们现在并不把自己当作传统的广播电视播出商，但我们是一个品牌，我们的内容是品牌体验的一个部分，而我们的品牌会出现在不同的平台上……①

5.5 广播电视业的市场失灵

在正常运行的竞争市场中，需求和供给这两股力量之间的互动应该可以带来产品或服务的良性供应状态。消费者通过他们可以支付的价格水平来表明他们的需要和偏好，而生产者做出相应的回应，即提供与需求数量一致、符合所期待质量水平的产品和服务。但是，广播电视产业长期以来的运行都不处于正常的竞争市场中。与此相反，这个产业的运行倾向于市场失灵的状态。广播电视业的市场入口受到传播频谱稀缺性的限制，需求和供应之间的正常互动则因为从供应者到消费者是单向传播的特征而受到阻碍。同时，没有直接向观众和听众收费的方法也是影响供需互动的一个原因。

但是，技术的进步催生了更多的传播渠道，同时也促使观众付费支持内容产出多元化的发展。数字化已经改变了这个市场，广播电视内容的主导性供应方式从"推送"变成"拉取"。广播电视商不再局限于线性的节目策划，同时也得益于更加先进的受众兴趣收集技术，广播电视内容产品比从前更加符合个体观众和细分群体的特殊需求。但这就意味着广播电视业中的市场失灵已经不复存在了吗？

实际上，在这个领域中，"市场失灵"这个术语有两种不同的使用方法。一方面，它指的是由市场体系所造成的有效资源分配的失败，通常是因为供需力量不受控制而导致的。另一方面，它也可以指因为追求社会理想目标而使效率受到损害而带来的市场运行的失败，例如，为了保证民主和社会统一。

首先来看效率的问题。广播电视业中最为典型的市场失灵是，如果私有的逐利企业依赖于传统机制下的市场资金支撑，例如消费者直接付费，那么广播和电视产品就不应该由其生产。市场体系本就不会要求消费者为广播电视产品付费，原因在于：其一，没有办法确认究竟谁曾经接收到了一个广播电视产品；其二，没有办法阻止不愿意付费的人通过其他方式接收到这些产品。

公共产品（public goods）通常都具有"非排他性"（non-excludable）的特征。非排他性导致了排除那些不愿意付费的人的困难。例如，国家武装力量保护这个国家里的每一个人，无论人们是否需要，也无论人们是否为这支队伍付费。地面广播电视（terrestrial

---

① Booth：2011 年访谈于格拉斯哥。

broadcasting）服务通常来说对每个观众都是开放的，无论个体的观众是否愿意为这项服务付费。如果任何产品或服务都是非排他性的，而且消费者并不拥有消费某一件产品的排他性权利，那么就难以让"搭便车者"（free riders）付费（Griffiths and wall，2007：148）。在自由市场中，这样产品的供应不可能是有效率的。

公共产品也有"非耗竭性"（non-exhaustible）的特征（ibid.）。非耗竭性指的是，将服务的边际成本为零。因为没有额外的成本，而且因为对电视产品的额外消费并不会减少这一产品对其他观众的有用性，这就意味着，没有人应该被阻止接收广播电视服务。"如果限制已经生产出来的节目的消费，且这些节目本可以零成本被每一个人所消费，那么就会带来非效率和福利损失"（Davies，1999：203）。另外，如果没有人可以被排除在接收广播电视节目的对象之外，那么广播电视服务的付费就无法被强制，而且生产其中某一些产品的经济动机就会丧失。

广播电视市场失灵的另一个原因是信息不对称（asymmetric information）。广播电视商提供给消费者的是获得新知识或新娱乐体验的机会，但是观众并不能提前获知他们是否会喜欢这种体验，以及这种体验究竟能带给他们什么价值。观众只有在消费之后才能知道这个产品的价值究竟在哪里，但是，一旦他们已经看完一个电视节目，他们就不会再有动机去付费。简而言之，"人们在完成体验过程之前，并不知道自己究竟'买'的是什么，但是一旦他们已经完成了体验，他们当然不再需要购买它了"（Graham and Davies，1997：19）。

还有一个市场失灵的重要来源是"外部性"（externalities）或也可称为外部效应（external effects）。在某些情况下，外部性是加诸第三方的成本或效益。污染就是负面外部性的例子。当一家公司排放有害物质到河里的时候，它自己可能会忽略其行为的外部效应，因为它自身的利益不会受到这一行为的影响。广播电视业也可能会产生负面的外部效应。某些内容的供应可能带来比较广泛的社会影响，例如，社会暴力事件的上升，或者对暴力事件恐惧的上升。但这些成本并不由广播电视商自己来承担，这就导致了市场失灵，因为更多的资源有可能会被投入到生产具有负面外部效应的产品中。

在很多情况下，完全不受规制的广播电视市场很有可能无法有效地分配资源，但随着技术的进步，市场失灵的性质和程度也在发生改变。新频道不断出现、点播观看行为越来越多、内容加密技术被广泛采用、付费电视模式也出现在市场中，这些变化使广播电视市场更加多元。从更广泛意义上来说，这个市场更能够满足不同类型的个体和组织的需求及偏好（Ofcom，2008）。数字化的广播电视技术让观众可以获得更加丰富和多元的内容选择，这一变化"极大地缓解了传统的市场失灵"（Armstrong and Weeds，2007：82）。在提供了更多频道和更多互动界面的同时，数字传播技术中的加密技术也解决了传统的非排他性难题。这些技术发展使得市场运行更有效率，同时许多观众和听众的福利也随之提高了。因此，有人认为"在数字化时代中，已经很难在公共广播电视服务中找出市场失灵的问题"（Elstein，2004：10）。

但是，多频道电视的发展和观众自主权利的提升是否消除了广播电视业市场失灵问题，还是一个值得考虑的问题。尽管数字化技术带来许多改变，但是广播电视内容的本质仍然是非耗竭性或是非竞争性的，"排除性不仅在个人观看价值方面是低效率的，而且对于社会也是不利的"（Ofcom，2008：para 1.15）。信息不对称的老问题依旧存在，"观看者不可能在完成观看之前对一个节目的价值有精准判断"（Rossiter，2005：13），而且，随着线上内容进一步拓宽观众的内容选择，信息匮乏的新问题又可能出现在探索新可能性的过程中（Ofcom，2008）。

尽管数字技术的普及创造了许多机会和优势，但一个完全无规制的市场还是可能无法有效地分配资源。但是，任何认为市场应该成为资源分配主导者的观念都是基于一个前提的，那就是认为个人和家庭都能对其自身利益做出最好的判断。但实际上，关于电视观众是否能够从自身利益出发做出最佳判断的问题，存在不同的意见。一些人认为广播电视业应该采用一种具有家长作风的态度。

一个"好的产品或者服务"，通常是政府认为应该被生产出来的，而不是民众选择的结果。公共健康护理和教育的供应就是例子，而"好产品"的论断在对艺术和文化的公共支持中也扮演着重要角色（Towse，2011：6）。如果一个东西被归类为好产品，就意味着它具有对社会的内在价值，而这种价值是无法仅由市场标准来衡量和描述的。

广播电视业通常也遵循着这样的逻辑。这种"好"可以被认为是正面的外部性。有一些形式的内容，是社会集体所喜好的，而且每一个人也可以从中获益，但对于个体观众来说，也许并不会对这种产品感兴趣，也并不会为之付费，例如纪录片、教育或文化节目。尽管有数字化的影响，但在自由市场环境中，一些被认为是"好产品"的节目还是很有可能供应不足（Armstrong and Weeds，2007：116）。戴维斯（Davies）曾认为："如果电视节目完全在自由市场中供应，那么很可能消费者不会完全投入自己的经历和能力去理解电视内容，因为只有在回顾中这些投入的价值才会变得明显"，此论证现在仍然有效（1999：203）。

5.6 公共内容服务供应

虽然数字技术带来了巨大影响，但它并不能完全消除导致广播电视业市场失灵的原因。不能消除的原因包括：广播电视产品具有公共产品的特征、外部性和信息缺乏，还有在规模经济驱动下趋于垄断的倾向（Davies，2004：12-13）。

在广播电视业中，解决市场失灵问题最常见的方法是采取规制和公共所有权。在英国，商业电视广播的执照管理和规制由英国通信管理局（Ofcom）执行，它是通信产业的监管者和竞争主管机构。在美国，与之类似的机构是联邦通信委员会（Federal Communications Commission，FCC）。无论市场结构还是与内容相关的规制在广播电视市场中都很常见，尤其是鼓励私有广播电视商在追求利润最大化的同时也必须兼顾产品的质量，保证产品能够满足大众的要求。广播电视业一直以来都是受到严格规制的经济领域，规制方式对商业电视公司的经济表现和发展方向有至关重要的影响（Gasson, 1996：8-9）。

另外用于抑制市场失灵的方式是广播电视业的公共所有权，但这种方式仍存在一定争议。广播电视的公共产品特征中含有非耗竭性，所以这种产品最好是在公共领域以免费方式供应，而经济上由公共资金支持。公共所有权比私人所有权更具优势的另一个方面是，管理者们不用为股东利益而忧心，可以全身心投入到以公共服务为目标的生产中。大多数国家都建立了各种形式的公共资助或国家所有的广播电视机构，专门提供公共广播电视服务（public service broadcasting，PSB）。

广播电视频道和其他类似电视的服务越来越多，而且受众不断碎片化，使用公共资金支持广播电视业的发展开始出现问题。其中最主要的问题就是，公共资金支持的广播电视供给往往会与消费者主导的需求发生冲突。一些人认为，任何服务的供给，包括广播电视，最好的方式就是通过市场力量来实现。这里出现了一个问题，正如前文已经讨论过的，广播电视产业具有特殊性，那么它所处的市场体系是否一定无法为消费者提供他们想要的服务。

长久以来，广播电视主要的市场资金支持来自于广告。广告实际上是一种有缺陷的资金支持方式，为了获得广告收入，广播电视商可能会牺牲一部分观众的利益，因为他们不会提供有益于全部观众的内容，他们只会提供能够产生广告商希望到达的受众群体的节目内容。对广告的依赖使广播电视商尤其注重受众群体的数量规模，然而观众对不同类型内容的需求差异则可能被忽略。

但是，随着加密技术的进步，广告已经不再是唯一的资金来源，观众直接付费现在已经成为商业广播电视的重要收入来源。在全球范围内的电视产业中，观众订阅费占据着40%的收入比例，而且这个比例还在不断上升（Ofcom，2009：14）。随着观众直接付费的普及化，广播电视市场的正常运行似乎变得更加可行了。数字化传播平台的发展，使更加个性化的内容供应成为可能，内容的收费可以基于单个渠道或者甚至可以基于单个节目。而在公共广播电视服务中的观众直接付费，则有可能破坏公共资金支持或"被扭曲的"资金支持体系。

在英国，BBC 的公共服务产品是由一种强制性的执照费所支持的，所有拥有电视机的家庭都必须缴纳这种执照费，无论他们是否收看 BBC 的节目。皮科克（Peacock，1996）、格拉哈姆（Graham，1999）和现在的 Ofcom（2008）都已经开始关注一个问题，在竞争日益激烈的广播电视市场中，通过收取执照费来实现公共资金支持的方式是否已经过时。反对继续征收执照费的一方认为，现在的传播环境中频率已经不再是稀缺资源，观众正在不断地碎片化，支持观众直接付费的技术也已经存在很长时间。因为让每一个人都为他们不一定希望观看的节目付费是不公平的，所以用自愿付费的方式来支持公共广播电视服务，比用强制性普遍征税的方式更好。如果广播电视市场可以实现合理的自由运行，而且这个产业也可以为观众提供他们真正想要的东西，那么旧式家长主义的公共广播电视服务体系就显得不合时宜了。

但另一方面，虽然"对于大多数产品和服务来说，政府不应该干预它们的供给，应该由价格体系发挥作用"，但广播电视产业仍然是一个例外，因为市场失灵问题并没有随着数字技术的出现而被消除（Davies, 2004: 12, 13）。虽然广播电视业的私有市场也许在一些方面能够发挥积极作用，但如果仅仅依靠私有市场，是无法为消费者提供完全满意的产品的（Porter, 1999: 36）。正如之前所讨论的，一些公共广播电视服务所提供的内容是有价值的而且每一个人都可以从中获益，但是观众并不会一直喜欢，并且不会愿意由个人来承担费用，那么这种产品在自由市场中就会供应不足。与此相反，那些可能会产生负面外部性的电视产品则有可能会被过多供应。所以即使有观众直接付费，市场失灵仍然存在。

在不受规制、自由运行的广播电视市场中会出现一些缺陷，但是使用公共资金来支持广播电视的运行也会带来一些问题。一些人认为公共广播电视服务的存在是有价值的，而自由市场则不能提供这些价值。但这一派在关于公共资金的使用方式上仍存在分歧。一部分人认为，英国实施的强制性执照费用是不公平的。Peacock（1996）认为，有关是否应该继续征收执照费的争论是合理的，但需要被质疑的是：是否应该采用公开投标？如果采用的话，其他广播电视商就可以跟公共广播电视竞争为英国观众和听众提供服务的机会。BBC的竞争者提出为执照费引入竞争因素的观点（Fenton, 2010），尽管这一观点已经被政策制定者纳入考虑，但截至目前尚未达成广泛共识。

在澳大利亚，公共广播电视是由一个公共基金支持的。但是，国家资金支持会带来的问题是，公共广播电视商的独立性是否可以得到保持。在希腊，公共广播电视服务一部分的资金支持来源于向消费者强制征收的电费。但是，与强制征收的执照费用一样，这些公共广播电视服务所征收费用的数量水平与消费者的需求或使用并没有关系，因此同样可能被认为是不公平的系统。在整个欧洲，许多公共广播电视服务所采取的方式是，一部分资金支持来自于广告，另一部分来自于公共资金。对广告收入的依赖使公共广播电视服务产生了与私有广播电视商竞争受众率的动机，这被商业电视竞争者认为是不公平的竞争，所以它们向欧盟的竞争管理部门提出申诉。

数字化传播为公共广播电视服务带来了许多为受众提供新服务和新产品的机会（Born, 2002; Enli, 2008; Graham, 1999; Trappel, 2008）。但是，也带来了有关公共广播电视服务的一些新忧虑，包括它们在市场中的角色，以及它们对商业竞争可能产生的影响（Donders and Pauwels, 2008）。对于公共广播电视服务来说，数字化的传播手段和更长的内容供应时间，有效地延伸了公共服务产品能够为大众带来的潜在价值。一个最好的例子就是 BBC 为电视和广播提供的 iPlayer catch-up 服务，这项服务在其创立三年之后的 2010 年里迅速发展，用户量和流行度不断飙升，全年提供了超过 130 亿次的节目需求量（BBC，2010）。

公共广播电视服务可以为受众提供更大的价值，不仅因为数字化技术创造了更多的内容消费机会，更因为数字化的多元平台环境可以使受众体验得到提升和丰富。换言之，数字技术的普及促使公共广播电视服务需要重新计划它们的运营任务，需要更加重视适用于各种平台的内容产品，而不再是广播电视服务本身。但是，公共广播服务中对数字技术适应程度的差异，又带来了新一轮的问题，尤其在整个欧盟的范围内，公共广播电视服务的活动会对竞争产生多大程度的影响，是否可能会对商业竞争者产生排挤作用（Humphreys，2010；Wheeler，2010）。

对以执照费支持公共广播电视的认同也受到了技术进步的威胁。宽带技术快速发展，移动网络连接技术越来越普遍化，消费电视内容的方式和手段也越发多元化，所以，从观众角度出发，基于广播电视内容接收设备征收费用的逻辑也不再清晰。电视设备和其他内容接收设备之间的界限日益模糊，那么"基于一种设备来征收执照费，而快速增长的使用行为却是发生在其他相关设备中"（Armstrong and Weeds，2007：118）。许多欧洲国家正在讨论把执照费转为一种更加宽泛的"媒体税"，希望以此解决怎样保证资金支持体系与公共服务内容消费方式保持步调一致的问题（Bron，2010）。但是，无论公共服务内容的消费方式和收费途径怎样改变，因为数字设备的多元化发展，这个问题仍然不易解决。所以，尽管数字化推动了付费电视的发展，但它在消除许多问题的同时也带来了许多困境，公共广播电视服务的资金支持体系的效率和恰当性就是其中之一。

第 6 章

内容供应的经济学

融合技术给现在的媒体内容带来了挑战也创造了机遇。但通常而言,内容创造的过程本身就包含着新奇性和不确定性的因素。本章将会解释媒体供应商用来以分散和最小化风险的策略,从更广泛意义上来说,就是将其内容资产的价值最大化的策略。在数字化背景下来考察"窗口"(windowing)的概念对于内容创造者的价值,因为在新的背景下,内容使用的方式更加复杂,使用时间可以得到一定的延伸,一种"长尾"的现象由此出现(见第 5 章)。另外,本章会介绍和分析成功的风险分散模型,尤其是产品组合策略、好莱坞模式、明星模式、品牌推广,以及重复和模仿手段的使用。

在学习本章之后,您将可以回答以下问题:
- 了解内容生产过程中进行风险分散的必要性和可采用的策略;
- 解释好莱坞模式成功的经济学原因;
- 分析替代性经济模式对于版权创作者(rights creator)的重要性;
- 理解窗口策略对节目生产者和其他数字内容供应商的相关性。

6.1 新奇性和风险分散

生产媒体内容是一种价格昂贵的活动。电视节目、电影、报纸和杂志的每一个版本都需要提供新奇独特的信息、图片和故事。内容生产是一种劳动密集型的生产过程,因为它需要不断投入创意,才有可能获得新奇的产出。整个文化产业中的商品生产都被认为有

"鲍莫尔病"（Baumol's disease），这是一种以美国经济学家威廉·鲍莫尔（William Baumol）的名字命名的经济学现象。它指的是，因为创新活动天然是劳动密集型的，而且劳动成本相对别的成本增长更快，所以劳动密集型产业的成本增长会快于通货膨胀的速度。视听内容生产的成本尤其昂贵，因为其生产过程需要特定的资本和人力投入，例如摄像机、摄影棚、录音和编辑设备。

长期以来，媒体产业的初始成本都很高，或说"第一轮"（first-run）生产成本都很高，又因为具有公共产品特征，而且传播活动的边际成本较低，所以规模经济在这个产业中十分常见。有时，对于电影、杂志或广播节目来说，创作过程中较高的初始成本会有助于提升最终产品的吸引力，并且有可能增加消费此产品的受众规模。但这一预期效果并没有十足把握。

对于所有生产创意型产品的产业来说，内容产品没有全部完成时，其需求都是不确定的。因为创意型产品一般都是"体验性产品"（experience good），这种产品在多大程度上能够令人满意是具有主观性的，正如理查德·凯夫斯（Richard Caves）所言："没人知道消费者会有什么反应，也没有人知道什么样的文化产品能够令人满意"（Caves，2000：3）。与此同时，媒体产品和服务却需要非常大量的生产投资。而在这个产业中，出版商、电视制作公司和电影制作公司承担着主要的风险。因为存在着需求的不确定性，所以媒体供应商必须采取各种策略降低风险。

当然，数字技术的发展已经降低了媒体内容的生产和传播成本。同时，大量由用户生产的数字内容成本极低，且在互联网中的数量越来越多。因为数字化降低了内容生产成本，因此可以认为出版业所面对的风险和不确定性与过去相比已经有所降低（Shirky，2010）。数字产品的生产成本较低，复制成本几乎为零，这就意味着几乎任何人都可以发表任何作品，所以关于数量的决策——什么将被生产或什么将不被生产，已经不再必要了。

极低成本的用户生产内容（user-generated content），加上数字产品的创作和传播都非常容易，在这样的背景下，为小众读者出版内容比之前更加具有合理性（Aris and bughin，2009：101）。在互联网中，受众更容易接触到广泛多元的内容产品，因此，更多低成本和满足小众趣味的出版物可以广为流传。在一些内容生产领域中，传统供应商已经清晰地感受到网络所带来的更多替代性选择。尽管如此，在媒体消费的整体图景中，高价值的专业生产内容仍然会得到高度认可，例如，广受欢迎的电视剧《Mad Men》。数字化时代的到来和小众出版（micro-publishing）的出现并没有完全削弱专业内容生产在市场中的地位。在数字化时代中，传统模式下基于高初始投资和大范围传播效果所产生的规模经济，仍然在市场中占据主导位置。因此，有必要采用一系列策略以降低风险。

6.2　产品组合

在具有投资不确定性的产业中，通常采用的风险分散手段是使用产品组合策略。这种模式在广播电视产业的长期实践中被证明是有效的。在广播电视产业中，经常会见到广播电视商提供一系列的产品，其中包含着针对不同受众人群的不同节目策划（Blumler and nossiter，1991：12-13；Collins，Graham and Locksley，1988：11）。如果某系列产品中能够有足够多比例的内容吸引受众，那么这个系列产品就会受到欢迎。对于内容供应商来说，在系列型产品组合中，产生一个"最受欢迎产品"的机会更大。那么，从"最受欢迎产品"中获得收入（或称受众价值）就能够为整个产品组合提供价值补偿。换言之，在一个产品策划中，单个节目是用来分担风险和摊平成本的，以便在可能的范围内最大限度的产生受众价值。

数字压缩技术使宽带的使用变得更加高效，可供广播电视商使用的传播渠道增多，基于多样化和特殊化的内容产品组合策略也因此得到裨益。例如在英国，主要的广播电视商都新建有数字化传播渠道，其中许多渠道都是专题性的，或是专门服务于某个细分受众群体，例如儿童受众群体，而另一些渠道则是转播或重播旗舰平台或渠道中的节目。MTV旗下的"姐妹频道"就是产品组合策略的体现，包括 MTV Music、MTV Base、MTV Hits、MTV Dance、MTV Classic 等，提供差异化服务的频道是为了将 MTV 的品牌延伸到不同的受众细分市场中。因为不确定性的存在，供应商无法事先得知哪个频道、哪个系列或哪个内容项目会比其他的有更好的传播效果，采取产品组合策略，广播电视商发布一系列产品而不是单个产品，他们所期待的是其中成功的部分所获得的收益可以补偿整个系列的生产成本。

一种商业活动的不确定性越强，它就越需要采用产品组合策略。因此，产品组合策略在图书出版和音乐发行的商业运行中很常见，因为这些产品的成功在一定程度上是由时尚潮流所决定的，而时尚潮流是非常难以预测的。产品组合的管理并不仅是尽可能宽的延展产品系列以抵抗风险，更需要区分和筛选创新理念和产品创意，保证这些最有可能获得成功的产品能够获得与其价值相符的投资和关注（Aris and Bughin，2009：97）。

内容产品组合的策略在媒体产业中被广泛采用，大多数大型杂志出版商都发行了一系列的刊物，例如国际出版公司（IPC），鲍尔集团（Bauer），时代集团（Time Inc.）和桦榭菲力柏锲传媒集团（Hachette Filipacchi）。因为杂志产业的产品生命周期有限，所以采用产品组合策略可以将处于不同发展阶段的产品组合到一起，从而获得相对稳定的收入，而且这个策略还有助于促进收入渠道的不断更新（Picard，2005）。通过生产更多类型的产品，杂志产品具有高风险性的问题就可以解决。

6.3 重复和形式

与高成本视听产品生产相关联的风险性和不确定性,除了可以采用产品组合策略缓解,还可以采用重复和模仿的策略,也就是把已在受众市场中获得成功的演员、故事情节和产品形式再次进行开发利用(Bielby and Bielby,1994)。例如,在美国电视网中获得成功的节目通常会拍摄续集,例如围绕着原节目中次要演员构建一个新的节目(Caves,2005:31)。

对重复策略最典型的利用体现在电视剧的生产中,在系列产品中重复使用观众熟悉的表演形式和演员,可以有效地建立和利用观众的忠诚度(Hoskins,McFadyen and Finn,1997:120)。生产一个系列的内容产品,需要在最初投入一定成本来建立形式、培养演员和制作背景,在此之后,每个单元的生产成本就会有所降低。但是,这种成本优势可能只是暂时性的,因为长期运营的电视剧集需要不断提升其核心要素,相应的成本变化就随之发生(ibid.)。尽管如此,系列节目还是比单个节目更受到电视生产商的欢迎,当然利用已然表现优秀的剧集来开发续集的策略也受到青睐。这些策略都反映了,在一个需要不断创新的产业中,采用重复利用成功模式的策略是降低成本和抵抗风险的重要手段。

另外,用于避免新产品开发风险的方法是,购买在其他市场中已经取得成功的节目模式。节目模式是一个电视节目的核心要素或是基本构成(Moran with Malbon,2006),尽管版权在节目形式的保护上有所限制,但电视节目模式的国际贸易是一种正在新兴发展的业务(Altmeppen,Lantzsch and Will,2007;Singh and Kretschmer,2012)。在完成节目模式的国际贸易后,广播电视商可以把那些在海外市场中已有良好表现的节目开发成为地方版本。虽然美国一直以来都是世界上电视节目成品最大的出口国家,但英国现在已经是国际市场中电视节目模式的最大供应商。例如,BBC 的《Strictly come Dancing》(在美国被改编为《Dancing with the Stars》)和《The office》,以及 Fremantal 的《Britain's got Talent》(Colwell and Price,2005;Oliver and Ohlbaum,2006;PACT,2010)。在国际市场中交易的节目模式的风格多样,但一般来说,智力节目和游戏节目(例如,《Who wants to be a Millionaire》),以及才艺竞赛(例如,《Pop Idol》)是最受欢迎的,因为这些节目可以在不失去原版核心特色的前提下较容易地改编为本地化版本。引进节目模式的优势很多,所以全世界的广播电视商越来越多的将这种方式作为日常生产的一种核心手段(Esser,2010)。引入市场已经检验的产品,可以有效降低创新和研发一个全新节目的高额初始成本和潜在风险。引进像《Top Gear》和《Master Chef》这样的内容产品,随之而来的不仅是一个经过市场检验且可以被改编为适合地方特性的节目模式,同时与期限联系的市场认可度和品牌信誉也可以被所利用,尤其是可以用来吸引本地观众和广告商的注意力。另外，适合于被改编作国际版本的节目通常还有另一种潜质，那就是适合于开发增值收入渠道，例如与节目相关的商品销售、电话投票或者其他形式的多产品开发。

6.4　好莱坞模式及其风险

电影生产的成本很高，而且究竟什么样的电影可以吸引观众也存在极高的不确定性，所以降低风险的策略对于电影产业来说非常重要。有一种观点认为，电影公司所承担的风险是他们自己强加到自己身上的，因为它们会花费巨资"使用大量的营销手段推广明星云集的影片。"（Wasko，2005：15）。但无论如何，电影产业中任何新产品的收入预期都是极难确定的（Walls，2005），因此，电影商业的持续运营有赖于对不确定性的有效管理。

风险降低策略通常聚焦于如何增加生产畅销内容的机会。其中一种方法就是使用已经受到观众喜爱的文本，例如把表演或小说改编为电影，或者把其他语言或文化背景的故事改变为电影。最近的实证研究表明，大部分的好莱坞产品都利用了文学作品的资源，而"所谓的艺术性模仿，实际上都是受到商业策略的驱动，其目的是降低这个商业活动的不确定性风险并增加其经济安全性"（Joye，2009）。与此相似，基于已经获得成功的形式或演员拍摄续集，也是另一种广为采用的降低新产品不确定性风险的方式，例如《the Star Wars》和《the James Bond》。

市场营销的作用也很重要，它是为了保持需求的稳定性。因为市场营销活动并不仅是在电影上映之后才展开的，而是"可以从概念上塑造观众对电影的审美认知"（Grainge，2008：10）。使用已经成名的演员和导演，对于那些有品牌忠诚度的观众来说就是一种营销手段（Hoskins，McFayden and Finn，1997：121）。长期以来，电影制作人都会以聘请明星演员参演的方式尽可能地增加新的电影产品对观众的吸引力（Rosen，1981）。知名演员的参演可以提高电影在经济上的安全系数。但是，有票房影响力的明星并不是电影获得成功的绝对保证，也并不能保证一部电影不会受到负面评论（Suárez-Vázquez，2011）。另外，容易取得市场成功的明星演员，他们所获收入中会有一定比例的金额被经纪公司抽走，这就是 de Vany 所说的"明星诅咒"（the curse of the superstar）（de Vany，2004：225）。

除了内容生产策略和市场营销策略之外，电影公司的经营规模和产业垂直结构也对风险降低有重要影响作用，好莱坞的大型电影公司的成功实践证明了这一点。美国电影产品主导着全球电影市场（WTO，2010）。近年来，电影的消费支出在不断上涨，但包括英国在内的世界上许多国家都面临着一个问题，那就是大量的国内电影消费支出是由美国好莱坞电影生产工业所创造的，且这些支出最终都会回到美国好莱坞，而不是留在本国。例如，在英国和爱尔兰，2010年中90％的票房收入是由美国电影公司创造的（BFI，2011：14）。整个欧洲也处于相似的境况，2009年前100位的电影出品商所创造的票房收入中有

64%来自于美国电影公司（Hancock and Zhang，2010）。

在美国，为数不多的几家跨国公司是电影业巨头，它们创造了美国电影在全球市场中不可抵挡的成功态势。这几家巨头包括：迪士尼（Disney），20世纪福克斯公司（20th Century Fox），派拉蒙电影公司（Paramount Pictures），索尼哥伦比亚电影公司（Sony/Columbia Pictures），环球影业（Universal Pictures）和华纳兄弟（Warner Brothers），这些巨头的体量庞大，资源丰富，而且已经完成了产业垂直整合，它们又分别从属于不同的媒体集团，例如，福克斯从属于新闻集团（News Corporation），派拉蒙从属于维亚康姆（Viacom）。长久以来，这6家电影公司生产的电影主导着全球的电影市场。在美国电影产业中，还有大量的独立电影公司，与好莱坞巨头相比，它们在国际市场中只是微不足道的竞争者。

这些电影巨头最主要的特征就是规模庞大。这里的规模不仅指需求规模，即巨大的美国国内市场所提供的需求量，它也包括供应规模，即电影公司所参与的生产活动规模。2010年，全球电影院票房收入达到318亿美元，其中北美票房收入为106亿美元（MPAA，2011）。但是，票房收入仅只是电影娱乐产业收入中的一个部分，其他更多的收入来自于视频出租和零售（包括线上、DVD和蓝光碟片），另外还有在电视中播映的收入。产业预测认为美国电影产业在2011年能够创造的总收入会超过400亿美元（PwC，2011）。美国大部分的电影消费都是本国生产的影片，这些消费所产生的收入为预算高昂的新影片提供了有力的支持。电影公司巨头们每一年都不断推出高预算的电影产品并辅以强势的市场推广，与那些只能参与有限数量的电影生产项目的小型公司相比，巨头们在风险分担和市场份额的维持上就更有优势。因此，美国电影巨头的规模性使它们可以有效地采取产品组合策略，将投资分散到一系列电影生产活动中。

美国电影产业比英国和世界上其他地区的电影产业更具优势的另一因素是其结构特征。电影巨头公司和小型的独立电影公司之间的区别很重要。巨头们的经营活动是纵向整合的，同时涵盖了生产和发行阶段。美国电影巨头公司每一年只生产和发行大约160部电影（MPAA，2011），但就是这160多部电影占据了几乎整个国际电影市场。巨头公司生产的电影在美国国内票房收入中占比超过90%，在其他地区的市场份额中占比超过50%。

独立电影公司包括除以上6家巨头之外全世界范围内的电影生产商。但在一些情况中，独立电影公司并不是绝对地独立于这几家电影巨头之外。一些市场表现优秀的独立电影公司其身后会有大型母公司的支持，而好莱坞的几家巨头公司可能会交叉拥有这些母公司的产权，例如，新线电影公司（New Line Cinema）被时代华纳所拥有，而皮克斯被迪士尼所拥有。除此之外，还有大量真正意义上的独立电影制作公司存在于国际市场中。在美国，独立电影公司每一年的产量是好莱坞的3倍。但是，独立电影公司生产的电影只有很少一部分可以进入美国的电影院放映，其他地区的独立电影公司也面临着相似的困境。

好莱坞巨头公司和独立电影公司最大的区别是，巨头公司都通过纵向整合将生产和发行环节囊括在经营范围之内。电影巨头的发行分支遍布全球各个地区，这种结构非常重要，因为它使电影公司可以有效控制和管理其产品在国内和国际市场中的发行流程。"通过对发行环节的控制，可以在生产和发行的整个过程中将风险分摊到大量产品中"（Lewis and Marris，1991：4）。在发行得到有效保证的前提下，电影巨头可以放心地投入大量资源到生产和营销环节。相较而言，独立电影公司不具备对发行环节的控制能力，它们在市场竞争中就处于明显的不利地位。独立电影公司只能在生产环节中降低风险，它们所采用的办法是在电影制作完成之前将发行权预售到各个地区市场。

因此，好莱坞电影巨头公司的垂直结构在降低风险方面具有重要作用。在传统电影经济中，也就是像好莱坞这样的巨头公司，它们投入资本进行生产，然后通过自有的发行网络将产品发布到放映渠道，同时也会在自有的电影院中放映。自有电影院利润中的一部分又会重新投入到新的生产中，从而保持这个系统的良性持续运行。巨头公司下属的发行分支机构对发布什么产品也有发言权，所以电影的生产会受到市场营销决策的巨大影响。这一模型之所以成功，有两方面的原因：其一是对发行环节的控制权；其二是保持电影产品的稳定流通。这个模型可以保证由卖座影片产生的收入来覆盖市场表现较差的影片造成的亏损。

与流行音乐产业一样，电影产业的市场表现也是难以预测的。电影生产不仅风险性高而且成本昂贵。2007年，一部好莱坞电影的生产预算大约是7100万美元，而市场营销费用大约3600万美元（McClintock，2008）。生产成本不断上升，主要因为明星演员的费用不断上涨。

电影生产的投资被认为是可预测的。但哪怕是由好莱坞电影公司生产的电影，也只有2/10能够产生利润（Gasson，1996：184）。换而言之，大部分的电影生产是亏损的。但是，卖座电影的票房收入规模非常可观，而收入规模会与最初的生产投资规模相关。对于好莱坞电影巨头公司来说，由2/10的卖座电影产生的收入就可以保持正常经营所需要的现金流，首先是补偿其他电影产品的高昂成本，其次是为股东提供利益回报。而对于独立电影生产者来说，几乎不可能拥有这样良性运行的现金流循环系统。

电影产品的开发、生产和营销的费用需要提前筹集完成，但回报则要在电影进入影院之后才会产生，期间通常需要3年或更长的时间。如果制片商从属于其中一家巨头公司，那么公司会在内部完成生产资金的筹集工作。而独立制片商必须从发行商那里提前获得经济资助，并且从第三方机构借款或寻求投资。后者的资金筹备更加困难，因为电影生产中所包含的资本是"风险资本"（risk capital），即可作为借款担保的电影产品本身在借款时尚未成形，而除电影产品本身外，独立制片商没有别的资产可作为借款担保。

当电影进入上映阶段，票房收入开始出现，影院需要首先覆盖其运营成本，通常影院会留下50%的票房收入，在不同的影片、上映周期和其他条件下该比例会有所不同。其余的部分回到发行商手中，发行商需要覆盖的是广告和发行成本。在此之后剩下的收入才会回到投资人或资助人,投资人或资助人所提供的是生产成本。而最后的并不一定会有的剩余,才属于制片商。

通常而言,投资人是除了制片商之外,倒数第二个获得回报的。如果在电影生产过程中有关键人物加入并且要求分享总收入的一部分,投资人的位置可能会更靠后。顶级的电影明星可以跳到整个收入分享队列的最前端,因为他们可以要求从所谓的"第一笔费用"(first dollar)中分一杯羹,"第一笔费用"指的是在扣除发行成本之前所有的票房收入。例如,顶级明星经常会要求所谓的"20和20"套装,指的是获得2000万美元的预付费用和20%的"第一笔费用"(Garrahan, 2009)。

好莱坞电影巨头公司控制着生产和发行,在很多情况下,它们也参与放映环节。例如在英国,若干个复合式电影院都是由美国电影巨头的子公司运营。在垂直供应链各个环节中积累起来的市场权力为这些巨头公司带来非常重要的竞争优势。这种模式保证其电影产品的广泛播出,以及因此获得的市场主导地位。任何一部电影产品,甚至是失败的产品,都可以进入发行环节并取得一定收入。因为控制着供应链,强势的发行商可以采取包档发行(block booking)的策略来降低生产和销售成本,"包档发行"指的是,放映方必须成批购买发行商的电影产品,其中可能包括放映方其实并不想购买的影片(Hoskins, McFayden and Finn, 1998:55-56)。纵向整合还意味着,最初投资人(即电影公司本身)的收入回报基本上不会被第三方发行商或其他中间人截流。

6.5 资助模式:成本加成与赤字财务

尽管可以用各种手段来减轻媒体内容生产天然具有的风险特征,但高昂的生产成本仍然是不可改变的事实。在媒体生产过程中,一旦"初始版本"(first copy)生产完成,为更多的消费者进行再生产和供应的成本就非常低或者为零。这是因为媒体内容的核心价值通常与非物质性构成因素有关,例如信息和意义,这些价值在消费行为中不会被消耗掉。随着媒体产品消费者的增多,产品的边际收益就会越来越多。换而言之,受众规模越大,媒体产品产生的利润就越多。

对于任何媒体内容生产者来说,一个重要问题是,随着单位生产成本降低,谁可以获得因消费量增加而增加的收益?在电视产业中,播出商占据着市场主导地位,这就意味着内容生产商无法获得公共产品属性带来的利益。例如,如果播出商已经从内容生产商那里购买了所有转播权,那么转播节目给更多受众所获得的规模经济利益就只属于播出商,而内容生产商无法分享这些利益。

权利所有权(rights ownership)的问题在创意产业中非常关键。创作者利用知识产权获得经济收益的成功案例表明,保留版权并且尽可能开发利用版权对于创作者来说非常重要。内容生产商在垂直供应产业链中的市场权力决定着它们是否能够有效开发利用版权。从理论上说，垂直供应链上每一环节之间是互相依存的，如果没有可供消费的内容产品，发行渠道的设备就没有价值，反之亦然。生产商和播出商共同面对的难题是，本属于它们的利润会被产业链上其他阶段的垄断者或市场主导者部分或全部占用。

在电视产业中，有两种不同的经济资助模式，这两种模式会对权利所有权产生重要影响，它们是"赤字财务"和"成本加成"。"赤字财务"（deficit financing）的概念指的是，节目制作者承担包含在生产中的一部分财务风险，与之相对应，节目制作者获得节目的第二、三级权利的所有权，这一模式在美国十分常见（Litman, 1998: 140）。基于此模式，内容生产商可以进一步开发畅销节目的价值。与此相反，长期以来在英国和欧洲其他地区流行的模式是，由播出商支付全部生产成本，生产商不需要承担任何财务风险，而与之相对应的就是播出商拥有大部分的二级权利。

在以下情况中，赤字财务模式是可行的。为了获得独立制片人所生产节目的转播权，美国电视网络会支付少于生产预算的费用给制片人，通常是生产预算的 1/3（ibid.: 149）。节目生产者需要自己承担其他部分的生产费用，而且生产者需要承担播出这个新节目所带来的一些财务风险。如果节目失败了，那么生产者会亏损掉他们自己投入的生产预算，因为这个节目在二级市场中几乎不可能再产生新的价值。如果这个节目畅销，那么生产者就可以获得节目转卖带来的利润，转卖的机会可能是美国的其他播出商（这就是所谓的"二级辛迪加"），也可能是视频播出商，或者是海外播出商。

另一种模式是"成本加成"（cost plus），在这种模式下，如果播出商要向独立制片人购买节目，就要承担所有的生产预算，并且还要支付一小部分的预付生产费或利润给节目生产者，通常是整个生产预算的 10%。与之相应的，播出商不仅拥有全部初级权利（即初次传播节目本身的权利），而且还拥有大部分的二级权利，例如 DVD 的零售权、网络传播权和海外销售权。

播出商和节目生产者之间关于风险和利润的分配模式对他们两者的经济效益都会有重要影响。在 20 世纪 90 年代晚期，英国独立制片人认识到，如果想要获得经济上的成功，就应该既参与承担风险又参与分享回报，在他们的游说之下，英国电视产业的经济模式变为现在所实施的成本加成模式（Woodward, 1998: 18）。独立制片人们抱怨说，长期以来播出商都试图尽可能地控制所有节目权利，包括版权、发行权、商标权、二级权利以及其他不直接与播出活动相关的权利，但制片人们认为播出商所需要的只是播出权（Gutteridge et al., 2000: 3）。

英国广播电视行业的监管者独立电视委员会（ITC）后来所举行的调查结论认为，独立制片人谈判权力的缺乏的确是一个严重的问题（ITC, 2002）。因为电视内容生产者的谈判权力较小，他们只拥有少量或几乎没有二级所有权，所以他们缺乏开发利用节目品牌的经济动机，例如，将节目形式延伸到数字媒体。而电视播出商希望可以保留全部权利，但它们通常也没有在后续阶段中开发利用节目价值。播出商保留着权力却不充分使用的行为被认为是非效率的，同时对生产者来说也是不公平的。

2003年通信法案（the Communications Act 2003）的确立解决了这个问题，根据这个法案，一个新的监管机构——Ofcom成立了，它负责监督在播出商和独立制片人的交易中实施一套恰当的行为规则。新的行为规则从2004年开始实施，这一规则提升了播出商和独立制片人之间交易的透明度，也为初级权利和二级权利之间的松绑提供了机会。这一制度为独立制片人经济地位的提升奠定了根本基础，而且也符合英国电视产业的格局重构特征，即大型媒体的发展，例如IMG、Endemol和All3Media，这些大媒体凭借其经营规模获得了显著的商业成功（Doyle and Paterson，2008）。

日渐崭露头角的大型独立生产商倾向于采用一种更具风险和更为积极的商业文化，表现在它们所采用的"以全球市场和价值最大化为生产目标的商业模式"（Colwell and Price，2005：6）。大型公司成为重要供应商的优势更大，它们也更容易在与播出商的交易中获得谈判优势，它们还可以获得将风险分摊在大量节目和不同风格产品上的优势。政策的变化使生产者能够保留它们的权利，并且"成为拥有资产的商业经营者"，这促使更适应全球电视市场竞争的内容生产主体的出现（Chalaby，2010：675）。

但值得注意的是，现在活跃在英国市场上的大约400多家独立制片公司仍然只是相对小型的企业，它们只能赚取相对微薄的利润（Oliver & Ohlbaum Associates Ltd，2006；Parker，2011）。为了顺利地实施交叉补贴和风险共担策略，制片公司需要具有一定的规模并且拥有"不同风格产品所构成的产品组合"（Litman，1998：135）。所以尽管英国电视制作市场在整体上是由众多小型公司组成的，但赤字财务的方式在未来一段时间内并不适合于大多数的节目生产者。

美国的情况则与此相反，美国的制片公司具备更多的风险共担和回报共享的传统，许多成功的制片公司已经建立起有效的财务资源，并且在国内外市场中都有良好的表现。当然，美国制片领域成熟的经济资助体系的发展，是其他方面的独特历史和环境的反映，包括规模巨大的国内电视观众群体，以及国内发展完善的二级和三级市场。相较而言，英国广播电视的二级市场规模较小，而且发展缓慢（Levy，2008：210）。但是，随着多频道观看趋势的持续发展，从成本加成向赤字财务模式的转变将有利于英国电视制片领域长期的商业发展。

6.6 窗口策略

在媒体内容内在价值的开发中，权利所有权至关重要。以利润最大化为目标的电视内容供应业，需要重视如何用最佳方式组织销售活动，或者内容的发布活动，将内容产品提供给不同细分群体的电视观众,或者不同的"窗口"(windows)。欧文(Owen)和怀尔德满(Wildman)(1992:26)解释了节目供应商是如何将初级、次级和三级的电视观众作为不同的窗口,将节目资产价值进行最大化开发。电视内容供应商将其内容资产的价值进行最大化,不仅是将节目销售到尽可能多的渠道或窗口中,它们也会使用不同的模式和次序从而产生最大的回报。

窗口的概念,或说最大化权利所有权回报策略的概念,早在电视产业开始向融合性数字技术转型之前就已经存在,现在融合数字技术与媒体供应商的关系前所未有的紧密。但在多元平台内容传播方式日益盛行的背景下,将传播渠道和影响渠道次序的因素进行模型化非常困难。图6.1展示了一个电视节目供应商将会考虑的窗口类型,窗口的价值排序所根据的因素包括:内容资产的性质、所涉及的地域范围、每个窗口能够提供的受众规模和每个观众的利润率。例如在英国,最重要的国内电视窗口是初级的免费地面频道,其次是有线或卫星和DTT发布频道(基于是否收取订阅费,这些频道可以分类为"优选"或"基本")。来自于初级广播电视频道的收入比例日渐下滑,反映了消费方式的改变,以及受众市场日益碎片化的趋势(Foster and Broughton,2011:26)。

图6.1 电视内容可选的发行渠道或窗口

窗口可以被看作是一种价格歧视,因为在此策略之下,相同的产品会被以不同的价格销售给不同的消费者群体,但不同的价格并不是因为成本的差异(Moschandreas,2000:145)。是因为观看一个电视节目所产生的总体价值因人而异也因时而异。因为接触电视节目的消费者剩余(consumers' surplus)规模因人、因时而异,那么完全一致的收看费用就不足以让供应商获得最大化的收入。如果统一费用太低,那么就只有一小部分的消费者剩余被转移给供应商;而如果统一费用太高,那么就有可能将消费者剩余低于所征收费用价值的市场群体排除在外。以不同的价格销售节目给不同观众是一种有效的手段,它通常被称为"一级价格歧视"(First-degree Price Discrimination)。尽管数字传播设施的普遍存在使个性化收费的发展可能性更大,但这种手段仍然不易实行。而依据不同的时间,在不同的观众群体、传播渠道或窗口中采取价格歧视,通常被称为"三级价格歧视"(Third-degree Price Discrimination),这种方式对于节目供应商来说更加可行,且更具优势。

许多因素都会影响到每一个窗口在整个发布序列中的位置安排。假设任何节目可能产生的吸引力都会随着时间延长而减少,那么较为合理的做法就是把单个观众利润率较高的传播渠道安排在发布序列中靠前的位置,而单个观众利润率较低的渠道则留在靠后的位置

(Owen and Wildman，1992：33)。所能到达的观众规模是另一个需要考虑的因素，而且如果所有窗口的单个观众利润率都相同，那么把规模较大且能够产生较多观看行为的观众群体放在规模较小的观众群体之前，就可以促进收入的最大化。另外，在数字化和互联网的时代，剽窃问题也已经变成一个决定发布序列的重要因素。

技术进步对窗口策略的影响体现在很多方面。因为渠道的普遍化发展，内容供应商可以得益于播出商之间对有吸引力的电视节目日益激烈的竞争。与此同时，日益碎片化的媒体环境意味着，到达大规模的受众细分群体比以前更加困难了。电视内容供应商面临的问题则是，多种形式的线性和非线性内容产品都在同一时间竞争着观众的注意力和付费能力。

视听材料在互联网传播环境中的普遍化发展，使基于不同群体细分观众的传播策略难以执行，在不同观众细分市场中转播内容也更加困难。"三级价格歧视"只有在市场得到有效划分的前提下才具有实施的合理性，因为在那样情况下，内容产品才不会从价格较低的市场被转卖到价格较高的市场（Moschandreas，2000：147）。数字化平台引入之后，在不同观众群体之间设置内容观看的界限存在困难，因为数字化文件可以被很容易地下载、储存、再生产和再传播。同时，盗版会给二级市场和三级市场带来巨大的收入损失，所以对于追求利润最大化的内容生产者来说，在组织其窗口策略时需要关注，怎样防止发行渠道或窗口受到非法复制的侵扰。

但在互联网环境中，内容生产者采取的防盗版措施显得很脆弱，因为消费者间的连接方式一直在发展，所以线上发布作为窗口策略只能用于获得市场影响力。这一困境促使内容生产者采取许多技术措施，例如，使用加密技术让内容产品只可以观看而不可以非法复制（Burt，2004），以及法律措施，例如，要求网络服务提供商（Internet service providers，ISPs）阻止受众进入那些提供非法下载音乐和视听材料的网络（Bradshaw and Croft，2011）。后一种干预措施有效解决了内容生产者和通信设施提供者由非法下载导致的不对称经济影响的问题。

电影产业中的窗口策略随着技术的进步也在不断调整。曾经处于主导地位的影院窗口现在只占据电影收入的 1/4（UKFC，2010），但是票房仍然是一个重要的晴雨表，它可以显示电影所能产生的吸引力以及在其他窗口中继续发行的可能性。DVDs、蓝光碟片和视频产品的销售额和租金，包括网络租赁和零售，现在占据了电影收入 40%的比例（PwC，2011）。随着观众逐步转移到基于网络连接的电视设备，基于互联网的电影和视频点播（VOD）服务的线上窗口会变得更加重要（Loeffler，2010）。电视产品是电影产业重要的收入来源，即可能电影订阅频道的内容付费以及免费的电视服务。一些大获成功的电影，例如《Harry Potter》系列，除电影收入之外，还可以从相关市场中获得巨额收入，例如，相关商品的销售，还有围绕关键人物和故事情节的游戏销售。

虽然电影消费的总体支出在近年来不断上涨，但窗口策略的发行序列中的时间安排、时间长度和相应价值都发生了改变。盗版是一个主要问题，在其压力之下，发布时段有所缩短。同时，电影产业的窗口策略还受到其他各种科技和市场发展因素的影响。例如，好莱坞电影巨头最近减少了影院窗口的时间长度，从过去的四个月减少到两个月，同时提前了电影在家庭点播服务中的时间（Davoudi，2011）。先前研究指出，大约有60%～70%的电影票房收入是产生在其发行之后的最初三周之内（Jedidi, Krider and Weinberg, 1998），但是电影院所有者也提出了可以理解的担忧，那就是最初几周内的票房收入将有可能会对未来的电影票销售走势产生影响。但是，好莱坞巨头们更倾向于推广一种"优选点播"（premium VOD）的窗口策略，即观众付费大约30美元就可以在家里观看到新上映影片，巨头们认为这种策略有助于抵抗不断下滑的DVDs销售收入。从电影巨头公司的立场出发，做出这一改变的另一个动机是，在票房窗口中影院所有者通常会保留50%左右的票价收入，与此相比，视频点播窗口所创造的利润率显然更高（Halliday，2011）。

窗口策略影响着内容生产预算，多窗口策略的生产预算比单个发行渠道的生产预算更高，但是多个窗口中可能会含有潜在收入来源，这就使更大额度的预算变得合理化了。尽管电视剧的单个发行窗口不可能提供足以覆盖全部生产成本的收入，但一部电视剧在多个窗口中发行，总收入的利润就会很高。生产的决策通常可以反映一个内容生产公司选作目标的各种发行渠道。有时，一个电视产品之所以要包含某个特定的演员或者故事情节，实际上是希望通过这个因素提高这个内容产品对某个特定窗口中受众的吸引力。例如，一个欧洲电视产品中有一个美国演员，这也许就是为了确保这个节目将有可能被美国的电视频道购买。

因此，窗口不仅包含国内的渠道，也包括海外渠道。为了内容资产价值的最大化，节目供应商需要采取一种可以开发利用所有可能的传播方式的策略，而且这种策略还应该可以在全球范围内尽可能多的地区开发内容所有权的价值。海外市场对于电视内容来说是越来越重要的窗口渠道，像《Mad Men》和《The Sapranos》这样的进口电视节目在英国和其他地区的广泛流行就是证明。不同地理区域播出商愿意支付给同一个节目产品的价值会有所不同。例如，欧洲和非洲的播出商愿意为一小时的美国电视节目所支付的价格就会有很大差异（Hoskins, McFayden and Finn, 1997：69）。因此，为了将国际市场中的收入最大化，节目供应商需要在不同的海外市场以及初级和次级市场中制定不同的价格。

强势的美国制片商在国际市场中的节目销售有时被认为近似于"倾销"（dumping）。倾销指的是，一种商品以低于实际生产成本的价格在海外市场中销售。这种策略通常是令人不满的，因为它会对本地的制片商造成伤害。在电视产品的出口中，产品几乎都以低于初始生产成本的价格销售到国外市场。另一方面，节目的销售价格一定会比边际供应成本更高，边际供应成本（the marginal cost of supplying）是向进口播出商提供节目原始版本的更多一份复制产品的成本。究竟电视节目出口是否符合倾销的技术定义取决于使用哪一个成本定义。因为所销售的并不是节目本身，而仅只是在一个地理范围内播出它的权利，所以边际成本的定义在某种程度上可以提供更为接近的标准。

认为美国制片商向外国市场倾销产品的观点还忽视了一个事实，节目生产者在最初的生产阶段就已经有通过国内市场、二级市场和更多地理范围内市场的发行销售来收回成本的打算。美国国内市场巨大，但它有可能并不足以提供确保一个电视节目生产所需成本的所有收入。以国际市场为目标在制片商的窗口策略中占有重要位置，在这个意义上国际市场中受众的偏好也会对生产决策产生影响（Noam，1993：47）。总而言之，尽可能在更多不同的发布窗口和地理范围中分摊生产成本，是任何媒体内容生产者获得成功的基本策略。

通过在各种发布窗口中销售电视播出权获得收入，成功的节目品牌生产者也许可能从版权及其相关产品或补充产品的开发利用中获得收入。这一策略对儿童电视节目尤为有效，许多国际知名的人物品牌被创造出来，例如《The Simpsons》。例如，BBC 的《Teletubbies》系列通过授权销售一系列的图书、杂志、DVDs 和玩具，以及其他带有《Teletubbies》品牌标识的产品，为 BBC 产生了大量的收入。英国电视内容生产者创造的其他高品质内容产品还有《Bob the Builder》儿童节目，这个节目是由 BBC 和 HIT Entertainmen 在 1990 年代后期共同开发的。根据《Peppa Pig》的生产商 Entertainment One 的安德鲁·卡利（Andrew Carley）所言，"授权收入已经成为儿童电视内容收入的一个组成部分，如果没有授权费用的部分，我们似乎很难再维持新节目的资金运行"（cited in Conlon，2010）。

正如欧文（Owen）和怀尔德曼（Wildman）所阐释的，窗口策略是为一个电视节目的发布顺序进行细致计划，以获得最大化回报。数字化促动着整个媒体产业更大程度上的融合，所以对于内容生产者来说，会有强烈的动机去在多元化的传播模式和平台中开发利用成功的电视内容资产（Doyle，2010a）。多元平台的发行手段需要辅之以内容适应的策略，同时也需要生产多个版本的叙事方式和辅助材料。多平台发行的概念与窗口策略是不同的，多平台发行包括在不同的媒体形式中实现内容的迁移，同时也包括发行次序的组织。但二者的相同之处在于，驱动它们的逻辑都是尽可能充分地开发利用内容价值。内容的再利用和重新形式化（reformatting）有助于在多元化平台和传播手段中实现更广泛的内容消费。这就意味着，随着受众规模的扩大，单个观众的平均成本会大幅降低，媒体可以从中收获明显的规模经济和范围经济。

在数字媒体环境中，内容重新形式化很容易，加上多元发行渠道可供使用，以及有所延伸的时间框架，这些都是将内容资产价值最大化的关键因素。因此，与过去相比，现在需要内容生产者投入更多的时间和精力到内容资产在不同的发行渠道中的发布序列的计划问题上。正如 MTV UK 一位在任的策划人所言，在线性电视平台中的初次传播已经不再是仅有的需要考虑的问题。他的陈述反映了窗口策略在数字化多平台环境中的必要性和复杂性：

问题的关键在于聚集观看行为……当我们在制作一个节目的时候我们会考虑：这个节目能有多久的寿命？你可以有六个30分钟的片段，但那并不意味着这个产品只有六周的寿命。你也许需要两年的时间在不同的平台上传播它……我会花很多时间跟策略制定部门以及财务部门的同事一起工作，就是为了搞清楚把一个内容创意发行到不同平台上所能获得的投资回报究竟有多少。①

---

① Booth：2009年访谈于伦敦。

第 7 章

版　权

版权对于从媒体内容中获取收益的生意来说极为重要。但由于数字化和网络化的发展，未被授权的内容分享越来越多，对知识产权的监督和管控能力形成挑战。本章考察这一关键的传媒经济议题，并讨论技术和市场结构的变化如何影响版权及其估值。本章关注的问题包括：版权对于激励和保持创造力是必要的吗？是否有其他可行的内容生产盈利方式？版权和创新之间的关系是什么？本章旨在阐明有关媒体版权执行的核心福利问题。此外，还将考虑版权在媒体内容生产持续性投资中所扮演的角色，以及数字盗版和适应互联网的开放性所带来的挑战。

在学习本章之后，您将可以回答以下问题：
- 识别并理解在不断发展的法律保护体系之下，与版权有关的主要经济原则；
- 分析数字技术的普及如何影响经济案例，促使其支持或反对版权；
- 领会日益突显的媒体国际化对现行版权体制所带来的挑战；
- 评估相较于其他激励和支持内容生产的替代机制而言，版权有何优势。

7.1　版权的经济原理

版权至关重要，它促使媒体内容创造者去开发他们的作品中所蕴含的价值。它指的是，在保护作者对其原创内容所有权的问题上，法律所保护的权利（entitlements）。版权基本的理念是保护作者和艺术家对抗侵权使用他们作品的行为，同时确保他们能够从公开出版中获取经济收益。因而版权主要关心的是对作者的赋权,包括从他们自己的创作中取得独占性收入(monopolize rents),以及把控自己作品的用途。总的来说,版权在生产者一方被认为有两种不同的权利:首先,在特定的时期内从其作品中获得收入的财产权(property right)和排他权(exclusive right);其次,有时被称为"精神权利"(moral right),例如,你可以享有作品的归属权,作为作者可以阻止对作品的任何变形或误用。

版权背后的一个中心意图就是确保作者的报酬,以及鼓励创造性,从而使社会最终从中获益。版权确保作者劳有所获,通过授予作者在一定限期内的专有权利,允许他们从其作品中谋得生计。经济学家通常不赞成垄断权,因为竞争被视为在增进和维持市场效率中意义重大。然而,包括媒体业在内的文化产业,容易存在市场失灵的可能性。即使是经济学的创始人亚当·斯密(Adam Smith)也认为文化产品特殊的准公共属性(special quasi-public attributes)有时会导致市场无法提供与社会最大福利相一致的产出结果(Towse, 2004: 56)。尽管长期以来"对垄断的痛恨早已渗透在经济思维中",并且某些方面对版权产生了一种特定的矛盾情绪,但版权依然受到经济合理性的支持(Handke, 2010: 22)。

这种合理性来源于信息产品的公共物品属性,因为对这类物品的消费是非竞争性(non-rivalrous)的。与私人物品不同,信息产品的价值在本质上是无形的,因而不太可能在消费行为中被用尽。例如,一个人看一场电影并不会减少该电影对于其他消费者的效用。在数字时代,信息产品的复制普遍变得迅速而简单。但问题在于,随心所欲的复制可能会妨碍原作者从创造性劳动中获取酬劳。当复制的边际成本足够小或者变成零的时候,包括媒体内容生产在内的原创成本就会变得尤其之高。所以,如果缺乏对信息产品复制和再供给的制约体制,那么原创媒体产品就很难收回最初的生产成本,也无法保证"内容至上"可以获得经济激励(Landes and Posner, 1989: 26)。

因此,在知识产权(intellectual property rights, IPRs)的国家和国际保护体系中,版权是一个重要部分,这一保护体系的建立所基于的假设是,它能够充分地激励信息产品的保护(Withers, 2006)。创造性作品的作者自然地有权从作品中获利,这一观点在一定程度上为版权的存在提供了支持。但是,支持版权的经济理由已远非自然权利这一问题,而是认为鼓励创作不仅对作者个人而言是好事,更对整个社会也有所裨益。版权解决了在自由市场中创造性作品数量少于社会所需的问题(Lilley, 2006: 3)。如若版权法所奉行的激励体系不复存在,那么包括电影和其他媒体作品在内的创造性作品就会变少,那么所有的人都会受损。

就经济方面而言,最好能对创造力的培养和鼓励进行公共干预,这一观点过去一直支撑着版权的发展。近年来,由于"创意产业"思维的崛起,创造力理应受到支持这一观点势头日盛(Hesmondhalgh and Pratt, 2005; Schlesinger, 2007)。在理查德·佛罗里达(Richard Florida)关于创造力在地区和城市经济发展中所起作用的极具影响力的作品激励之下（Florida，2002），经济意义上的创意领域正在快速发展，创造力在更广泛的经济中充当着发展的驱动器，这一理念获得了广泛的认同，并为英国和全球公共政策制定者所接受（Andari et al.，2007）。支持创意产业的措施所起的作用也因此受到了越来越多的关注，版权就是一个很好的例子。

尽管如此，关于产权制度（rights regime）在激励创造力方面的必要程度仍是众说纷纭。一些人注意到，虽然艺术家所获回报通常较低，除非是受到特殊偏爱的艺术家，但这并不一定会降低艺术家的普遍创作意愿（Towse，2001）。甚至，一些艺术家市场中还出现了创作者长期过剩的情况（WIPO，2003：24）。由于鼓励作家和艺术家从事创作的动机各不相同，所以并不能假定强化版权或延长其期限的举措就会自动带来更高水平的创造性作品（Kay，2011；Withers，2006：15）。

虽然一些创作者并不受到物质报酬的动机驱使，但是优质媒体内容（电视节目、电影、报纸等）依然是需要投资的资源密集型活动。一些媒体组织不是市场化的（例如，公共广播电视服务公司），但是大多数内容制作者都是商业实体（商业出版社和音像制品公司）。对这些商业实体而言，成功甚至是生存都取决于能否从其知识产权资产的开发中获利。如前文所述，媒体内容创作的特征是风险性、不确定性以及对新奇事物的不断追求。这意味着实力雄厚的公司更能吸引资金、分散风险并实施投资组合策略（WIPO，2003：25）。版权制度为商业出版公司和内容制作公司提供的支持是维持创造性生产的重要"燃料"。

版权不仅减少了创作信息商品的激励问题，它还涉及成本问题。正如兰德斯和波斯纳（Landes and Posner，1989）所提出的，版权涉及权衡。版权保护的存在保证了对创作者的激励，但同时，它也意味着想要以先前的作品为基础，或是想要把先前的作品整合到新创作的作品中的艺术家首先有义务找到相关版权所有者，并从版权所有者处获得许可。这一过程可能非常耗时和复杂，因此版权把交易成本强加给了后来的创作者（Towse，2010）。

过度的版权保护本身是否会对创造力造成限制？因为版权会阻止作家创作与先前作品联系过于紧密的衍生作品，有人认为版权在某种意义上对创造力既有扼杀的作用也有鼓励的作用。版权应在"创作者获取回报的权利与繁荣可持续的社会文化发展的需求"之间达成适当的平衡（Withers，2006：16）。版权的目的是在鼓励创作更多作品和降低公众使用成本之间寻求平衡。然而，关于是否需要加强或放宽版权保护，或是否应延长或缩短保护期限，不同利益集团仍持有对立观点，所以要达成此平衡并不容易。

长久以来，版权对后续创作的潜在压制作用已被公认为是这一系统的缺点（Landes and Posner，1989）。博尔金和列文（Boldrin and Levine）认为，版权和专利是阻碍实现创新所需的自由市场运作的"知识垄断"，对经济发展有害无益（2008）。在数字时代，将现有受版权保护的作品整合到新的创造性作品之中的实践更受重视，那么版权可以说是以损害新的创造性表达为代价，将利益的平衡极大地倾斜于第一代创作者（Lilley，2006：6）。值得注意的是，劳伦斯·莱西希（Lawrence Lessig）指出，随着数字化的到来，版权法已经过时,需要放宽规制来适应"再混合"创造,而不是宣告"再混合"创造是违法的(Lessig, 2009)。

依从规范的压力不仅会对新的创作者造成负担。作品的版权通常不仅是单一的权利,而是与不同创作个体和团体的权利相关的一大批复杂的权利。在受版权保护的作品可公开传播之前,有义务找到所有的权利所有者并获取许可。对于大量使用第三方受版权保护的材料媒体组织而言,花费在管理和获取版权许可上的时间可能会极多。例如,英国广播公司"每年花费约 2.3 亿英镑去获取第三方知识产权",而保证遵守相关版权和许可要求所花费的工时则是"真的非常多",在数字多平台环境中更是如此(Freeman, 2008:119)。即使是 BBC 创作的具有历史意义的档案节目,找到关键贡献者和获取许可的工作量及不确定性可能使这一作品的开发无法顺利实行(ibid.:120)。

简而言之,交易、谈判和明晰产权的过程中所包含的交易成本给使用版权保护作品的准用户造成大量负担。这些成本的存在自然会将创造性作品的消费压制在理想水平之下。版权限制了本可以没有任何边际成本的产品的使用。在某种意义上,因为版权的存在,生产效率(即,确保有足够的激励去制作商品)和消费效率(即,最大化消费者可从受版权保护的作品中获得的价值)之间需要做出权衡(Liebowitz, 2003:2-3);创意产品潜在的生产者和潜在的消费者之间需要做出权衡(Handke, 2010:7)。

7.2 版权与福利损失

值得注意的是,关于版权原则的争论大部分都不受技术变革的影响。其中一个论证是,版权执行怎样减少浪费性的消费者福利。

经济,围绕稀缺性的概念而构建:资源的稀缺性通常意味着需要做出选择和定量配给,这通常是通过产品价格实现的。然而,由于信息商品具有特殊公共物品属性,这就使额外的消费通常可以以很低的成本甚至零成本发生,因此,基于稀缺性的收费原理得到补充。一部新电影或一张新的音乐专辑可能需要花费数百万英镑去创作,但是制作更多复制品却几乎没有任何成本,尤其是当这些是在互联网上以数字文件的形式发布时。因为稀缺性并不是问题,一旦媒体内容创作完成,提供该内容的使用权限的边际成本很小,甚至没有。因此,尚存疑问的是,是否有合理的理由支持拒绝和限制消费者使用。

从经济规律出发,对于可用资源来说,只有当没有任何办法可以重新配置这种资源从而使更多人获益,并且是在不导致另一部分人利益受损的前提下,那么这种可用资源的利用才达到了最佳状况(Doyle, 2002:154-155)。这就意味着,如果某人无法获准使用某个受版权保护的知识产权,那么就会产生"非效率"(inefficiencies)的情况。让那些不愿意或者没有能力为受版权保护的产品付款的人可以免费使用产品,或许可以增加人类福利的总和，而且这种做法也可能不会使其他任何人的利益受损。因此，为了避免资源配置达不到最佳状况，版权保护措施似乎不应该被强制执行。

"实施版权本身就是不经济"这一观点认为最好能建立一种新规则，在这种规则中，消费者可以免费使用创造性作品。然而，没有版权保护，作家、音乐家、媒体生产商等就无法用一种清晰的模式从其作品中获得商业回报。另一种观点支持适当地执行版权，其论据如下：如果没有版权，创造性作品的质量和数量就会下降，相应的社会福利就会受损。版权的短期影响和长期影响是有所区别的（Handke，2010：7）。短期来看，明显的受益人是版权所有者，他们的利益是以被拒绝访问作品的消费者的利益受损为代价而得来的。然而，从较长的时间框架来看，版权同时会为消费者和版权所有者带来利益。因此，尽管版权保护有"不必要"的福利损失，但支持执行版权保护措施的观点仍然非常强势。

在很大程度上，技术变革与关于作家、音乐家或电影生产商是否应该被允许垄断其作品回报的原则性争论并没有关系。然而，随着数字技术的传播和互联网的到来，监控和实施版权保护的工作变得越来越困难。在数字化和互联网背景下进行版权保护的挑战一直在增加。版权的执行问题对媒体内容生产和出版的经济活动有着重要影响，而且，执行问题也使很多人开始质疑，是否应该继续将版权作为一种支持内容创造产业的手段。

7.3 数字化与版权执行

未被授权的复制行为一直都存在，但是数字技术使复制和重新分发复制品的成本在很多情况下接近于零。在互联网时代，使用数字文件的形式制作和传递版权作品的复制品的机会大量增加。因为复制内容的跨国交流变得毫不费力，内容供应商越来越难以保持对未授权使用行为的控制。互联网具有渗透性和无边界的属性，且需要网络服务供应商提供大量详细的侵权信息作为证据，所以，想要追踪互联网中的侵权者是非常困难的事（Freeman，2008：122）。

很多内容版权所有者和制作者认为，对数字复制和重新分发（redistribution）复制品的控制有所放松，进一步显示出重建一个有效的版权体制的需要（Levine，2011）。当然，收益垄断权依然至关重要，所以需要建立有效的制度，尤其是关于在国家间协调与执行的制度。然而，从社会的角度来看，严格监控版权的利弊平衡已经发生了转移。

虽然数字化和互联网的发展增加了执行成本，一些人也质疑对版权何种程度的侵犯才是真正的损害了对创作行为的激励。关于未授权复制和共享行为对音乐产业销售额影响，以及对激励新作品创作的影响，早先的研究结果各不相同。学者对此的一个解释是，难以获取关于文件共享和其他侵犯行为的可靠数据（Handke，2010：63）。但是，诸多以往研究表明，文件共享的扩大趋势的确与合法的实体CD等销售额的持续下降有关。例如，利博维茨（Liebowitz，2006）认为，文件共享损害了版权所有者的收入，并且与版权所有者的利益相抵触。但是，奥伯霍尔策-吉和施特伦普夫（Oberholzer-Gee and Strumpf，2007）则认为，非法下载对销售额的影响微不足道。还有学者认为，因浏览目的而进行的免费下载对随后的销售有着积极而非消极的影响（Peitz and Waelbroek，2006）。关于盗版音乐是否总是损害销售额，以及是否与激励创作新作品相抵触，意见各不相同。

在音乐产业中，未授权复制品对合法复制品购买意愿的综合影响在某种程度上与其他媒体内容创作领域有所不同。就音乐而言，产品（例如，一首歌）单次曝光并不一定会降低该商品对消费者的价值。相反，因为音乐爱好者想要重复收听他们喜欢的歌曲，因此未授权下载和试听有时其实会刺激合法的销售。对其他形式的媒体内容而言（例如，一期杂志或电视节目），通常只需要一次曝光，而一旦商品被享用一次之后，其价值就可能耗尽了。虽然就音乐而言，曾经的盗版者可能会变成购买者，但对其他形式的媒体内容而言，这种可能性并不大。

7.4 全球化

在线盗版的发展已经成为媒体版权所有者的主要关注点。全球互联网基础设施持续改善为媒体内容的更多境外传播铺平了道路，现有的版权跨国合作框架面临众多挑战。国际版权的协调一直以来都建立在跨国界的最低限度保护协议之上，例如《伯尔尼文学和艺术作品保护公约》（1886）（Berne Convertion for the Protection of Literary and Artistic Works）和《联合国教科文组织全球版权协约》（1952）（the UNESCO Universal Copyright Convention）。然而，由于不同意识形态立场和利益团体之间的紧张关系，以及日新月异的技术所导致的不确定性和其他固有的复杂性，形成合意颇为困难，尤其难以在国际层面达成一致（Doyle，2012a）。

尽管存在国际协议，但全球不同地区对实际活动中贯彻和支持版权的意愿秉持不同态度，例如，在一些国家中一直都执行不力（Cocq and Levy，2006：79；Edgecliffe-Johnson，2011b）。再如，根据美国电影业协会（the Motion Picture Association of America，MPAA）数据显示，韩国在互联网基础设备方面的发展水平很高，而数字盗版在韩国最为盛行。同时，数字盗版在欧洲、北美和南非在内的其他地区也在不断扩大（MPAA，2010）。

世界贸易组织（World Trade Organization，WTO）和世界知识产权组织（World Intellectual Property Organization，WIPO）正在努力提升关于版权的贸易协议在具体执行方法上的差异性，这是非常重要的。但即便如此，跨国版权协调的未来命运仍不确定，因为在持续不断的技术变革背景下，版权的存在所招致的反对意见日益增多。不同阵营和利益团体之间关系紧张，这些阵营和团体在对科技变革的解读上存在显著差异。主要是两批人在进行争论，一批人认为不论新交付平台的本质是什么，需要做的就是严格贯彻版权措施以保护内容所有者和制作产业的利益；另一批人则认为由于数字平台本质上的截然不同，版权可能不再是激励和奖励内容创作的可行方式（Brown，2009）。

众所周知，版权涉及对创造性作品生产不足和消费不足之间进行权衡（Handke，2010）。对包括美国电影业协会（MPAA）在内的一些人而言，尽管存在数字平台，但继续加强对版权的保护对音像内容供应产业的成功发展来说仍至关重要（USITC，2011：3-11）。然而，其他人则认为以传统版权法为基础的假定如今已经过时，并且已倾向于扼杀创作力，因此有必要进行调整，放宽处理措施（Hargreaves，2011：1）。因为，通常所采用的处理方式以损害新的创新形式为代价，利益平衡过于偏向支持第一代创作者（Lessig，2009；Lilley，2006）。

数字化促使版权拥有者重新评估其垄断权的利弊，使国内和国际监管部门更难以达成一个共识——如何在激励创作型作品与确保消费者可从受版权保护的作品中获得最大价值之间维持平衡。

关于如何划定激励创作者和保证想要使用现有创意的自由之间界限的争论，已经在关于版权期限（创作者获得作品垄断收益的时间长度）的辩论中获得了例证。尽管早先的研究表明，较长期限的版权保护对激励的提升作用不大（Akerlof et al.，2002），但较长的版权期限明显会增加消费者承担的成本。许多媒体公司一直在游说议员延长版权期限，从而提高它们从属于知识产权资产的以往作品中的获利。虽然并非每次都能成功，但此类游说的成功率还颇高。2007 年，英国对版权法进行审查后总结得出，延长版权保护的期限会增加消费者的成本，且仅只对极少数的表演者有利（Gowers，2006），因此不应允许延长版权保护期限。相反，2011 年，欧盟部长理事会批准了将欧洲录音制品的保护期限从 50 年延长到 70 年的建议（Edgecliffe-Johnson，2011）。

7.5　地区化与自由贸易区

国际版权协调所面临的一个挑战就是在不同地区、不同层面运作的监管部门有时会处于冲突立场。欧盟在面临对境外电视内容传播应采取何种立场这一可能具有高度经济意义的问题时，立场冲突非常明显。未授权的跨境传播对知识产权所有者的生计构成了威胁，那么是否需要禁止呢？或者，自由贸易区发展为整个产业和消费者带来利益，那么是否应该把跨国境的再传播作为自由贸易区发展的一部分？正如最近名为"酒吧老板娘"案所表明的那样，在诸如欧盟等集体自由贸易区的背景下，这些都是棘手的问题。

该案件主要是关于英国一名叫凯伦·默夫（Karen Murphy）的酒吧老板，她选择使用从希腊广播公司进口的卫星解码卡来播放英超联赛，而不向英国当地的英国天空广播公司支付高额的费用。然而，由于英国天空广播公司购买了英国境内联赛的播放权，2006年，英国法院以凯伦·默夫侵犯版权为由对其处以8 000英镑的罚款。而这一案件在欧洲范围内提出上诉后，欧洲法院（the European Court of Justice，ECJ）并未支持英国的国家立场，而是做出了有利于该老板娘的判决（Blitz and Fenton，2011）。欧洲法院认为，"禁止进口、销售或使用国外解码卡的国家立法违背了提供服务的自由，这并不合理"（ECJ，2010）。欧洲法院的立场是，欧洲广播电视公司应当能够在整个欧洲播放他们的内容，且不用顾虑现有的独家协议，观众应能自由选择以最低价格观看欧洲广播电视公司提供的播放服务。

法院的裁决表明，版权保护并不具备阻止商品和服务在欧洲自由流通的充分理由。从促进自由市场的角度来看，可以理解欧洲法院不愿处罚在欧洲各国界之间的传播服务。另外，在未来，音像内容所有者可能会发现很难在相邻的领地销售他们的版权，而该预期有着深远的商业影响。

历史上，文化和语言至少在一定程度上影响了欧洲的市场划分，但是驱使电视版权拥有者采取区域细分战略的逻辑是经济，其目的是尽量获取每个国家市场消费者的价值。多年以来，公认的惯例做法是，为从内容资产开发中获取最大利益，版权所有者能够并也会在每个区域独家销售其商品，并且会根据当地需求和其他市场情况进行差别定价（differential pricing）。为获取电视转播权授权，英国、挪威、法国和希腊都被划为单独地区。如果一家广播电视公司要获取某个国家的转播权，那么就要保证遵守该区域所限制的义务。有观点认为此类义务不符合欧盟法律，这种观点实际上会对内容创作产业的收入战略带来潜在威胁（Fenton，2011b）。

地区化是"从知识产权中挣钱的关键"——在每个区域独家销售的战略对收益最大化，进而鼓励投资内容创作是必不可少的（Garrett，2011）。禁止地区化会使版权所有者更难以发掘其知识产品资产的全部价值。版权所有者的应对可能是简单地停止对商业回报相对较低但境外传播风险相对较高的较小欧盟市场的销售，从而防止来自较大的和更具利润的欧盟付费电视市场的收入缩减。考虑到欧洲法院判决背后的意图是支持更多的跨国交易，这种紧缩是矛盾的。这一情况反映了国际范围内版权协调和更新处理措施方面日益复杂的情况。

7.6　除版权之外的商业模式

在数字时代，版权的实施与协调面临与日俱增的挑战，这带来了有关是否应采用替代性机制去奖励创作的问题。采取什么样的政策干预可以避免执行知识产权保护可能会带来的缺陷和成本？或者，是否有可能如一些经济学家所主张的那样（Plant，cited in Towse，2010：355；Romer，2002），无需由国家部署专门的干预，允许自由且无调控市场的运作会提供对创造性作品生产的充分商业激励？对版权的反对其本质是认为市场可以也应该被允许去自由的运行（Handke，2010：42~43）。如果为了支持某种市场处理措施而遗弃版权，那么商业公司必须适应并创作消费者愿意买单的创造性作品。

使用法律来对所有者权力进行保护并限制复制的另一个办法是确保复制的固有成本和所需花费的精力非常大，例如，投资反复制技术（anti-copying technologies）（Bates，2008；Varian，2005）。这一方式已被好莱坞的主要电影公司所采用，此类电影公司已经和计算机产业合作，开发技术先进的限制和控制复制数字电影内容的方法（Young, Gong and Van der Stede，2010：40）。数字版权管理（digital rights management，DRM）是限制包括复制在内的数字内容使用权限的技术，该技术的使用带来了喜忧参半的结果，但是投资依然在继续。一般认为此类系统对消费者的限制令人不快（Bates，2008）。即使如此，版权实施的不确定前景表明，媒体公司将不得不指望数字版权管理的创新来帮助它们维持未来对内容产权的商业开发的控制和垄断。

版权设置了一个时间期限，在此期间法律会保护版权所有者垄断收益的权力。尽管如此，有人认为即使没有知识产权法的正式保护，由于存在先发优势，创新者在新的理念或作品创作出来之前还是会享有短时间优势；在这期间，他们能够获得原创作品带来的全部收益，从而能够收回最初的生产成本（Boldrin and Levine，2008）。当然，"自然"垄断的时间长度在一定程度上取决于制作和传播盗版对"搭便车者"而言的难易程度。

有趣的是，虽然电视节目形式缺乏完整的正式保护，但这似乎并未阻止此类广受喜爱的节目形式在国际市场上畅销（Humphreys，2008），例如，《Who wants to be a Millionaire》或《Big Brother》。此类节目的供应商意识到，需要迅速采取行动，利用先发优势，或者用BBC Worldwide的业务总监马丁·弗里曼（Martyn Freeman）的话来说，需要"走出去，在必然会出现的模仿节目形式进入市场并抢走你的风头之前将此类节目形式出售给更多的地区"（Freeman，2008：115）。同时，由于此类节目形式为购买者带来的不仅只是想法，更多的是作品管理和营销具体情况的详细且有价值的专家建议，这些因素对节目的再次获得成功也是不可或缺的，因此创始人和所有者确实能够在一定程度上从对盗版者的防范中受益。然而，并非所有的内容供应商都能共享此类信息优势。虽然进入市场的速度至关重要（Lilley，2006：4），但是值得怀疑的是，在整个媒体内容创作产业内，在盗版者以简易低成本的方式通过复制和转播已完成的媒体作品侵犯版权之前和版权被废弃的情况下，短暂的自然垄断是否足以开创并产出相当于当前水平的高成本内容。

瓦里安（Varian）提出了替代性的商业模式，一种模式是在版权不再是最合理选择的环境中，创作者可利用这些商业模式来养活自己。例如，依靠植入式广告（embedded advertising）和/或置入性行销（product placement）提供的资助（Varian，2005：135）。另一种模式是版权所有者参与衍生产品的销售并分享利润，提供给消费者的产品除了具有无形价值的内容产权（如实体 CD 或 DVD）之外，还包括难以复制以及无法自行非法下载的互补实体商品（如海报或 T 恤衫）(ibid.)。还有一个建议的模式是出售高度个性化或为单个客户的需求量身打造的不同版本的内容（ibid.）。

数字分发平台的发展鼓励了许多不同类型的个性化内容服务的发展，这些通常为内容供应商打开了新的收入流。专注于丰富的细分市场的服务（如金融新闻服务）在吸引付费订阅者方面进展非常良好。有些还尝试了"免费增值"（freemium）模式。例如，《金融时报》为愿意注册并且愿意提供个人偏好数据的用户提供免费的基础服务（阅读有限数量的文章），因为这些关于偏好的数据可以出售给广告商。《金融时报》还吸引了许多愿意为升级和精选的内容付费的订阅者，因为这些订阅者看重个性化基础上的定制消费和搜索过往新闻档案的便利性（Kirwan，2010）。

然而，在互联网时代，如果撤除版权提供的保护，包括诸如《金融时报》等专业内容服务在内的所有内容服务供应商似乎都易于受到盗版者的侵害。由于在交互式数字平台上提供个性化的内容服务所需成本较低，这一特性就不利于抵抗侵权复制行为。复制未授权内容的边际成本通常要远远低于创作该内容的初期高额固定成本。因此复制者必定会盈利，因为复制的内容可以以远低于原创作品的成本来供应，并且对成功内容的再利用规避了投资原创作品的风险和不确定性（Towse，2004）。即便是个性化的内容服务，商业公司的生存很可能还是要取决于可有效阻止复制者的版权制度的存在。

"间接专属权"（indirect appropriability）提供了另一种对版权缺点的合理回应。这一概念是由 Stan Liebowitz 基于对复印学术期刊所具有的影响的研究而提出的。该研究发现出版商并未因未授权的复制行为而遭受损失，因为它们可以区别定价（对图书馆收取比个人高出很多的订阅费），以此种方式，出版商获得了远远足以补偿他们因此类复印所损失的收益（Liebowitz，1985）。原创作品的创作者可以通过对随后会被用于制作未授权复制品的原件收取更高的费用来从潜在的未授权复制者处获益。然而，这一方式的一大难点是，在当代媒体内容供应市场的背景下，通常不可能确定哪些合法的购买随后会被用于制作复制品。批评者认为，基于对数字化和互联网究竟在何种程度上改变了复制方式的考虑，间接专属在现实中的价值和适用性有限（Johnson and Waldman，2005）。

美国的电视和电影制作商希望培养一种新的消费需求方式，即从基于云服务的远程流式传输中获取数字音像内容，它们希望以此维持未来的销售收入。一些好莱坞大型公司（华纳兄弟、环球影业、派拉蒙影业和索尼影业）宣布推出一个名为 Ultraviolet 的基于云计算的"版权锁柜"（rights locker）系统，这一系统使得消费者可以购买电影或电视节目，这些电影或节目随后会远程存储在可通过任何设备访问的个性化文件库中（Garrahan，2011b：5）。因为基于云计算的流媒体没有存储 DVD、蓝光光盘或数字文件的需要，人们希望这种服务可以再次振作消费者对花钱购买电影和电视内容的兴趣（ibid.）。因此，远程服务流式传输消除了下载和/或保存极大的数字文件的麻烦，以及消费者可能想要用来观看其内容的不同设备（个人计算机、平板电脑、手机等）间缺乏互通性所导致的问题。

虽然将所有权从保管权中脱离出来给出了一个在很多方面看来都是创新的回应数字时代问题的方式，然而，考虑到现有的普及度和基于更为便宜的以租赁方式提供流式传输的服务（如 Netflix）的普遍可用性，以及提供非法的内容访问权限的网站的数量，值得质疑的是对电影和电视"电子零售"的需求水平会有多高。近些年来 DVD 销售额的下降趋势巩固了数字时代中实际所有权对消费者的吸引力变小的观点（Greenfield, cited in Garrahan, 2011b）。但是，不论内容创作产业是否将他们的希望寄托于电子零售或租赁，作为一项旨在于维持未来收入的举措，流媒体的主要问题是它远未降低长久以来对垄断和紧紧控制使用他们作品的权限的依赖，这一方式反而将版权扩展并继续将其作为收回制作成本的核心模式。大多数商业媒体内容制作商和出版社继续严重依赖于以版权利用为中心的商业模式，而不管所有与数字盗版相关的问题和版权可能变得越来越难以实施的威胁。

7.7 激励创造性的非市场方式

《版权法》自 18 世纪和 19 世纪以来就已存在，并且经历了多次修订以适应技术变革。虽然关于其约束性的疑虑近年来有所增加，版权法一直以来的存在至少在一定程度上是由于缺乏可行的替代方式。另一个影响因素是大多数公众对关于《版权法》合法性的辩论的漠不关心，这在以往使代表出版业的游说者能够确保涉及支持《版权法》基本原理的公司利益而受到了广泛的支持（Frith and Marshall, 2004：4）。然而，旨在以损害消费者和创造性为代价，造福资源不足的艺术家的体制已经变得太过于约束，以及该体制在 21 世纪已经不符合互联网精神，互联网上的内容"渴望自由"，受这一理念所驱动，版权法问题在近年来吸引了越来越多的关注（Anderson, 2009）。

伴随着互联网发展的不为内容付款的普遍观点对商业媒体内容供应商造成了很大的压力，迫使它们去创新和发展他们的商业模式。安德森认为内容应免费供应的这一期望是向数字世界过渡的过程中常见并且不可逆的一个观点（ibid.）。正如安德森所言，想要生存下去的公司须接受这一现实并适应较低的收入和/或找到其他用一项业务的利润去补贴非营利内容产品制作的途径。

安德森的观点似乎忽略了在商业基础上创作专业而精良的媒体内容的核心问题是它取决于公司对收回初期制作中通常不可估量的成本有着现实可行的预期。对报社、出版商和电视公司等而言，虽然广告在提供内容制作成本方面起着非常有益的作用，但是仅仅是广告还不足以支撑和保障在未来创作和提供全套优质、专业、精心制作的那些消费者目前需求旺盛的内容。当然，近几年来，用户生成内容的制作和传播极大地拓展了数字平台上低成本内容的可用性，但是专业而精心制作的内容依然更受观众偏好，而这通常有着极高的制作成本。在宣布计划对在线访问新闻集团报纸的内容进行收费时，鲁珀特·默多克（Rupert Murdoch）强调了免费供应内容并非数字时代可持续发展的商业模式这一观点，他声称："我们处于一个划时代的关于内容的价值辩论之中，并且很多报社都清楚，现有的模式是有问题的"（Murdoch，cited in Edgecliffe-Johnson，2009）。

虽然存在不为在线内容付款的流行观念，大多数媒体公司发现很难超越在过去很好地服务于他们的模式（依赖于广告商、观众与读者的支付款项）去发展其战略。投资优质的媒体内容制作很昂贵，而对内容收费依然是大多数（即使不是所有的）内容创作公司成功的关键。反过来，这意味着存在制作者对在一定程度上控制复制和分发的需求。因此，虽然版权可能是"对知识产权供应第二好的解决方案"（Varian，2005：136），因缺乏其他市场解决方案或商业模式并且它们也受困于自身的缺陷，内容创作产业自然非常想维持版权法所提供的保护。

即使如此，随着关于版权的约束性和对侵权人的处理的争论变得更为嘈杂，政策制定者所面临的一个问题就是是否有其他形式的政策干预，能避免与实施版权相关的缺点？除版权之外，是否有其他类型的干预或非市场的解决方案可用于鼓励和确保创造性作品的制作？

刺激额外制作创造性作品的一种方式是提供津贴、奖励和补助以支持在此领域中开展业务的个人和公司（Towse，2010：365）。历史上，许多国家和地区甚至城市都提供补贴和公共基金奖励以促进本土文化和创造性作品制作活动，这些国家、地区和城市都是基于此投资可能会为整个社会带来种种社会、文化和经济利益的这一期望。为媒体内容提供者提供津贴和补助政策的一般效果将在第九章中评估。就当前之目的，值得注意的是，任何利用国家补助和津贴来替代版权作为奖励创造性活动的主要方式的行为一般都会导致至少两个严重的问题：第一，替代目前作为内容创作行业命脉的以版权为基础的收入流会对公共资金带来难以置信的繁重需求；第二，此举措会因以某种形式的集中控制来取代市场需求而导致低效现象。

不管版权的缺点，它确实维持了销售额和奖励之间的联系，这保证了制作决策是知情的，并且是受市场因素影响而形成的。相反，提供国家补贴以支持创造性作品制作的体系则需要某种形式的公共资助机构的管理，就会存在随之而来的低效现象。同样的，任何基于私人赞助（来自富有的个人或公司的支持）——虽然来自国王、商人等的此类支持代表着一种远远早于版权的支持创作的模式——都会导致生产决策和配置因少数私人赞助者的品位、偏好或价值判断而偏斜的问题。

另一种形式的创新是国家对与信息商品相关或互补的商品征税，例如，对空白磁带的价格征税，并将此收入用于补偿创造性作品的原创者（Varian，2005：136）。在欧洲，征收版权税（对任何可能用于复制的硬件或设备，比如个人计算机，征收的税款）越来越常见，这提供了一种通过国家版权代收机构来将收益从潜在的复制者转移到版权所有者的机制。这一机制一直被批评为太过粗暴，因为征税的目标是设备而不是盗版行为（Oxera，2011）。而且，随后资金分配的制度即是"以非常任意的方式在那些不同团体的版权持有者间"进行分配，"部分版权持有者的作品被盗版，而有些则没有"（Towse，2010：367）。简而言之，这是一种草率的处理方式。

7.8 调整版权以适应"开放"的互联网

虽然版权可能被视为次佳的解决方案，但是几乎没有可行的替代奖励机制能够达成保障创造性作品的大量供应这一期望结果。因此，比起废弃或取代版权，吸引了大量注意力的另外一种解决方案是调整版权制度以更好地适应"开放"的互联网所盛行的理念和需求。许多人将此视为解决那些认为即便是数字化，版权也是必不可少，并且应强化版权的人和那些认为版权已经过时并且其以损害创造力为代价却仅仅只富裕了少数人的人之间不断的争论的最佳解决方案。

多年来，尤其是在美国和欧洲，政策制定的大致趋势一直都是通过诸如延期（在作者或艺术家去世之后延长版权执行的期限）的方式来支持增强版权的需求（Kay，2011）。反对者认为这样的限制太过分，并且因互联网的到来而无法强制执行，况且判定在线信息共享为犯罪是侵犯了言论自由。

劳伦斯·莱西希是倡导减少对行业现有企业过度严密的保护，并支持为消费者和其他创作者提供更多的自由的活动家中的杰出代表，他与其他人一起于 2001 年发起了知识共享（Creative Commons）运动。此方案的意图是通过提供一组许可证模板来引入灵活性，作者可使用这些许可证模板来向公众传达他们想要保留哪些权利，以及他们愿意放弃哪些权利，这样他人（消费者和第二代创作者）就可以自由地使用他们的作品（Lessig，2002）。一些内容拥有者尝试了知识共享，并且因用户群体"从仅仅数千人增长到了数百万，其成员通过再利用维持了对培养创造力的强烈关注"（Coates，2007：76）。

因政策制定者努力想要重塑版权以适应互联网，可以发现一些对现有的版权架构至少应部分放松以防止损害创新的这一观点的应和，例如，哈格里夫（Hargreaves）对英国版权政策的评论（Hargreaves，2011）。这预示着，不管那些认为版权不再起作用的人的反对意见，互联网的到来事实上并未消除支持版权发展的基本原理（Gapper，2011；Levine，2011）。当然，数字技术的传播增加了执行成本，并且在很多方面都使得政策制定者更难以在确保支持内容创作者和保证消费者最大可能地有权使用创造性作品之间达成适当的平衡（Kay，2011）。"政府需要小心处理以避免损害创新"（Gapper，2011：13），但同时，完全消除明显依然是维持媒体内容和创意生产行业的重要机制的版权也没有多大意义。是否继续使用版权来作为奖励制度取决于政策制定者发现重新校正"创作者、使用者和投资者之间平衡关系"的有效方式的能力（Haynes，2005：142）。

第 8 章

媒体与广告

媒体的一个关键收入来源是广告。因此总的来说,广告运营的模式对媒体产业的兴衰具有重大的影响。本章涉及的关键讨论是有关广告所扮演的经济角色,包括其对市场结构的冲击,以及对消费者决策的影响。它将为你介绍在经济活动中决定广告活动范围的经济力量和要素,考察为何随着时间的推移不同国家的广告水平差异会越发明显。它还将关注数字化、网络化对广告模式所带来的巨大影响。随着诸如搜索引擎、社交网站等在线媒体的出现,售卖受众注意力的业务在某些情况下开始与对专业、精良的原创内容制作的投资相脱节。本章关注互联网广告和搜索技术的发展,并着力探讨广告在支持和塑造媒体可持续发展中所起到的重要作用。

完成本章的学习,你将能够:
- 理解媒体为何需要广告;
- 识别并解释在经济活动中影响广告数量的主要因素,包括互联网对于广告的重要性,并且理解广告的发展为什么是趋于周期性的;
- 解释影响企业广告决策的决定因素;
- 分析去中介化(disintermediation)现象背后所包含的意义;
- 评估广告到底是一种有益还是有害的经济力量。

8.1 广告产业

广告无处不在。它可以追根溯源到洞穴时代,但是在 21 世纪,它的触角和势力变得几乎让人无可躲避。在过去的 60 年里,广告、市场和公关部门的快速发展迎合了部分企业建立品牌和产品知名度显著增强的投资意愿。由广告公司为品牌所制作的广告语、歌谣和图像,已在全球范围内为不同代际的受众所熟知。

广告是门大生意,这个行业发展迅速、业态多样,以求与不断变化的市场以及数字媒体的快速发展保持同步。除了制作广告词等基础事务,许多广告公司还可以提供一系列专业的传播服务,例如,提供精细的市场研究信息,或关于赞助协议的咨询建议。世界上主要的广告公司,像 WPP 集团(WPP)、宏盟集团(Omnicom)、埃培智集团(Interpublic)、阳狮集团(Publicis),均是拥有经营性子公司和战略联盟的多元化跨国企业,可以为客户提供创新性的广告创意以及全球化的受众抵达。

在发达国家,广告费用随着经济的繁荣而上涨,广告业兴旺起来。根据顶点公司(Zenith)的估算(Cited in Edgecliffe-Johnson, 2011d),全球广告费用在 2011 年达到 460 亿美元。实际上这一数字低估了广告的统计范围,因为产业统计经常把平台和交通工具上的广告投入排除在外。

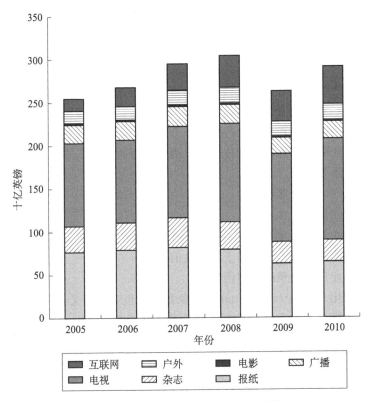

图 8.1 全球媒体广告花费(10 亿英镑)

资料来源:英国通信管理局(Ofcom)韦尔(Warc)数据,2011b:20。

广告市场是持续进化的，近年来网络广告的费用在明显上升。广告投入从传统媒体迁移到线上，反映出消费者注意力正在转向互联网——这一趋势在过去的十年中不断加速，那些传统媒体部门，诸如电视、报纸，正在努力调整以适应这一趋势。

广告和市场研究机构，如韦尔（Warc），提供了一个国家广告总量统计数据，包括所有大众媒体和独立部门，如广播电视。图 8.1 生动地显示出，在全球广告支出上已确立的发展势头如何在 2009 年被经济衰退所打断。同时，受网络广告投入的增长所驱动，全球广告费用在媒体不同部门间的总量分布在近年来变化显著。后续的部分将被进一步探讨，经济和广告之间的关系，以及数字化对广告市场的影响。

8.2 广告因何存在?

广告为何存在？明显地，厂商花钱做广告是希望能劝说消费者去购买它们的产品。广告预算背后通常的目标是试图为特定品牌增加销售和强化消费者忠诚。当广告成功时，它可能引起需求曲线向外移动，代表着市场份额的增长，同时曲线变得陡峭，因为价格弹性降低。广告是一种竞争行为的表现形式。它是厂商用以参与彼此间竞争，诱使消费者偏向于它们产品的一种主要手段。厂商想要增加竞争优势，其他可以使用的策略包括改进产品的质量以提高其吸引力，或者仅仅简单地调整价格以压倒其他竞争对手。

根据公司经济理论，一个机构是否倾向于从事竞争性行为取决于它处于何种市场结构。如前文所论，术语"竞争性市场结构"描述的市场状况是，一个厂商可以找到它自己的位置，首先与市场上有多少竞争者有关，这个市场对新进入者是否是开放的，所提供的产品的相似性，以及每个厂商对市场需求和市场定价的强弱。广告通常发生在厂商有动机参与竞争性行为的市场环境中（Chiplin and Sturgess，1981）。

一般来讲，一个市场中竞争越多，广告的需求就越大。拜全球化所赐，各类产业中的绝大多数领域都处于比过去任何时候都更强调竞争的环境中。此外，当今普遍存在的反常规的价廉物美，使许多产业领域的竞争压力增强。结果导致厂商越来越将广告视为差异化和引起品牌关注的最好途径，同时，广告发展也保持长期增长趋势。

尽管如此，某些厂商做出是否采用广告或其他类型的竞争行为的决定，在很大程度上，是取决于该公司处于何种市场结构。试想，如果是在完全竞争的市场结构中运行的公司，它们没必要积极地与其他公司竞争以激发消费者对其产品的需求，因为在理论上没有哪家公司足以影响市场。假设在完全竞争的乌托邦环境中，任何单个厂商都没有为它的商品花钱做广告的必要，因为每个厂商的商品与其他家的是完全一样的，并且消费者也对此完全知情。

而在另一个极端情况下,在专卖或垄断市场结构等竞争非常不充分的市场环境中,也就是厂商的产品没有近似替代品,那么厂商就没有竞争对手可担心,垄断者对通过投资广告获得收益的兴趣就不大。

另外,垄断市场结构中厂商的操作对广告也可能是积极的。市场垄断者的确拥有一定程度的市场权力,但它们知道它们的竞争对手同样拥有一些影响市场的权力。竞争行为是寡头垄断市场结构的典型特征,如广告和价格竞争。在现实世界中,大量企业行为是处于不完全的竞争市场或垄断环境中,而且这类行为还在不断增加。在最基本的水平上,正是处于寡头垄断市场结构中的厂商竞争行为激发了广告活动。而随着国际竞争不断增强,广告支出的情况也会反映这一趋势。

8.3 厂商能控制自己的市场吗?

20世纪经济学领域最杰出的思想者之一,加尔布雷斯教授(Professor J.K. Galbraith),提出一个关于广告作用的有趣理论。他指出厂商利用广告来控制它们自己的市场(Lipsey and Chrystal, 1995: 321),加尔布雷斯认为,厂商必须在发展和启动新产品上进行相当大的投资,但是尽管有市场调研,它们并不能完全确切地知道这些新产品能否受到消费者欢迎,以及能够收回多少利润。厂商承担着未来事件不确定性的风险,尤其是潜在需求、时尚或技术模式的变革更加剧了这一风险。因此,为了减少未来的不确定性,厂商不惜在广告上投入血本。

根据加尔布雷斯的观点,广告上的花费是想试图操纵市场需求,防止公众的品位突发意外的转换。广告花费有助于公司出售它们自己想要生产的产品,而不是消费者希望购买到的产品。同时,厂商还可以决定不生产消费者可能希望购买的新产品。这就可以降低发布未经市场检验的产品的风险和支出,即使这些新产品可能会成功,也可能仅仅是因为会破坏现有产品的市场而被牺牲掉。

从加尔布雷斯的观点出发,消费者就好像是不幸的受害者。受制于广告的力量,被迫去购买并不一定想要的东西,或者被剥夺购买那些可能会乐于拥有的产品。然而事实真是这样的吗?

即使厂商广告花费的潜在目的是试图增加特定产品的市场需求,有时依然存在一些突发情况,消费者需求会完全出乎意料地转移。有时,对新品类的产品或服务的需求不能仅仅由被操纵的广告所解释。它与基础变化有关,或者与一些新技术革新有关。例如,即使广告可能劝说消费者选择一个品牌而放弃另一个品牌,摩托车或洗衣机通常的成功也很难归因于广告的洗脑作用。同样地,近年来公众在网络服务和移动设备上逐步上升的兴趣,究其原因似乎应该更多地归结于技术、消费者便利和时尚,而不是广告商的努力。尽管广告在塑造需求上扮演了重要的角色，厂商可以有效地控制市场的观点仍然不能完全令人信服。

在改变和决定现有相似商品之间的需求模式上，广告可能是最高效的手段。换句话说，影响消费者购买哪个品牌与影响消费者想购买何种产品，广告有可能在前者的作用上更大。毫无疑问，广告有助于创造和维持对某些品牌的忠诚度，但它不可能知道消费者需求变化的整个趋势，它也不可能克服技术、时尚和媒体对人们所需要的产品类型的影响。

8.4 信息性广告与说服性广告

广告有两个相关的职能：第一，它告知消费者各种可购买产品的特征；第二，它试图通过改变消费者的品位和倾向来影响他们的购买决策。信息性广告给予消费者有关他们可以获得的产品的详细信息。这种广告在促进市场体系更高效地运行中扮演了重要角色。它在促进消费者和产品之间的互动中履行着有价值的职能。然而，第二种功能，即说服性广告，基于它对消费者福利的影响来看，受到颇多质疑。

信息性和说服性的区别在广告经济学的历史文献中一直是一个备受关注的问题。简而言之，那些将广告本质视为信息性的，更倾向于把它看作是保持市场竞争的必要花费，因为人们无法更改这是个不完全认知的世界这一事实。这一观点认为，如果我们没有广告，任何销售和购买的交易成本（如包括谈判和完成一笔交易的所有成本），特别是那些有关搜索产品以及这些产品属性的知识将变得很高，这也将使得消费者的处境更糟。他们不仅需要为产品和服务支付更多，而且做出错误选择的可能性将增加。可供销售的产品和服务越丰富多样，在购买之前判断该产品是否满足特定需求就越困难，那么，帮助消费者做出正确选择的客观信息就越有价值。

因此，难怪许多在广告行业中工作的人持有这样的观点：广告帮助人们在一个供给过剩的世界中做出选择。但是如果广告提供的信息并不客观，那么它们就不能产生对选择的优质引导，在此情况下，广告效果也将减少而不是增加社会福利或消费者效用。倾向于认为广告的作用是说服的人，通常是认为广告与过剩的差异化产品有关，并由此造成价格和利润高于理想竞争环境中的情况（Chiplin and Sturgess, 1981：74-77）。例如，尽管可口可乐和百事可乐在产品上的区别微乎其微，但却有巨额资金花费在其产品广告上。指责广告的人认为，太多资源被分派到广告支出上，导致消费者被泛滥的信息轰炸，在一定程度上，企业做广告所支付的费用已经超出了广告提供给消费者的福利，这就违背了广告的初衷。他们还指出，广告中炫人眼目的说服信息导致不完全的、误导的和扭曲的信息传播，对消费者来说并不是有用的资源。

总体而言，广告对市场运转有害还有益呢？一方面，消费者不得不为产品支付更高的价格以覆盖广告成本；而另一方面，他们也通过广而告之的信息获知有关产品和服务的范围与功能，这帮助他们进行购买决策。作为一种提供给消费者的信息资源，广告可以具有支持竞争的作用，促进资源优化配置。然而，相对于这种积极力量，广告如果被用作阻止潜在竞争对手进入市场的手段，它又可能具有反竞争的作用。

8.5 广告作为市场进入的壁垒

针对广告的一种重要的批判与其对市场竞争结构的影响有关。有人认为，厂商使用广告来建立市场进入的壁垒，阻止其他厂家与其竞争（Chiplin and Sturgess，1981：112）。这一观点认为，每年有成千上万的英镑被用以塑造厂商的品牌识别度，如宝洁和凯洛格公司，这使得潜在的进入者的进入非常困难，或者几乎是不可能的，除非新进入者拥有成规模的资源，并且愿意花费相匹配的广告预算。换句话说，大量的广告投入是一种增加新进入者准备成本的手段，所以这一手段有助于使潜在的竞争者望而却步。

广告是寡头垄断市场结构的一个特征。垄断者不但需要警惕与现有对手的竞争，保持和巩固自己的市场份额，还需要防范那些企图进入的潜在竞争者。如果没有市场进入的天然屏障，在其他厂商进入之前，既有的垄断厂商只能在短时期内赚取纯利润。而一旦垄断者找到建立进入壁垒的途径，它们就可以长期拥有盈利能力。

"品牌扩散（brand proliferation）"是排挤潜在新进入者的一种方式（Lipsey and Chrystal，2007：269）。差异化产品通常会在较大范围内具有不同特征，如谷物早餐这种产品（不同品牌的产品——译者注），大体相似，但它们也具有可识别的差异特征。因此，大量具有不同特征的相似产品仍有各自的市场空间，如谷物早餐或汽车。毫无疑问，品牌制造商生产出具有不同特征的相似产品，反映了迎合消费者多样化口味的努力，但同时这也可能是现有竞争者出于故意阻止新公司进入的企图。当现有供应商销售一系列差异化产品，这就使小型规模的新厂商进入市场变得十分困难。实际上，品牌扩散意味着，所有潜在的细分市场都已经被占用。现有垄断厂商正在销售的细分产品的数量越多，留给新厂商和新单品进入市场的空间就越小。

作为一种竞争策略，现有厂商可以在市场上设置新进入者难以承受的固定成本来形成进入壁垒。如果没有大规模生产为市场进入提供天然屏障，广告就是一个重要的策略。广告是现有厂商可以认为对新进入者设立的一种沉重的生产准备成本（set-up costs）（Griffiths and Wall，2007：109）。广告当然除了创建市场准入屏障还有别的功效。正如前文所讨论的，它在告知购买者可供选择的商品和服务时发挥着积极的作用。实际上，即使现有厂商不通过广告设置进入壁垒，广告投入对新厂商来说也是必要的，因为它可以宣告新厂商进入行业。

尽管如此，广告可以被用作一种强有力的进入壁垒。有效的品牌形象广告意味着，一个新厂商如果想要唤起公众的注意，就必须投放广告。但如果该厂商的销售额很小，每个已售出产品平摊的广告费用就会变大（Lipsey and Chrystal，2007：196）。当销售量很大时，广告的单位成本就能充分地降低，新进入者才能有利可图。因此，新进入者要进入市场，需要以大批量产品来摊薄固定广告费用。

品牌扩散和重度广告的联合应用有时会形成强大的市场壁垒。这就解释了为什么一些最大的广告主经常以多品牌销售同样的产品。例如，2008年，英国广告主前30强里有洗衣粉的制造商宝洁和联合利华；香波的制造商巴黎欧莱雅和卡尼尔；汽车制造商福特、雷诺和沃克斯豪尔；以及谷物早餐的制造商凯洛格和雀巢（Advertising Association，2009：254）。

在一定程度上，有关广告与市场结构的争论不完全是关于广告效果本身的，因为争论的两边都同意广告可以作为一种强大的市场壁垒；反而是关于市场进入壁垒是不是一件好事，这种市场结构是不是优于其他类型。竞争通常被认为是效率的先决条件，因此开放和更具竞争性的市场似乎比垄断市场更可取。然而，如果阻止竞争对手进入市场，广告能够使厂商增加它们的产量并达到规模生产的经济性，也许这将使消费者受益。例如，假设有充分的竞争以阻止垄断价格，洗衣粉行业的所有权集中带来了规模经济，就意味着消费者应该更乐于享受更低的产品价格，而不是一个更为碎片化和竞争性的市场结构下所提供的选择可能性。倘若厂商不发展到如此之大以能够提取垄断利润，消费者也许偶尔从广告反竞争的影响中获益（Parkin，Powell and Matthews，2008：278）。

8.6　广告与经济运行状况

为预测未来广告业的发展趋势，商业机构对关于广告业和整个经济的数据进行了大量细致入微的分析，它们明确发现经济财富水平与广告业的活跃程度总是息息相关的。尽管在过去的十年中，英国的广告业投入增量已呈平稳态势，但广告费用的长远趋势表明，广告业仍然是国民经济的重要部分。

广告费用的定义并不固定，它可以包含制作成本、新媒体或其他推广性费用，也可以不包含这些内容。同样，经济的运行状况也有不同的定义和衡量方式，其中一种便是国内生产总值（GDP）。GDP或许是最广泛使用的衡量经济总体运行状况的标尺，它衡量的是在一定时期内（通常为一年）整个经济的总产出的价值。广告费用占GDP的百分比表明，在一段时间内，广告业不仅随国民经济实现了增长，而且呈现出更快的增长态势。

然而，近年来广告费用超过经济增长的趋势已有所放缓，见图8.2。在21世纪的前

10 年中，发达国家广告业的总体水平有所减弱，这是因为该产业正在经历向数字科技的过渡时期以及全球经济衰退期所带来的结构转型，人们因而开始质疑广告费用与 GDP 的关联能否继续保持。广告费用占 GDP 比重增长的放缓反映了近年来的广告投资从传统媒体转向网络渠道，因为后者的成本花费更低（Shaw in Bradshaw and Edgecliffe-Johnson，2009）。尽管这样的转变还在进行中，由于广告费用的传统衡量标准的调整是缓慢的，因而面向网络渠道的广告投资可能实际上比统计结构更多。

GDP 和广告费用的增长率近来出现的分化到底反映的是向数字时代过渡的短暂副作用，还是广告业与经济状况的正向关联永久性的弱化？这一点我们尚未可知。然而，大量的史料明确显示，一国经济中广告业的活力与该经济的规模和增长率有关，广告业将继续作为 GDP 中重要的一部分。以英国为例，1960 年，广告业占 GDP 的百分比为 1.14％，到 2008 年，这个百分比增长到 1.2％（Advertising Association，2009：5）。

这种经济财富与广告业发展程度的大致关系不仅仅适用于英国。在其他发达经济体中也是显而易见的，并且可以在人均 GDP（即国内总产出除以常住人口）和人均广告支出的双变量分析中得到证实（Nayarodou，2006）。虽然 GDP 和广告业之间的交互模式十分复杂（van der Wurff，Bakker and Picard，2008），但是各国间相互比较得出的一般模式显示，任何国家的经济财富与广告业支出水平之间都存在正向关联。这种关联有时可能会被打破，例如，当政府采取限制广告措施时，广告支出费用就减少了。一般来说，瑞士等富裕国家的广告业投入水平比希腊和葡萄牙等国家要高得多（Advertising Association，2000：22）。虽然其他因素也有一定的影响，但是 GDP 应该是解释一个国家广告费用的主要变量（Chang and Chan-Olmsted，2005）。

这是为什么呢？对广告业和生活水平之间的关系存在着两种相对的观点。一种观点认为，广告业会刺激人均收入较高国家消费水平的发展，而且强劲的、持续的经济增长与较高的广告投资率之间具有必然联系。这种观点意味着高度发展的广告业、高消费、更强的经济活力及经济增长之间的因果关系。而另外一种观点认为，广告业是一种"资源浪费"，只有富裕国家能承担得起（Chiplin and Sturgess，1981：7）。

英国历史数据显示，广告业在 GDP 中占比的增长并不完全是稳定并持续的。广告业的增长具有周期性，它能够更加夸张地反映整个经济的浮动情况。在经济膨胀时期，投入于广告业的 GDP 占比持续增加，而经济衰退时期则相反。图 8.2 显示了过去 50 年广告业在 GDP 中所占的比例。它显示了，广告费用占 GDP 的比例是如何在经济繁荣的巅峰时期达到最高点的，如 1973 年、1989 年和 20 世纪 90 年代晚期。同样地，广告费用在经济周期中最低点也会随之降到最低点，诸如在石油危机最严重的 1975 年，1993 年的经济萧条时期或者更近的 2007—2008 年的金融危机和经济衰退时期。在繁荣时期，广告业往往领先于经济发展，而在衰退时期，广告业往往比整体经济衰落得更快。

要了解广告业存在周期性的原因，可以对广告费用数据进行更为详细的分析。广告业

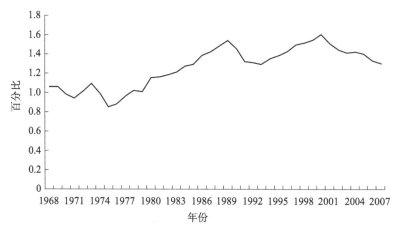

图 8.2 1968—2007 年英国广告业之支出占 GDP 的比例
资料来源：广告协会商品数据库，2008：7。

有时被划分为"形象（display）"和"分类（classified）"两种形式。构成大部分广告费用的形象广告是除去金融通告、分类广告以及行业或科技刊物中的广告等之外所有的广告。而分类广告则包含雇用、房产、个人广告等。众多不同的因素都会影响这两种广告的费用情况。

消费者的支出和公司利润似乎是决定形象广告增长或者下降的两个主要原因（Advertising Association，2009：5）。公司利润和形象广告支出的紧密联系表明，公司在繁荣时期能够承担更多的广告费用，也确实会花更多钱在广告上，可能这并不意外。大量证据证实，萧条时期，更低的收入及预期收入抑制了企业在广告方面的投入（Graham and Frankenberger，2011）。同样，消费者的支出和形象广告支出的关联性也表明，当消费者的支出增加、信心坚挺时，也就是当广告费用更有可能转变为销量增加时，企业是乐于投入更多资金的。总之，广告费用随着消费者支出的增长而增长，而在企业面临压力时则会下降。

分类广告的费用取决于多种因素，比如，房地产市场状况、二手车市场状况和岗位需求水平等。由广告协会（2009：6）收集的统计信息显示了失业水平和招聘分类广告费用之间紧密而一致的（负相关）关系。在经济繁荣时期，主要是招聘广告推动了分类广告费用，从而推动了整个广告业的费用。

人们认为，经济状况不应在广告业投资中扮演如此重要的决定作用。巴尔怀斯（Barwise，1999）指出，企业用广告来建立品牌，本质上是一种保护性行为，它是为了保护市场占有率，而不是希望提振销售额。另一些人认为，由于广告是用来维持市场地位的，而经济衰退给企业提供了一次有益的机会，它们可以利用在广告方面的更大投入来增加竞争优势（O'Malley，Story and O'Sullivan，2011）。尽管这样，广告业的历史趋势明确地证实，只要经济低迷一出现，企业就会削减广告支出，这是一种普遍趋势。正如广告代理公司百比赫（Bartle Bogle Hegarty）的创意总监约翰·赫加蒂（John Hegarty）所说：经济衰退一直是广告业的难题，在某种意义上，客户觉得广告是它们能最先舍弃的东西（cited in Smith，1998：1）。

不同经济行业之间的广告分配不是固定不变的，它随着各个行业类别在市场中的改变而变化。这些改变是可能发生的，为促进或限制某个行业内的竞争而改变的政策就是其中一个原因。举例来说，20世纪80年代英国生产部门的广告费用数据显示，银行和建房互助协会的广告费用出现了直接且急剧的增长，这折射了20世纪80年代中期英国政府对金融服务行业的松绑使银行和建房互助协会加紧竞争。同样，在20世纪90年代晚期，由于不断发展的技术加剧了在线商务行业中主要竞争对手之间的竞争，因而网络广告或多或少地出现了小规模繁荣的景象。因此，必须牢记的是，虽然经济财富必然是广告活动的一种广泛而重要的决定因素，但是各个经济行业内的发展对于广告费用的格局也有很大的决定作用。

8.7 互联网广告的兴起

21世纪，互联网的兴起对广告市场产生了不小的影响。在某种程度上，由于数字化发展，广告商们多了很多更低成本、更专业化、更具针对性的"线上"广告机会，因而可以从中获利。然而，互联网的普及也加快了大众的瓦解和分化，这在很多广告商看来，受众变得比以往更加难以抵达。

由于消费模式及消费与媒体关系的不断变化，很多广告投资从传统媒体流向了互联网。因此，在过去的十年中，广告投入在各类媒体之间的分配结构发生了显著的变化。表8.1显示了英国近年来广告费用总数在各类媒体之间分配结构的变化。2000年，报刊中的广告费用占总数的一半多，而10年后，纸质媒体中的广告费用降低到四分之一左右。这给很多出版商带来了很大的资金压力。在纸质媒体失去优势的同时，人们对线上广告的投资显著增长，从2000年占英国广告费用的1%到2010年的26%。

表8.1 英国用于媒体的广告费用 (%)

	2001年	2002年	2003年	2004年	2005年	2006年	2007年	2008年	2009年	2010年
印刷业（报刊）	51.8	49.9	48.4	47.5	45.3	43.3	40.9	37.6	30.2	27.4
电视	23.5	24.2	23.6	23.5	23.8	22.5	22.2	22.1	24.3	26.0
直接邮件	14.8	15.6	15.6	14.7	13.8	13.4	12.0	11.8	11.6	10.9
户外与交通	4.5	4.6	5.0	5.0	5.2	5.4	5.4	5.4	5.4	5.6
广播	3.2	3.2	3.3	3.2	3.0	2.8	2.7	2.6	2.8	2.7

续表

	2001年	2002年	2003年	2004年	2005年	2006年	2007年	2008年	2009*年	2010年
电影院	1.1	1.2	1.1	1.1	1.1	1.1	1.1	1.2	1.2	1.2
互联网	1.1	1.3	2.9	4.9	7.9	11.6	15.6	19.3	24.4	26.1
总计	100.0	100.0	100.0	100.0	100.0	100.0	100.0	100.0	100.0	100.0

资料来源：《广告协会》，2009；《商品费用报告》。

* 2009年之后的数字来源于韦尔（Warc）的消费报告，而之前则来源于广告协会/韦尔（Warc）（2009：13-14）。

由数字化和互联网发展带来的广告投入结构变化是个全球现象。广告商对投资线上媒体的青睐并不是英国独有的现象，尽管对近年来广告业在不同地区发展趋势的研究表明，向互联网靠拢的广告投资再分配在英国进行得更为迅速（Ofcom，2011b：24）。

截至2008年，全球媒体广告投入为2 660亿欧元，其中互联网的广告投入占370亿欧元（见图8.3）。显然，广告商很乐于接受这个新的平台以及它所带来的种种好处，这在某种程度上刺激并抬高了全球的广告需求。同时，从广告投资再分配向互联网靠拢的方式中

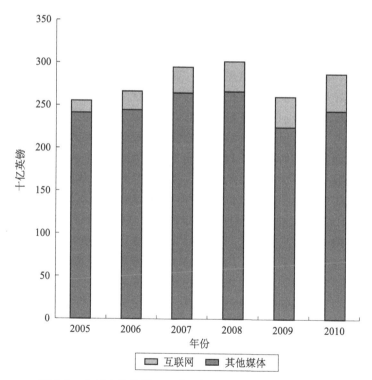

图 8.3 全球广告费用：互联网与其他媒体（10亿，欧元）

资料来源：英国通信管理局的商品数据，2011b：20。

可以看出互联网广告的替代作用。如今，广告商们选择将资金投向互联网，例如，在搜索引擎中打广告，而不是在传统媒体中做广告，又如，像曾经那样在电视或广播中购买广告时间，或在报纸上购买版面。从 2005—2010 年，广告业在全球市场中的价值大幅增长，从中我们不仅可以看出市场的发展，也可以看出互联网广告兴起产生的替代作用。

科技和生活方式的诸多变化使互联网成为人们之间交流和获取资讯的中心，因而广告投资流向互联网也成为必然。例如，英国 2010 年每 100 户人家有 74 户安装宽带，法国有 77 户，美国则有 70 户（Ofcom，2011b：24）。另外，很多人已经用手机上网（ibid.：194）。由于网络的连通性和使用率大幅提高，广告、资讯和人们的注意力也不由自主地转向了互联网。

广告商需要时刻紧跟观众行为模式的不断变化，由于互联网比报纸和广播等媒体更加高效，广告从传统媒体不断转向互联网。互联网良好的连通性为广告定位客户群提供了很多机会，这是互联网的绝对优势。很多互联网广告都是付费搜索（Ofcom，2010a：241）。例如，消费者利用线上搜索工具对产品和服务进行识别和比对，这对于广告商来说是很好的机会，因为它们为特定的购买者打出特定的广告信息。为买卖双方创造直接的、近距离的联系明显是互联网的主要优势。

从更大范围来看，线上媒体提供商使用双向沟通工具，这意味着它们可以收集关于特定客户群体的品位、喜好和习惯等诸多信息，这些信息对于广告商来说是很有价值的。了解特定客户群的喜好是线上媒体富有价值和战略性的优势。此外，线上媒体的一个重要卖点是它可以收集和传递数据，从而更好地帮助广告商通过客户的行为和喜好来进行客户定位，尽管人们担心这可能会侵犯到网络用户的隐私（Evans，2009）。

互联网对传统媒体造成的威胁不仅仅来自对观众关注点争夺的加剧和观众群的分化，也来自互联网这一数字化平台在推出某种广告机会上显示出的优越性，包括搜索广告和推特、脸书等社交媒体中针对特定客户群的广告。近年来广告业支出逐渐在各类媒体之间进行再分配（见表 8.1），这反映了互联网将特定商业信息传递给特定客户群方面的优势，也反映了互联网更适用于一些广告形式，如提供分类广告而不是形象广告。

与此同时，电视广告不断回升，因为它可以高调地进入广大观众的视线，这满足了很多大品牌广告商的需求。尽管媒体对客户群的划分越来越细，很多广告商依然主要依赖传统的主流媒体，以期塑造未来的大众消费品牌。这些主流媒体更能够向大众传递信息、塑造著名品牌，这依然是它们的强势卖点。相比来看，随着广告投资转向互联网，一直以来严重依赖分类广告取得收入的报纸（尤其是地方报纸）遭受了大量损失。同样，很多专业性、分类性杂志的广告收入也大大减少。

当前广告投资向互联网的转移似乎是合乎媒体行业的革新性的，因为媒体行业对不断改进的传播技术具有依赖性。正如广播减少了看报纸的人，电视又减少了看报纸和听广播的人，如今，互联网也在抢夺着其他现有媒体的客户。然而，随着平台和传播方式的更替，广告商并没有停止对旧媒体的投资，而是对投资进行了再分配。考虑到媒体市场的两面性，任何吸引了大众注意力或获得了大批观众的"新"平台都很有可能随之获得广告收入。从理论上讲，广告投入的再分配可为新的传播平台或形式的发展与革新提供资源，从而重塑与改进媒体的技术与构成，因而促进新媒体的发展。

然而，关于互联网的崛起和随之而来的广告投资再分配，人们产生了一个担忧：在广告商为吸引线上观众而进行的投资中，至少有一部分被平台商收入囊中，而它们本身并没有进行任何互联网广告投资。受到这种导向的广告业会阻碍对专业化打造的媒体内容进行更新、改进和补充，而这个过程是媒体行业在未来取得收入的基础。我们可将这一过程视作"去中介化"的一种形式，排除中间人，即媒体供应商。去中介化有效地减少了来自于广告商的补贴，而这种补贴曾经用于支持媒体的生产以及减少向受众的直接收费。

在传统的媒体模式中，报纸发行商和广播公司等是资讯的提供者。发行商和广播公司将观众的关注卖给广告商，再以广告收入创造更多的资讯。数字化和互联网的发展创造了新的模式，使搜索引擎、社交网站、聚合器等工具成为媒体出版商和观众的中介，作为其功能的一部分。这样，聚合器或搜索引擎取代了出版发行商，开始对观众的注意力进行部分或全部"变现"（Wimmer，2010）。因此，至少有一部分本应属于媒体出版商的广告收入正在被平台商收入囊中。

随着个性化选择驱使下的媒体消费范围扩大，传统媒体传播信息的功能变得不那么重要，因而它们被不断地去中介化。收集资讯，为产品打造诱人的包装，在这一方面，媒体供应商曾发挥过关键作用。然而，一旦消费者掌握了更多的控制权，这样的作用就不再重要了。传统媒体供应商的这种关键的增值性作用逐渐衰减，媒体资讯的线上提供商（聚合网站、搜索引擎等）很可能从中获利。这些平台商促进了个性化选择的趋势，其中一些在线上广告市场已经占据了相当的优势，谷歌尤为如此。

新闻和其他媒体资讯生产领域明显不希望广告传播回归资讯创造。媒体资讯生产资源的任何缩减也都会产生更广泛的社会影响。埃文斯（Evans）认为，由于互联网具有将买卖双方联结在一起的便利功能，所以线上广告的经济性在于："社会省去了投在杂志、报纸和其他媒体中的钱，这些媒体的主要功能是为广告商吸引消费者的眼球"（Evans，2009：43）。换句话说，人们所希望的是资讯生产能够减少不必要的资源投入。然而，尽管媒体市场具有两面性，社会看重的到底是不是媒体"吸引眼球"的功能还很值得怀疑。如果观众和公众看重以专业化打造的丰富媒体资讯，那么减少对资讯生产的投资将产生不利影响。

去中介化不仅威胁了媒体公司，还威胁了广告公司。Sinclair和Wilken（2009）解释了互联网的崛起及谷歌等搜索工具的主导地位对这些公司产生的不利影响。通过广告媒体机构和频道的分类来安排和策划广告活动，这是广告行业几十年来一直赖以生存的方式。尽管WPP、阳狮集团等大的广告公司依然能赢得最多的广告客户，目前广告行业中发展最快的领域在于线上搜索。2009年，英国的搜索广告占所有线上广告的61%（Ofcom, 2010a：241），但搜索广告减少了广告公司进行投入的需要（Sinclair and Wilken, 2009）。广告商可直接使用谷歌等搜索引擎。谷歌的标售系统可以把广告放在相应的关键词或术语之下，广告商通常按点击量付费。作为一种交互式的媒介，互联网使广告商不再需要广告公司、电视台和出版商曾有的一些增值服务功能。

8.8　企业的广告决策

虽然网络时代的到来和持续增长已经影响到了广告商关于何种媒体更具吸引力的认知，但是各家企业都是基于投资可能产生的回报来决定投资的多少。企业广告支出的预期回报可能是变化的，然而有些企业只是简单地想做一次有效的营销活动，而其他企业则认为广告公司在创立和管控自身的长期品牌战略中具有更广泛的作用。

广告公司的收费体系随着时间的变化一直在改变（Grande, 2007）。长时间以来，各公司往往收取"总账单"佣金（即客户购买广告位所进行的所有花销）的15%作为费用。因此，美国广播喜剧演员弗瑞德·艾伦（Fred Allen）创造了针对广告公司的如下定义：85%的混乱与15%的代理费的产物。由于媒体购买行为之间分离程度的加大（这可以增加佣金，也可以减免多达15%的媒体广告配置费），而且广告公司为客户完成的工作是具有创意性的，近年来，广告公司更加注重协商收取基于时间的费用。

传统的以佣金为基础的付费模式常受诟病，不只是因为它让广告公司集中精力于收费昂贵的媒体，而且还因为它忽视了广告的有效性。然而，基于公司在完成创造性工作所引起的实际花费而建立的支付体系也不完善。基于时间来收费可能会导致磨洋工的情况，使广告公司不能快速地提出最有效的想法。

从广告客户的观点来看，"按效果付费"是有吸引力的，但是它给企业在广告的投入方面增添了一个复杂而长久的问题，即：如何评定广告效果？一些广告客户更青睐基于销售量的收费模式，在这种模式中，代理费的计算参考了广告活动对客户销售量的影响。广告业的基本动机在于维持或提升客户对企业产品或服务的需求，从这方面来讲，这种模式似乎是很公平的。然而，还有些人认为这种模式过于简单了，他们更愿意采用一种更全面的方法来衡量广告的成果，例如，长时间跟踪测定消费者对企业及其品牌的认知和态度。

如何衡量广告业支出的效果？这个问题很重要，因为各个公司难免很难决定在广告中究竟该投入多少资源，除非我们能得出一些关于广告能够取得何种收益的观点。

要对广告的效果进行研究，我们可以衡量广告传播的成效，也可以找出广告对销量和利润的影响，这是两种最常见的方法，然而它们也都有严重的缺陷。

对人们能否记住广告内容的测试有一个很明显的缺陷，那就是它不能得出关于广告对销量影响的可靠信息。有多少广告虽然创造了奇妙的画面和语言,让观众形成了长久的印象,但是并没有展现商品的品牌,也没有对消费需求产生明显的影响(van Kuilenburg, de Jong and van Rompay, 2011)。有人对广告如何影响消费者对企业和企业品牌的看法进行了更广泛的研究,但是这样的研究也受困于同一个问题,即并不能得出有关广告投入对公司财务状况影响的结论。

交互式数字平台使用量的不断增加使广告商可以通过新的方式来计算每个广告引起的反响率。互联网广告常用的计量方式包括计算线上广告的点击量和访问请求,但我们并不总是能直接了解数字媒体广告到底能带来什么影响。广告商更加流行利用推特、脸书等社交媒体来推广商品信息。然而,广告从一对多的演说模式逐渐转变到更具有互动性和对话性的参与模式,很明显,在这个过程中,单独分析和衡量广告的影响是不容易的(Handley, 2012)。尽管广告商可以计算和分析互联网上的搜索和形象广告的点击量,对于它们在社交媒体上的广告投入来说,对这些广告对消费者态度和购买意向的影响进行估量是更加具有挑战性的,而且,计算粉丝数量等常用方法并没有什么效果(Gelles, 2012:2)。

总之,证明广告吸引了观众的注意、成功地传达了商品信息或提升了品牌或公司形象与证明广告对公司盈利的影响是不同的。所以,对于很多广告商来说,直接看销量的方法似乎更实用,因为增加销量通常是广告的全部意义。在互联网上做广告时,广告商可以通过跟踪有多少人看了广告后就购买了产品来计算购买率,从而估量广告对销量的影响,这种方法是直接而可靠的。有人会说,近几年来,计算线上广告支出对销量的影响变得更加容易,这正是广告从传统媒体转向互联网的动力(Philipson, cited in Bradshaw, 2009)。但并不是所有线上广告形式都能进行广告支出转化成销量的转化率分析,而且在各种媒体类型中,不管建立广告投入与销量变化之间怎样的直接因果联系,有几个问题都更普遍地困扰着对广告效果的衡量。

要直接衡量广告效果,需要考虑的一个问题是:广告本身并不能一概而论。广告支出对销量的影响在很大程度上取决于这一广告活动的质量。各个广告公司的水平参差不齐,例如,在英国,广告从业人员协会每年都会通过广告成就奖比赛来表彰那些最明显地为客户带来利益和反响的广告。一家广告公司策划的广告活动能否促进销量也许并不能可靠地反映广告投资对销量的一般性影响。

点击率计算技术的普及缩短了广告与销售点之间在时间和空间上的差距,从而提高了某些广告形式的即时性。随着广告的普及,广告什么时候出现与它何时开始对销售额产生积极影响,其间的时间迟滞是常见的。消费者受广告影响购买一件产品后,他们可能会推荐给自己的朋友们,也可能在接下来再次购买该产品。有时,纵然广告已成功地传达信息,但消费者可能还没有购买意向。因此广告可能隔一段时间才会对销量产生影响。人们通常认为,消费者在购买商品前也需要看一些广告,但是,一旦他们要购买商品,太多的广告并不能赢得他们的青睐。广告可以逐渐帮助消费者建立和巩固对一种产品或一个品牌的积极印象，或是某种程度上的"商业信誉"，这对于确立消费者的购买习惯是很必要的。有时，著名品牌会成为一家公司资产负债表中的资产，这的确体现了广告投资为一家公司带来的盈利潜质。

人们有时会采用一种退后模式来解决广告效果衡量中的时间延迟问题。换句话说，前段时间（如2011年第一季度）的广告是与当前的销售额（下一年的第一季度）相比较的。但是，判断竞争对手的状况是衡量企业广告投入效果中一种更深层次、更难以解决的问题。企业在做广告的同时，竞争对手也会有一系列的行为。它们或是也做广告，或是不做广告，或是会减价促销，或是会实施产品改进或其他促销活动，这时，该如何判断广告对产品需求的影响呢？在垄断或竞争的市场情况下，几乎任何一个企业都不可能使自己的广告投入对客户需求产生的效果免于竞争对手行为的影响。

衡量广告效果并不是简单的问题，建立某种程度的因果关系证据更是不容易，也就是说，很难明确广告投入额 X 会对销售带来 Y 的影响（Carter, 1998: 6）。那么，企业该如何确定广告预算呢？

许多考虑过这个问题的经济学家和理论学家（Chiplin and Sturgess, 1981; Duncan, 1981; Shimp, 2010）都认为企业经常简单地采用某种"经验法则"来决定广告投入。企业经常基于惯例甚至直觉来决定广告投入的多少，而不是通过计算预期收益来做决定。有时，企业会认为广告并不是必须的支出，因而只会不时地投入它们承受范围之内的广告开销。上面谈到的历史数据也反映了这种方法，这证实了公司利润和整个经济的波动对广告业各个层面的影响力，但是这种随意的方法由于太不科学，而且不太可能取得很大的成绩，因而经常受到批评。

很多企业会将广告预算设定为其销售额或资产额的一定比例。基于上一阶段的已有销售额或下一阶段的预计销售额，确定一定比例的广告投入，这是一种特别普遍的方法，例如，今年的广告预算可能设立为去年销售额的10%。这种方法有很多优势，它容易计算，并且在融资条件中易于管控，在某种意义上，广告预算将会直接地与公司的命运一同上下。

但是企业该如何确定广告预算在销售额中所占比例呢？对历史销售额和广告数据的分析显示，不同企业对广告预算比例的选择存在很大的差异。广告预算该设为销售额的5%还是40%呢？许多企业会调查它们竞争对手的广告投入，再将自己的广告预算设为与其相似的销售额或资产额比例。在许多消费市场中，龙头企业（如高露洁、宝洁和联合利华）之间的竞争会刺激广告投入的增加，这些企业会尽可能地投入与竞争对手相匹敌甚至超过竞争对手的广告支出（Jopson, 2012: 15），但竞争对手所设的广告预算比例并不一定是最佳的。

一些经济理论家已尝试为这个问题提供更科学的答案。多尔夫曼（Porfman）和斯坦纳（Steiner）认为，在确定广告投入占销售额的比例时，企业需要考虑两件事：首先是广告投入会对销售额产生多大的影响;其次是"价格弹性",或者是价格下降会对销售额产生多大的影响(Chiplin and Sturgess,1981:45)。设定广告预算时应该考虑到消费者对价格变动产生反应,因为如果同等的钱投入到降价上能更大程度地刺激销售,那就没有必要在广告上花钱了。如果价格波动比广告水平的变化更能影响销量,这就意味着要降低广告投入占销售额的比例。

  多尔夫曼和斯坦纳的方法可能在理论上有优势,但是在实际操作中很有难度。价格弹性指的是需求量对商品价格上下波动的反应程度或敏感性。同样,广告弹性的概念指的是某一产品的广告支出变化对其需求量的影响。问题在于,现实环境是不断变化的,竞争对手的活动也难以预期,所以广告弹性的计算几乎难以实现。因此,企业在设定广告的整体预算时,似乎不可能在短期内放弃采用经验法则。

第 9 章

传媒经济学和公共政策

自印刷业兴起以来,国家权力机关就对大众传播活动施以多种形式的干预。媒体业不仅受到"普通"经济和行业政策关注点(如发展和效率)的影响,还受到一系列反映大众传媒社会政治和文化重要性的特殊考虑事项的影响。近年来,"创意"产业(包括出版商和电视节目制作商等)推动着整体经济增长,因此,从公共政策的角度将媒体与其他领域活动区别开来的话题受到越来越多的关注。此外,在数字时代中,互联网和新的市场参与者的发展也引起了新的问题探讨,即竞争策略在促进媒体产业健康发展方面可以发挥何种作用。

因为多种原因,媒体产业常受制于特殊的关注和政策干预,此类措施对媒体市场和媒体公司的经济表现有着很强的决定性影响。本章考察的是,经济理论在解决媒体相关政策问题时具有什么样的作用。

在学习本章之后,您将可以回答以下问题:
- 辨别在哪些领域中政府干预有助于提升媒体公司或市场的经济表现;
- 评估特殊扶持措施(包括补贴和保护主义等)能够为媒体内容创作者带来什么帮助;
- 分析看门人功能的重要性,以及相关的竞争隐忧;
- 评估限制媒体所有权程度的政策手段具有什么样的经济优势和劣势。

9.1 自由市场与干预

支持依赖自由市场进行资源分配的思想十分普遍,其论点所立足的依据是去中心化的决策通常优于政府所进行的决策制定。消费者和公司被认为是其自身利益最佳的审判者。价格制度也许并不一定完美，但是与中央计划经济相比，在协调资源分配决策时更有效率。

近来在频谱分配方式上的改变给出了媒体监管部门如何在市场机制可行时较多依赖于通过市场机制分配资源的例子。因为电磁波段是一种贵重的公共资源，所以在特定波段发送信号的权力需要接受政府当局的管理。例如，英国的通信管理局（Ofcom）或美国的联邦通信委员会（FCC），这些当局颁发许可并协调无线电波的使用，而且尽可能确保政府干预最小化。在过去，关于谁可以使用频谱以及为何使用的关键决策是集中管理的。但长久以来，经济学家都认为，使用市场力量来决定频谱的分配会得到更好的效果（Cave，2002 and 2005；Coase，1959）。拍卖制度可以保证无论频谱分配给哪个用户都能实现其最大的价值，并且可以为国家创造资金收入（Cramton，2002）。取消对已分配频谱的使用限制可以鼓励交易，从而有助于避免因为闲置频谱而造成的浪费。例如，允许频谱所有者将使用权力出售给其他使用者。

自 21 世纪初，包括英国、德国和法国在内的欧洲国家的通信监管机构已经从集中控制频谱分配的模式转向了美国所采用的市场导向的处理方式。自 1994 年以来，联邦通信委员会通过举行拍卖对无线电波的使用权限进行定价并销售。虽然跟其他地方一样，英国的一些机构（包括广播电视公司）依然可以在免受市场压力的条件下使用无线电波，频谱定价、拍卖和交易的逐渐引入为这一系统的运行带来了变化。如今，市场的信号在决定频谱应如何分配的问题上发挥着更大的作用（Richards，2011：2-3）。许多因素都促进了欧洲和国内监管部门接受更为自由的处理方式。从模拟广播电视到数字广播的转变带来了重组，并且通常会促成可用频谱的转让，从而促使国家监管机构考虑如何实现资源价值的最大化。同时，因为通信行业不断增长的市场需求抬高了价格，频谱的竞拍者已经做好了为国内频谱付费的准备，这就使国家政府从频谱拍卖中获得了大量的意外之财（Leahy，2010；Thomas，2011）。

支持拍卖者认为，与以前频谱"选美比赛"式的分配方式相比，在分配重要和贵重资源时，拍卖是更有效的方式（Davies and Lam，2001：4）。当对资源的估价存在信息不对称的情况时，拍卖提供了一种定价和出售资产的方式（Fisher，Prentice and Waschik，2010：343）。批评者认为，如果公司需要出更高的价格才能获得频谱，这容易导致向客户收取更高费用的结果，并且还可能导致对新服务的投资不足。支持拍卖者否认这种情况的存在，他们认为公司经营是理性的，而且是以利益最大化为目标的，所以公司会根据对未来利润的估计来出价。换而言之，投资计划和产品价格在频谱竞拍之前就已确定（ibid.）。事实上，为频谱许可证过度付费的情况已经出现，并且确实阻碍了移动服务经营商随后对其他服务的投资（Leahy，2010；Thomas，2011）。这就使拍卖的一个内在问题凸现出来，当竞拍者未能或无法正确地估计资源的价格时，会发生分配不当的问题。当资产的价值存在很大的不确定性时，拍卖的参与者就不得不面对"赢家将承受支付过多的诅咒"。

不管依据何种理由支持以市场为导向的分配，而不是集中有组织的分配，市场自由运转所具有的缺陷仍然需要政府干预来弥补。在任何产业中，政府干预的经济情况通常都出现在市场失灵并且需要及时修正的时候。就媒体而言，需要政府干预的最重要经济原因是市场失灵、外部效应和少数媒体公司的垄断权力。当然，政府也可能出于非经济原因去干预媒体市场，这些因素在此处不予考虑。

前面的章节中讨论过许多与媒体相关的市场失灵问题。第一章中讨论过广播电视产品的公共商品特性所导致的最为严重的情况。例如，基于市场支持的常规方法，即直接由消费者付费，也许根本无法提供广播电视服务。一直到最近几年，直接向消费者收费都是广播电视服务商难以解决的问题。许多广播电视服务是非排他性和非竞争性的，这就容易导致盗版问题。非竞争性指的是，为额外一位观众提供服务的边际成本为零。戴维斯（Davies）指出："某些节目在制作出来后本就可以让每个人都免费观看，如果限制这些节目的免费播放，就会造成效率低下和福利损失的问题。"（1999：203）

外部效应一直是媒体市场失灵的另一个重要根源。外部效应指的是施加于第三方的外部影响，通常表现为成本。当某一经营活动的私人成本与社会成本不一致时，就会导致外部效应的问题。例如，提供某种形式的媒体内容可能会激发暴力行为，或者导致媒体消费者对暴力行为恐惧的增加，这就会造成较大的社会成本。而媒体内容的供应者并不一定会承担这些成本。因为更多的资源可能会被投入到具有负面外部效应而不是社会积极效益的媒体内容供应中，那么供应商的私人成本和社会成本之间的错位就会构成市场失灵的问题。

此外，在自由市场环境下，带来积极外部效应的其他形式的媒体内容可能会供应不足。有一些类型的内容是所有人都想要的，而且每个人都可以从中受益。例如，纪录片、教育和文化产品。但是从个人角度来说，他们可能不会主动收看这些内容，或者不愿主动为之付钱。"有益品（merit good）"指的是，政府认为具有积极外部效应，所以应该较多地生产，尽管消费者愿意自行支付的数量相对较少，例如，医疗保障和教育设施。许多具有积极外部性的广播电视作品通常也可以看作是"有益品"。

通过以上分析可以发现，完全不受监管的媒体供应市场在有些情况下无法高效地或是基于社会利益最大化去分配资源。此时应由政府采用政策手段介入并纠正此类问题。如先前所述，可用来解决广播电视市场失灵问题的两种主要政策工具是：规制（regulation）和公共所有制（public ownership）。规制用于鼓励私有广播电视公司改变利益最大化的策略，以保障公众对于其作品质量的要求。广播电视公司可能会被禁止播放某些对社会利益有害的节目，还可能会被要求在其节目表中加入一些其他类型的"有益"内容。例如，在英国，通信管理局有权对不遵守《通信管理局广播电视准则》（Ofcom Broadcasting Code）的商业广播电视公司施以经济处罚，该法案负责管理所有获得许可的电视频道与内容有关的基本标准。

另一种常见方式是，使用某种形式的公共资助，在公共领域中组织公共广播电视服务的产品供应。大多数国家都通过由公共资金资助的国有广播电视实体提供公共广播电视服务。然而，如第 5 章所述，使用公共资金资助广播电视在直接付款和有大量多频道竞争的时代中越来越受到争议。下文将会进一步分析，因为公共广播电视服务机构已经将其内容服务延伸到包括互联网在内的其他数字平台上，更多的矛盾会出现在媒体市场的竞争中，公共媒体服务就会给包括报纸在内的商业竞争者带来更加明显的威胁。

政府鼓励特定类型媒体内容传播的其他方式还包括提供国家补贴，这些补贴并非针对组织本身，而是用于鼓励制作和发行受欢迎的内容。下文将更详细地讨论使用补贴和其他支持措施来鼓励优质内容的供应与消费。

最后，市场自由运作所造成的一个最重要的忧虑就是个别公司会累积过多的市场权力。公司规模增大并拥有垄断势力，就会存在滥用垄断势力的风险，这对消费者和竞争公司都有负面影响。如第 3 章所述，由于规模经济的盛行，媒体行业自然就会趋向于垄断和寡头垄断的市场结构。媒体行业本身的经济特征强力地驱动着纵向、横向和斜向扩展的战略，但是扩张会不可避免地导致个别媒体公司占据市场上的主导位置。此外，数字技术的传播也带来了对媒体内容和受众或最终用户之间的入口会被垄断控制的隐忧。因此，这就需要进行公共政策干预以保证维持竞争并阻止垄断势力的滥用。下文将详细讨论用于抵制垄断问题的政策。

9.2　媒体内容的扶持措施

不同国家采用不同程度的扶持措施来鼓励具有积极外部效应媒体内容的供应和消费。此类干预在整个欧洲都较为普遍，并且通常都针对视听内容的创作者，即电影制作者和独立电视制作公司。对内容创作者的扶持措施可分为两大类：第一类是一些政策干预通过限制竞争性国外电影和节目素材的进口量来保护国内的制造商；第二类是备选的政策措施向国内的制作商提供补贴以提高其在国内外市场上的竞争力。

第一类处理措施是使用保护主义。典型例子是，相对于本土内容制作供应商，对国外内容制作供应商可提供给受众的量进行配额或者限制。配额在视听产业中很常见，其反映出了对国内电视和电影市场在面对进口素材的强劲挑战时表现出的脆弱性的担忧。表 9.1 中关于电影和电视进出口趋势的最新数据可以证实，国际贸易是如何受制于英文内容，尤其是美国作品的。虽然伴随着数字化和渠道扩张而增长的全球电视内容需求鼓励了拉丁美洲、阿拉伯国家和包括中国、韩国和日本在内的东亚国家的巨大区域市场的发展（CMM-I，2007），各种来源的数据表明美国无疑依然是最大的电视和电影内容出口国（WTO，

2010；USITC，2011）。

表 9.1 2007 年音视频和相关服务的主要出口国（地区）和进口国（地区）

排名	主要出口国（地区）	价值（百万美元）	前15所占份额（%）	年度间比变化（%）	排名	主要出口国（地区）	价值（百万美元）	前15所占份额（%）	年度间比变化（%）
1	美国	15.043	51.5	23	1	欧盟（27）	13 893	63.7	1
2	欧盟（27）	9 962	34.1	14		非欧盟国（27）进口	6 315	29.0	−16
	非欧盟国（27）出口	4 063	13.9	6	2	加拿大	2 001	9.2	6
3	加拿大	2 021	6.9	−3	3	美国	1 440	6.6	32
4	中国	316	1.1	130	4	日本	1 044	4.8	6
5	墨西哥	308	1.1	−19	5	澳大利亚	798	3.7	13
6	阿根廷	294	1.0	21	6	俄罗斯	6 242.9	36	
7	挪威	272	0.9	18	7	巴西	456	2.1	18
8	中国香港	249	0.9	−3	8	韩国	3 811.7	66	
9	俄罗斯	196	0.7	28	9	挪威	300	1.4	−21
10	韩国	183	0.6	8	10	墨西哥	259	1.2	−21
11	澳大利亚	139	0.5	−8	11	阿根廷	212	1.0	24
12	日本	126	0.4	22	12	中国	154	0.7	27
13	阿尔巴尼亚	61	0.2	59	13	厄瓜多尔	126	0.6	9
14	厄瓜多尔	44	0.1	7	14	阿尔巴尼亚	59	0.3	83
15	哥伦比亚	21	0.1	−24	15	克罗地亚	55	0.3	64
	15 国（地区）总计	29 235	100.0	—		15 国（地区）总计	21 800	100.0	—

资料来源：世界贸易组织秘书处根据可用的贸易统计从 2009 年估算得来（世界贸易组织，2010：4）。

规模、财富和语言优势等众多因素可以解释美国出口商的成功。美国拥有 1.16 亿电视家庭用户数，并且美国在电视上的人均支出要远远高出其他国家（Ofcom，2010b：132）。然而，美国视听出口的优势导致了对贸易平衡问题和对多样性、本土文化及语言的担忧（Guerrieri，Iapadre and Koopman，2004）。一种常见的应对措施是对广播电视公司施加强制性的配额。通常，配额限制进口作品的播放时间，尤其是在高峰时间或黄金时段，或是要求广播电视公司保证播放最低比例的本土制作内容。配额以有利于本土电视内容制作商的形式重新分配需求，以至于国内作品的价格可能会高于进口作品的价格（同等的效果特征的情况下）。配额也因其对广播电视公司营业成本的影响而受到批评。

配额是否会影响贸易取决于其执行的严格程度。有一个很好的例子，《视听媒体服务指导意见》（Audiovisual Media Services Directive 2007）[先前的《电视无国界指导意见》（*Television Without Frontiers Directive*)]中所包含的"强制性"配额，该配额针对欧洲制作内容，措辞宽松，并未能改变欧洲电视内容贸易的格局（Cocq and Messerlin，2004：22-23）。执法不严往往会导致对内容配额的影响有限。然而，在一些情况中，非常严格的强制性内容配额的存在会阻断本地偏好对进口内容的需求。而这种配额制度的执行必然会影响国际贸易的正常运行。

配额和关税之类的措施通过将需求从进口商品转移到支持本土作品来帮助国内的内容制作商。贸易保护主义的主要问题是，它所鼓励生产的产品如果在别的地区生产将会获得更大的成本效益，而贸易保护主义则会造成资源不合理分配。保护主义可能会招致报复性对策和爆发针锋相对的贸易战的风险，而这通常会使得每个人的处境都更加糟糕。

在每个国家，防止浪费和避免贸易争端都是重要的政策考虑。然而同时，许多国家又都将文化产业视为"特例"，并且极力维持与国内制作视听内容的存在相关的积极外部效应。除采用限制视听作品进口的干预措施之外，许多欧洲国家还为本土的电影制作者和电视制作商提供直接补贴。与配额和关税不同，提供直接补贴以支持本土制作商扩大了本土作品的范围和种类，且没有设置贸易壁垒（Burri，2011；Voon，2007：20）。虽然对媒体作品的补贴在与近年来分配给农业和制造业的补贴相比较时显得不太多，但是社会提供这些支持措施的机会成本是非常大的。

特殊补贴和税收是修正私人成本或利益与社会成本或利益之间分歧的有效工具。例如，对每个单位的污染征税就是鼓励企业将纯粹为外部效益（即其污染的成本）的影响内部化的有效方式。同样，为本土制作的本土语言电影的生产提供补贴使制作公司在内部计算成本，并使第三方通过其作品获利。生产补贴使得制作公司将社会由本土制作的内容获得的积极收益内在化，从而修正市场体制的缺陷并且充分供应此类内容。

法国和德国等欧洲国家有着向本土视听内容制作商提供政府补贴和补助的传统。此外，通过欧盟执行的方案，欧洲电影制作商可以获得多种公共资金奖励，例如，欧影基金（Eurimages）和媒体计划（MEDIA programme）。即使是在对行业支持方案上通常采取比大多数欧盟成员国更为放任自由态度的英国，每年都有约 2 700 万英镑的国家博彩基金可用于支持电影制作，并且这一金额有望在 2014 年增加到 4 000 万英镑（Smith，2012：87）。

提供这些补贴的目的是设法鼓励在制作何种视听内容上的私人决策，促使私人决策与更广泛的公共利益保持一致。补助和补贴不仅是为了鼓励本土视听作品更广泛地向受众传播，而且是为了提高国内内容创作者在国内外市场的竞争力。然而有些人可能会认为补贴恰恰起着相反的作用。为电影制作商提供国家补贴更可能会推迟和阻止它们发展在国内外市场上竞争所需的必要技巧，而不是培养更高的竞争力。

针对为内容制作商提供国家补贴的主要批评就是，补贴鼓励了缺乏商业吸引力的电影和电视节目的制作。对节目制作者的补贴可能会有利于促进特定类型的有益本土节目内容的传播和消费，但是这么做也会鼓励本土制作商背离利益最大化的策略，这一策略要求内容创作尽可能符合流行趋势并且具有商业竞争力。

霍斯金斯、麦克菲登和芬恩（Hoskins，McFayden and Finn）指出："补贴一定程度上将制作商从财政上与电影/节目的商业表现隔离开来，因此降低了追求效率的积极性"（1997：96）。如果国家补贴将覆盖大部分的制作成本，那么制作商限制预算的动机就会相对较小。事实上，如果采用成本加利润的资助制度，制作商可能会发现抬高制作预算会更有利（ibid.）。虽然特殊的支持措施可鼓励更多本土的视听内容制作，但保护主义的干预也可能有适得其反的风险，例如，促使本土内容创作者间形成依赖补贴的风气。

9.3 贸易保护主义

文化作品的国际贸易陷入了相互矛盾的社会政治利益、文化利益和经济利益的冲突之中。媒体内容具有无论多少次消耗都不会耗尽的公共商品特征，这意味着，与大多数产品不同，媒体内容可以持续出售给新的受众。复制成本微不足道，稀缺性也不是问题，因此媒体内容似乎很适合在国家间广泛传播。从制作商的角度来看，将制作成本平摊到尽量多的额外区域市场是理想的策略。

然而，另一方面，任何对文化作品的本土制作商的威胁都可能促使（本土政府——译者注）实施贸易保护主义措施。尽管存在语言障碍，欧洲和其他地区国内的电视制作商都发现它们很难在其国内市场上与美国出口的二手节目竞争，美国的节目通常都很吸引人，而且预算较高，能够以低价获得。追逐利润的广播电视公司自然想要从此类低价节目的供应中获利。这将国内的制作商置于明显不利的位置。在欧洲关于视听作品政策的辩论中，充斥着对本土节目的需求，以及对高份额进口节目的渗透可能会危害本土文化、语言和价值观的担忧。

然而，援引文化方面的担忧有时会被视为对简单守旧的贸易保护主义的掩饰。电视制作是一种重要的国际业务，在全球拥有成千上万的雇员，每年产生数十亿英镑的商业收入，不仅美国供应商是这样，许多其他国家的制作商也是如此。有些人会认为电视业与其他企业部门差别并不大，使用补贴、配额或其他特殊手段来支持本土制作商不仅没有必要，而且还是一种浪费。

要对支持和反对保护本土制作商的理由进行分析，需要理解一些国际贸易理论的基本原理。"贸易收益"的基本理论是由大卫·李嘉图（David Ricardo）于1817年提出。李嘉图将亚当·斯密（Adam Smith）早先关于劳动力分工效益的概念拓展到了全球层面。斯密发现相比期望每个人自给自足，劳动专业化（即根据每个人最擅长做的事来将不同的工作分配给不同的人）和商品与服务的自愿交换是一种更具效率的组织方式。现代经济建立在劳动专业化和分工的概念之上。李嘉图进一步推进了这一理念，建议每个国家专门生产其产出效率最高的商品，例如，巴西产出咖啡和苏格兰产出绵羊等。

自由的国际贸易使每个国家或地区能够专注生产其最擅长或最具成本效益的产品。如果每个地区专门生产具有某些先天或后天优势的商品，并从其他国家买入其无法高效生产的商品，那么世界上有限的资源就会被尽可能有效地利用。而且，在理论上来说，每个人都得以享受更高的生活水平。但是，如果一个国家生产所有商品都比其他国家更有效率，那会发生什么？李嘉图指出，只要每个国家专门生产其相对较擅长生产或正好具有"相对优势"的商品，并且相互之间进行自由贸易，那么依然会有所裨益，即全球产出最大化。

美国在电视制作方面是否具有相对优势？相对优势的传统概念依赖于某些国家或地区可能因为自然资源或当地气候条件的优势而天生比其他国家或地区更适合生产某些商品的这一假设。另一个与之相反的观点认为，相对优势并不一定是天生不变的，而实际上是能够后天获得并随时间而改变的。美国显然是世界上视听商品和服务最成功的出口国，然而电视节目制作的大多数主要因素似乎并非固定，尤其是人力资本，而是在国际之间移动的。其相对优势在很大程度上可能是后天获得，而不是自然存在的。

美国的电视制作产出英文作品无疑是一个天然有利于美国供应商的重要因素，对包括英国、加拿大和爱尔兰在内的其他英语国家的制作商而言也是如此。国内市场的规模和财富显然也是美国节目制作商的一大优势。将制作成本在如此庞大的国内市场中分摊的能力意味着美国制作商能够以极具竞争力的价格向海外观众提供电视节目。

但是，如果美国市场上可用的规模经济足以保障其节目制作商在国际上的成功，那美国制作商为何没有在所有文化创作领域都占尽优势呢？为什么在流行音乐领域诸如英国制作商能够成为一股重要的国际势力？显然，美国视听制作商在制作具有广泛吸引力的创作型作品方面有着特别的天赋，而美国其他形式文化作品的制作商并未完全享有这些天赋。

视听制作方面人才、技术设备和专业支持服务的集中也使美国的电视制作商受益良多。然而，这些都是后天获得的，而非天然资源。根据其目前的贸易顺差来判断，似乎美国的确在电视内容的制作中享有相对优势，而原材料或气候方面的天然条件并不足以解释此优势。

如果有助于美国在电视作品方面相对优势的因素较少是先天的和不变的，这意味着，随着时间的推移，其他国家也可同样获得这样的相对优势。理论上，美国在电视作品方面的许多优势都是具有争议的。但实际上，假定当前国际市场上有利于美国电视供应商的条件都可以在其他地方轻松复制，这种想法是很愚蠢的。

加强有竞争力的本土视听制品产业的愿望使得不同的国家多年以来采用了包括如上所述的配额和补贴的各种保护模式。关税则给出了另外一个例子。关税指的是对进口电视节目或电影征收的税。通过增加进口商品的成本，关税保护了本土的制作商，并同时为政府提供了收入来源。

根据国际贸易理论，人为支持那些本可以更低价格或更具成本效益的方式在他地生产的商品在本土生产，都是对资源的次优使用。使用特殊政策来发展不具备并且永远无法获得相对优势的本土产业往往是浪费时间。贸易保护主义可服务于国内制作商的利益，但是在另一方面，鼓励高成本的本土生产必然会导致资源错配以及随之而来的福利损失。采用保护主义措施的另外一大缺点是可能会导致他国反击。

然而，有些情况下，一定程度的选择性贸易保护主义是合理的。例如，当发生"倾销"时，典型的应对措施是施加关税。当商品以"低于其实际生产成本的价格"，换句话说就是以低于供应这些商品的实际成本在国外市场销售时，就会出现倾销（Griffiths and Wall，2007：581）。例如，如果农产品的生产受到其原产国补贴并随后销售或倾销到海外市场，当地的生产商就会很难和这些进口商品在价格上进行竞争。如第6章中所讨论的，时常有人认为美国的视听制作商将低成本的素材倾销到国外市场。但是，将节目销售到海外地区并不完全符合倾销的技术描述，因为虽然节目是以远低于其制作成本的价格出售，但是出售的并不是整个节目，而是出售在特定地区播送该节目一次到二次的权力。

另一种将贸易保护主义视为合理的情况是，培养"新生产业"。新生产业论认为，国内的新产业因缺乏经验，可能无法与其他国家更老牌的公司竞争，因此，暂时可以接受并且应该接受诸如贸易壁垒或补贴之类的干预（Lipsey and Chrystal，2007：618-619）。使用保护措施来帮助建立新的产业已被普遍认可，并且甚至在原关税及贸易总协定（General Agreement on Tariffs and Trade；GATT）的第18条中明确列出。GATT是指导WTO这一致力于促进贸易和减少贸易壁垒的国际机构工作的最重要规则（Griffith and Wall，2007：572）。如果认为本土行业需要一段时间来"降低学习曲线"，直到其具有充分竞争力，那么就要有一个正当的理由来支持在有限时间内保护该产业，直到其成熟并且在国际市场上具有竞争力且不再需要保护。

此类论据是否适用于欧洲的电视作品行业尚存疑问。欧洲节目制作商的明显劣势是它们所处的国内市场要比美国节目制作商小得多，这使它们很难建立同样的临界规模。一些学者认为使用新生产业论来支持欧洲配额是不合理的（Hoskins，McFayden and Finn，1997：85-86）。电视节目制作在大多数发达国家中并非新活动，因此以暂时支持新生产业为由长期保持补贴和其他保护性干预措施实际上并不正当。

其他支持保护国内电影制作商的论据着重于媒体产品的贸易格局有重要的文化影响这一事实。国内制作视听内容的存在创造了积极的外部效应，如对社会有益的作用，包括增强社区意识等，因此，即使好莱坞由于美国如此巨大市场中的规模经济而在制作英文节目方面有着相对优势，这并不一定意味着英国应放弃国内的电视制作并进口所有好莱坞的节目。出于非经济或文化的理由而对电视制作商所采取的保护措施无疑又是合理的。

9.4　媒体所有权集中

近年来，对于可能出现的垄断权力的担忧已成为媒体政策制定者考虑的一个重要问题。在整个媒体产业以及相关的通信行业，并购和联合发生的频率很高并且构成了很多具有较大市场权力的跨国集团。政策制定者至少面临着两大挑战。首先是如何最优地解决高度集中的媒体所有权。媒体帝国是否是一个问题，如果是，应如何处理媒体帝国的问题？与之相关地，政策制定者越来越需要面对如何处理对媒体垂直供应链上特定接入点和瓶颈垄断控制的问题（Vick，2006：37）。

第3章中讨论了鼓励媒体公司扩张的纵向、横向和斜向发展战略的各种优势。理论上，扩张给公司带来的主要好处不是提高效率就是增加市场支配力（Davies and Lam，2001：65）。经济学通常把扩张（通过内部成长或通过兼并和收购）归因于这两个与利益最大化行为相关的主要动机。就社会的集体经济福利而言，产业集中的净影响取决于这两个可能结果之间的权衡。改善社会资源使用的效率提升有利于整个经济。另外，个别企业所掌控的市场权力增长对竞争对手和消费者造成威胁，从而对公共利益带来损害。

政策制定者有时面临的问题是，并购和扩张策略可能会同时导致这两种结果。例如，当媒体公司扩张时，其能够利用更大的规模经济和范围经济，从而更有效地利用资源。因此，为提高效率，合并似乎是正当而可取的。然而同时，与增大的规模相关联的更大的市场权力会为扩张的媒体公司带来提价或滥用其市场支配地位的机会。虽然扩张可能起初是基于提高效率（如实现规模经济），随后可能相伴而来的是市场支配地位的积累，这反过来会导致与公共利益相违背的行为（Moschandreas，2000：363）。一旦一家公司获得了支配地位，失去竞争压力可能会导致各种低效现象，包括仅仅针对维持优势的过度资源支出。

与集中的媒体所有权相关的一个经济问题是其对竞争的影响。竞争通常被视为提升经济效率和避免处于支配地位的公司滥用行为的必要方式。本质上，竞争，即存在一些竞争性的供应商，有助于确保公司降低其成本和价格，这会鼓励对资源更有效的使用（Scherer and Ross，1990：20）。如果在市场中只有极少或完全没有竞争者，供应商就能轻易提供昂贵但劣质的商品或服务而不会受到惩罚。竞争压力激励管理者去提升其公司相对于竞争对手的表现，而这又会反过来造福于消费者和整个社会。垄断者不管是在媒体部门还是其他部门，通常被认为效率比竞争性公司低。垄断者可能抑制新的创新产品，并有时可能会参与不公平的竞争。

另外，所有权太过于分散的媒体行业也易受低效率的影响。常有人认为，因为媒体行业中规模经济的存在，需要大型公司以保证以最具成本效益的方式合理使用资源。如果说促进媒体行业中的成本效益被视为主要的政策目标，那么鼓励媒体所有权的进一步集中可能是符合公共利益的。

简而言之，维持竞争的需求和最大化效率的愿望是受媒体所有权集中度影响的两大经济政策目标。这些目标是相关联的，因为公平而大量的竞争被视为维持效率的基本方式。另外，这两大目标可能背道而驰。如果因规模经济的存在，媒体市场上某些公司的理想规模大得足以消除竞争者，那么就需要在鼓励更多的竞争和实现最大化效益之间进行权衡。

9.5 促进竞争

允许个别公司在特定市场上建立支配地位的传统担忧之一即此类公司可能会收费过高或变得对其成本漠不关心（Scherer and Ross，1990：19-23）。垄断者可能会对产品质量和创作新产品的需求变得自满，从而损害消费者。另一个重要的担忧是，占支配地位的公司可能会将其大部分资源浪费在旨在维持其市场支配地位的活动上。此类公司可能会进行商业活动，将竞争对手排挤出市场或阻止可以提供消费者想要产品的新竞争对手进入市场。

传统经济理论认为完全竞争（即，在开放市场中存在很多供应商，可以为充分了解所有可用替代品的买家提供同质产品）是实现资源有效分配的一条途径。然而，现实世界中，几乎不存在完全竞争的例子。相反，现代工业化经济中的很多市场都由少量具备一定程度市场权力的大型公司支配。这一市场权力被滥用的可能性和导致资源错配的可能性是支持竞争政策的主要经济原因（George，Joll and Lynk，1992：314）。

媒体行业易受寡头垄断，而反之又会导致多种形式的资源错配，这通常伴随着市场权力的集中化。例如，在英国，20世纪80年代电视广告收费的飞涨与此期间商业广播电视时间的垄断控制相关。20世纪90年代影响了英国国内日报市场的价格战提供了一个例子，显示处于支配地位的媒体供应商可以如何运用它们的优势和资源来巩固和扩大其市场支配地位。英国付费电视市场内的垄断控制导致了许多市场权力的滥用，例如，按英国竞争管理机构的观点，消费者为优质电影内容支付了过高的费用（Competition Commission，2011：18）。瓶颈不仅会在供应链的上游内容阶段发生，还会贯穿传播阶段和发生在任何数字技术提供的平台和接口上。近年来，垄断关键接入点和门户通道的潜在能力（即处于媒体内容和受众或最终用户之间的接入点和通道），已经延伸到新的市场竞争主体，例如，搜索引擎和社交网站，从而为竞争监管机构带来了新的挑战。

虽然国内和欧洲竞争法的标准条款适用于包括媒体在内所有部门的产业，但是如下文所述，公共广播电视服务公司并不在此之列。近年来，在欧洲，竞争政策日益成为媒体政策干预的活跃区域（Ungerer，2005）。竞争政策一直以来都是基于这样一种假设，那就是市场的效率直接依赖于其竞争结构，而且尤其取决于销售商的集中化程度。因此竞争政策有时可能会涉及结构干预（即尝试实现集中度更低的市场结构），干预行为所基于的假设是，结构的变化可以反过来确保竞争公司的良好行为以及促进产业绩效的提升（Moschandreas，2000：363）。

对媒体和跨媒体所有权的上层限制代表了一种结构干预的方式，通过此方式可促进媒体间的竞争并避免卖方集中。在大多数欧洲国家和其他地方，对媒体所有权的特殊限制依然是一个共同特征，但是它们通常将其存在归结于对多元性的担忧，而非是对竞争的担忧。媒体所有权限制通常旨在保护政治和文化多元性，作为政策目标，这与促进竞争完全不同。尽管如此，旨在保护多元性的所有权限制同时也会阻止占支配地位的媒体公司的发展，并防止随后市场权力的滥用。

然而，使用所有权规则来改变市场结构代表了一种被经济学家视为非常极端的干预形式。近年来，竞争政策重点已从此类结构干预转移到替代行为测量，以此规范和控制占支配地位的公司的行为以保证市场权力未被滥用。例如，在英国，1998年的《竞争法》（the 1998 Competition Act）使得英国的处理方式与欧盟的处理方式更为一致，从而将焦点置于对反竞争行为的补救上，而非公司结构上（Feintuck，1999：91）。

从结构管理到行为管理的重点转变反映了数十年来产业组织领域的重要理论发展。如今广泛认可的是，对效率而言真正要紧的未必是市场中本身存在的竞争性供应商数量，而是来自潜在市场竞争者的竞争压力是否足以诱使公司去高效运作并且阻止反竞争行为（Moschandreas，2000：364）。

当需要干预政策来促进竞争时，所有权限制提供了一种可能的方式，而旨在鼓励垄断企业进行符合公共利益的行为的规章则给出了另一种可能。行为干预比要求公司剥离资产的破坏性和争议性更小，但是它们并未如结构补救措施那样直接控制市场权力，并且它们相比其他措施而言更易被规避（OECD，2008：3-4）。在垄断所有权被视为不可避免的情况中，例如，在"自然"垄断的情况下，行为干预模式更具优势。"当基于技术的规模经济的运营规模相对于其市场来说太大，而使规模经济耗尽时，市场中就只有一家公司可以有效率地运营，这时自然垄断就会出现。"（Moschandreas，2000：364）当市场空间只足以容纳一个或少数几个供应商时，这意味着竞争增长只会导致更高的成本和更低的效率。

媒体的许多子行业都有一些自然垄断或自然寡头垄断的特征。规模经济和范围经济的盛行意味着一组媒体作品的联合生产（即在一家公司内创作）可能比由众多单独公司的制作更便宜。除供给方规模经济之外，对于数字传播服务而言，网络效应的存在可能会起到进一步刺激扩张和垄断的作用。这一情况带来了政策制定的两难困境。虽然竞争通常被视为对效率的必要刺激，但反对观点认为，可以促进竞争的所有权限制会导致一种经济福利的损失，因为这种限制会阻碍媒体公司实现可能存在的效率以及规模和范围经济。

然而，即使在保护所有权的多样性需要牺牲一些潜在的效率提升时，拥有不止一个供应商所带来的好处通常被视为具有优先权。在英国，管理所谓的诸如煤气、电力和电话等自然垄断的一般处理措施自 20 世纪 80 年代以来就已发生了显著的变化（George, Joll and Lynk, 1992: 340）。通过私有化程序、促进竞争的规章和努力，此类活动的战后排他性公有制政策已被逆转。这一"自然垄断问题"的新型处理措施强调了将竞争压力引入到易于垄断行业的重要性，无论这种措施是否合理，或它是否包含有效率收益的潜在损失（ibid.: 361）。

9.6　垄断与技术变革

数字化以及互联网和移动设备的发展是变革的主要动力，在极大地增加了某些媒体市场竞争的同时也鼓励了新的平台、参与者和服务的创新与发展。随之而来的是媒体决策者面临的最为艰难的挑战之一，即如何在快速的技术变革期中应对垄断。

数字融合促使了通信和媒体的大量并购，也鼓励了主要的大型垂直一体化企业的发展，此类企业在垂直供应链的各阶段均有利益点，并同时横跨数字和传统分发平台。在数字基础设施和内容上的大量投资都来自媒体和通信行业中现有的大型市场参与者，例如，英国电信（BT）、西班牙电信公司（Telefonica）、美国在线时代华纳（AOL Time Warner）和贝塔斯曼集团（Bertelsmann AG）。某些情况下，在新服务方面的投资实际上导致了横向和纵向垄断情况的出现。例如，英国的竞争管理机构对英国天空广播电视公司在付费电视（运动和电影）优质内容输入的支配地位及其对付费电视盛行的有条件访问技术控制方面的投诉进行了无数次考量（Grant and Wood, 2004: 184）。

数字技术的传播也使得许多新进市场的参与者开始从事广告销售和内容供应业务。互联网的发展引发了无数在线新兴企业以及诸如内容聚合和在线社交媒体等通信及与媒体相关服务的新形式的发展，其中许多都以惊人的速度日渐流行。由于数字化，21 世纪媒体供应的范围急剧扩大，而服务供应新功能和形式的实现进一步造成了数字化市场中数个新主导企业的崛起。例如，搜索引擎在人们如何在数字平台链接到媒体内容方面已不可或缺（van Eijk, 2009）。又如 Facebook 和谷歌（Google）等从数字化新兴企业向巨型全球化企业的转变已预示了在新的瓶颈、入口垄断和媒体接入点控制方面的担忧。

在数字媒体供应链的某个阶段或维度中的垄断控制问题，例如，电子节目向导（EPG）或搜索引擎等导航系统，此类功能通常位于新服务供应商和观众之间，因此此类功能占据了一个可能极其重要的位置。当个别企业拥有了所有媒体供应者都需要的某项重要活动或某部分基础设施的独家控制权时，由于其对瓶颈资源的控制，此类企业将会扮演看门人的角色，由其决定其他企业是否可进入市场。这对公共利益造成了重大影响。

看门人通常都是垂直一体化企业，不仅掌握着上述网络入口，还参与到上下游活动中。问题就在于垂直一体化的看门人有手段也有动机给予自身服务特殊优惠，并将竞争对手排除在外。入口垄断者会滥用其市场地位，拒绝对其形成竞争的服务供应商进入或以非常不利于潜在竞争者的条件提供准入。和其他所有情况下的垄断者一样，看门人有权抬高价格、限制输出，并通过采取其他形式的行为侵犯消费者权益。

搜索引擎的功能是在互联网中搜索内容，并对内容进行构建和索引使其能够被追踪，搜索引擎提供了一种新瓶颈的示例（Schulz, Held and Laudien, 2005；van Eijk, 2009）。建立和维持最新的可追踪内容的数据库费用相当昂贵，但其收入来源于广告销售，这些"按点击付费"的广告通常在特定的检索词旁边。搜索引擎现在是数字内容和受众之间至关重要的网络关口，在如何对特定查询结果进行排名和定位的问题上，搜索引擎拥有极大的权力去影响内容访问决策，进而影响媒体消费行为。同时，由于经济规模和网络效应非常普遍，该行业极其容易出现垄断。尽管有屈指可数的竞争对手，如雅虎（Yahoo）、Ask和百度（中国），谷歌仍是目前全球搜索领域最具优势的企业，其在美国的市场份额约为66%，而在许多欧洲国家则超过了80%（Bradshaw, 2011c；comScore, 2012；Fairsearch, 2011）。

此类支配地位为滥用市场权力带来了许多可能性。使用搜索引擎得到排名取决于底层算法，但搜索结果可以且有时也会被服务供应商操纵（搜索引擎可以仅仅只是出售较高的排位）或通过内容供应商向"搜索引擎优化"技术投资来进行操纵（van Eijk, 2009）。用户通常都看不到对结果的操纵。搜索引擎逐渐增加对上游内容服务开发的投资，从而确立纵向市场权力以及为内部信息服务提供优待的明确动机（Fairsearch, 2011：14-28；van Eijk, 2009：152）。在寻求特定内容属性超过其他内容属性的优先权时，如果按照内容供应者意愿将某些对手产品故意排除在外，则会发生滥用（Fairsearch, 2011）。在搜索引擎广告方面的支配地位也会导致广告费过高的可能性。

虽然如Facebook和Twitter等在线社交网络的功能与搜索引擎的功能差别很大，但在线社交网络也会通过如推送系统等对媒体选择和偏好产生相对较低程度的影响。如谷歌一样，Facebook的快速发展也引起了市场支配和在线广告费用增加的担忧。行业数据表明至2011年6月，Facebook上广告每次点击的费用在世界最大的市场上排第四，并于12个月内增长了74%（TBG Digital, cited in Bradshaw, 2011c：17）。如谷歌一样，Facebook对于用户个人数据商业开发的策略受到了许多批评，但此类公司常处于强势地位，以Facebook为例，其地位由选择退出该全球最受欢迎社交网络的高额转换成本所凸显，这就意味着其缺乏动力为用户提供他们所想要或需要的隐私保护。

垄断和技术创新之间的关系不是直接明了的。然而有些经济学家认为垄断往往会抑制新产品创新的速度，另一些经济学家（从熊彼特开始）则认为"在公司承担创造的风险和成本之前，需要保护其避免竞争"，因此垄断为创新提供了理想的情境（Scherer and Ross, 1990：31）。熊彼特提出，能够获得垄断利润的动机至少在短期内在鼓励企业进行新产品创新方面至关重要，进而在刺激整体经济增长和科技进步方面也绝对是至关重要的。

互联网基础设施的投资者为了最大化投资回报而参与网络流量,这种行为究竟在多大程度上可以被允许?有关此问题的争论突显了两方面的矛盾:一方面,熊彼特经济学说认为对垄断势力的利用权至少应在短期内当作对创新的回报;另一方面则坚信互联网一直是而且应该一直是一个完全开放和自由的平台。一部分人对于保持"网络中立性"的担忧源于保护信息来源和民主多元性的愿望(Lessig and McChesney,2006)。关于反对允许主要电信市场参与者和基础设施所有者区别对待网络流量的争论,例如,优先部分类型的流量以及减慢或限制其他流量,也反映了对于反竞争行为可能性的担忧(Richards,2010;Xavier and Paltridge,2011:25)。对互联网分发渠道的控制可能会被滥用,比如通过排斥或尝试减少对与基础设施所有者提供的内容服务有竞争关系的内容的访问。通信管理局的行政长官艾德·理查兹(Ed Richards)承认,媒体监管机构在处理瓶颈方面面临的艰难挑战是"避免抑制对创新和风险的回报",同时又要"避免允许造成相关后果的持久垄断的出现"(Richards,2010:5)。

在讨论网络入口垄断管制造成的问题时,柯林斯(Collions)和莫洛尼(Murroni)指出"对占支配地位的企业进行结构限制的典型监管对策通常与对允许企业在转型阶段中去发现自我结构形状的需求存在分歧"(1996:37)。铺设宽带电缆基础设施、开发有条件访问系统或为搜索引擎服务开发可追踪数据的数据库等活动的高成本通常至少能够在短期内防止对手的复制行为。因此,防止新技术垄断所有权的结构性干预可能会取得仅仅是抑制投资和创新速度的无用结果。

这意味着为了鼓励新媒体的发展,必须至少能在短期内容忍垄断,并对其行为进行监管,以便阻止反竞争行为。对某些人来说,在动态的技术变革情况中,最佳对策是对行为进行监管,以保证垄断势力不会被滥用(ibid.)。例如,如能有效实施,要求网络入口垄断企业在公平和无差别对待的条件下提供第三方接入将有助于促进更广泛的市场准入。根据欧盟竞争法的规定,通常采用被称为"必要设施原则"此类方式处理自然垄断瓶颈,这为垄断者带来了一项责任,即在公平、同等的条件下,为竞争对手的市场准入提供便利(Cowie,1997;Nikolinakos,2006)。

媒体内容的访问和对传播设施的访问之间的紧密互赖关系带来了对强化交叉所有权管理政策的需求。部分人支持对分发渠道和那些被授予把关权的活动之间的交叉所有权实施限制。其他人则担心需要避免引入过多监管而阻碍创新。但是,大多数人都强调监管机构有必要实施开放的标准和规程,这些标准和规程应该允许竞争性的技术之间的相互联系和合作运行,同时也应该要保护受众进入那些独立非附属媒体供应商的内容接口。

自 iPad 于 2010 年上市以来,平板电脑市场的发展演示了关键网络入口的垄断从内容服务、配送渠道和重要接口延伸至实际设备的可能性。消费者平板电脑购买率快速提升,第三代 iPad 在 2012 年 3 月上市之后的前三天就售出了 300 万台(Nutall,2012),并且苹果公司一直都名列前茅，其约占全球平板电脑市场60%的份额（Alexander，2012）。苹果公司也是应用程序移动版的推动者，一种软件应用程序的简易格式和简单版本，通常用于在智能手机和平板电脑上运行，应用程序的流行度也随着移动设备持有率的增长而激增。许多努力想要从互联网获取利润的印刷出版商都将 iPad 和其他平板电脑应用程序视为发展数字版本报纸和杂志的理想模式（Gelles，2011a：24）。投资受到了消费者对平板电脑应用程序上"印刷"内容兴趣的推动，这些应用程序促进了更为沉浸式和对消费者更友好的体验。但是苹果公司向第三方内容提供商收取"直接通过其 iPad 和 iPhone 出售的所有订阅内容收入的30%"的费用（Edgecliffe-Johnson and Gelles，2011：17）。苹果公司在平板电脑市场上控制着连接数字用户的关键网络入口，它的这一支配地位体现在那些想要使用这一平台为内容来收费的出版商必须接受的条款上。

平板的使用正在快速增长，一些人认为这将会成为大多数联网媒体消费最终发生的主要平台。因此，苹果公司在平板电脑和应用程序市场上掌握的看门人权力大小可能意义深远，它带来了发生权力扭曲的可能性。令人担忧的是苹果公司做出的在 iPad 上不支持跨平台软件市场参与者的决定，例如，不支持 Adobe 公司开发的 Flash 和微软开发的 Silverlight。这一驱逐的辩护理由是 Flash 太过于笨重，并且会损害 iPad 和 iPhone 用户的浏览体验，因此苹果公司想要鼓励软件开发者使用 HTML5（超文本标记语言5）这一新的计算机语言。批评者注意到，因为跨平台市场参与者提供了一种方式来供给不依赖于任何特定设备的应用程序式的功能，并且这一功能随手可得，其发展对苹果公司固守在应用程序市场上的看门人权力以及苹果的未来收入造成了威胁（Arah，2011）。因此，维持和利用纵向垄断权力的意愿提供了阻止竞争软件创新发展的动机，而提供更为开放和竞争性的丰富应用程序式功能的使用权限，这些软件的发展在未来可造福于消费者和出版商。

促进开放准入的技术标准管理和对占市场支配地位的参与者行为的严密监督，是避免瓶颈和网络入口垄断导致的问题的重要方式。但是，这并不能保证消除所有与市场支配地位相关的低效现象。媒体的整个供应链中垄断行为并不单单意味着存在不公平定价、纵向限制和其他与公共福利背道而驰的限制竞争协议的可能性。为获取胜过现有或潜在竞争者的战略优势，也可能导致资源的过度消耗。由于缺乏竞争压力而对管理上的激励和控制产生的负面影响，可能会出现许多其他的低效现象，有时也称之为"X 低效现象（X-inefficiencies）"。

9.7 效率最大化

与众多而非一两个同行供应商有效竞争，无疑是一种理想的方式，可以避免出现与过度市场垄断相关的许多经济缺陷。为此，给媒体或跨媒体所有权设置上限似乎为竞争过程和媒体消费者的利益提供了有效保护。对媒体所有权设置的限制对确定公司是否被允许达到"最佳"规模和企业配置也起到了作用。在前文中讨论的媒体的经济特征使得媒体行业内以及跨媒体行业的扩张策略实际上在很多时候的确使公司能够更好地利用可用于媒体制作的资源。扩张会提高效率这一事实使广大公众支持媒体所有权政策,这对此类增长战略来说是鼓励而非阻碍。

规模经济是传媒经济学的一个核心特征。尽管如此,媒体所有权集中带来的潜在效率增益并不到此为止。通过扩张的媒体公司实现的规模经济可能转而促进更高水平的总投资以及更快地采用新技术。快速增长的媒体公司会吸引更好的人才。扩张策略会通过消除重复或过剩产能(如多余的印刷或生产能力)来创造降低成本的机会。理论上来说,所有此类效率增长不仅给媒体公司带来了好处,给整个社会也带来了好处。

随着媒体公司扩大和多元化,潜在的成本节约和效率提高表明媒体和跨媒体所有权政策的制定将会造成重大的经济影响。所有权政策决定了媒体领域中运营的公司是否允许达到最有利于开发规模经济和范围经济的公司规模和结构。能够将生产成本分散到更为广阔的产品和地理市场的大型多元化媒体公司很明显将获得一系列的经济效果。通过鼓励公司将所有可能的经济效果都充分利用从而消除不必要的浪费,以及把可供媒体供应所用的资源使用到最终程度,在此情况下,一个强大的经济实体就可以建立起来。事实上,自20世纪90年代起,培育出能在全球市场上参与竞争的强大高效本土媒体公司的愿望鼓励了许多欧洲国家的媒体决策者逐步放松对媒体所有权的限制。

但是,工业效率的概念不仅仅是将成本减至最低。效率意味着产出满足社会供需的适当质量和数量的产品。产品多元化代表了质量的一个方面。媒体输出多元化对于社会的价值远远大于输出统一化,某些媒体生产资源的重复不应当看作是一种浪费,而应当作为对效率所做出的贡献。

正如上文所述,有关媒体所有权处理的特殊政策,是源自对于文化多元主义的考虑,而并非是出于经济学。尽管如此,经过一段时间之后,经济方面的论证在有关媒体所有权政策的争论中已持续受到极大关注。但是,在2011—2012年英国对记者非法窃听的调查过程中,以破坏性方式将高度中心化的媒体所有权转化为政治影响力受到了公众的广泛关注,这是一个极其尖锐的警示,提醒有关媒体所有权的特殊政策是出于多元主义,而非经济学。多元主义和多元化依然是该领域公共政策项关注的主要问题。但是,经济分析可以通过帮助决策者权衡维持有效竞争水平的益处和分散所有权造成的潜在效率损失。

9.8 公共广播电视服务和国家援助规则

在制定促进媒体行业竞争的规则时,监管机构所面临的难题之一就是如何处理公共广播电视服务公司(Jakubowicz,2007)。在许多国家中公共广播电视服务公司都是广播电视生态不可分割的一部分,其活动会因不利于竞争而受到批评(Caves, Collins and Crowther, 2004)。由于数字化转变了媒体消费的模式,公共广播电视服务公司已试图进行相应调整,其中某些公司还在首创内容的多平台发布上发挥了重要作用(Doyle, 2010a;Enli, 2008)。BBC 的在线新闻服务、BBC 在数字平台和 iPlayer 上其他的小众频道都是首创的实例,它们都受到了广大受众的认可。但是数字融合平台的扩张加剧了商业竞争对手对潜在反竞争影响的担心。

公共广播电视服务公司是否处于欧洲竞争规则范围之内,一直是一个颇具争议的问题。欧洲的公共广播电视公司每年收到的巨额注资造成了不平等的竞争环境,这使许多竞争对手在 20 世纪 90 年代纷纷向欧盟竞争委员会投诉,称对公共广播电视服务公司的注资实际上就是国家援助(政府当局会有选择性地为地方公司提供优惠),既然欧盟的竞争规则禁止国家援助,那么也应禁止对公共广播电视服务公司进行此类注资。在对上述问题进行了一番争论后,竞争委员做出回应并明确指出由于广播电视的特殊性质,公共广播电视服务公司应独立于一般的欧盟竞争规则之外(CEC, 2001)。

除此之外,欧洲的公共广播电视服务公司成功地在桌面和移动数字平台上拓展了业务范围,这在 20 世纪初更进一步地激发了对于市场支配地位和不公平竞争的担忧。其竞争对手称,公共广播电视服务公司不仅将其公共资金投入到广播电视上,根据所谓的《阿姆斯特丹协议》(*Amsterdam Protocol*),该项注资被免除于国家援助规则之外,还将其投入到数字化服务中(该项注资不能被国家援助规则豁免)。资金雄厚的公共广播电视服务公司参与到数字新媒体中对其商业竞争对手的参与造成了阻碍,因此其对手还称,公共广播电视公司的行为在更为广泛的世界范围内削弱了欧洲商业视听行业的竞争力。

此类投诉改变了公共广播电视服务公司和国家援助之间的关系,提出了要求公共广播电视服务公司每一次想要创建一项"重大"新媒体服务时,都应对其在市场上造成的影响进行测试(CEC, 2009)。在推出任何服务之前,必须进行透明化的评估,来判定新的服务是否真能向公众传达积极价值,也要对其在现有市场上造成的影响进行考量。但是,有些人质疑公共价值测试是否能公平统一地适用于所有欧盟成员国,以及该测试是否足够严格(Donders and Pauwels, 2008)。从报纸出版商的角度来看,公共广播电视服务公司提供了大量在线免费的优质新闻,这使出版商更加难以对其产品进行收费。围绕着公共广播电视服务公司和国家援助的争议表明,在数字化变革带来的基本市场转型背景下,监管机构正面临着日渐复杂的挑战,它们需要权衡如何将媒体内容和服务的非市场规则与市场规则进行整合。

参考文献

Advertising Association (2000) *The Advertising Statistics Yearbook 2000*. Henley-on-Thames: NTC Publications/Advertising Association.

Advertising Association (2005) *The Advertising Statistics Yearbook 2005*. London: Warc/Advertising Association.

Advertising Association (2008) *The Advertising Statistics Yearbook 2008*. London: Warc/Advertising Association.

Advertising Association (2009) *The Advertising Statistics Yearbook 2009*. London: Warc/Advertising Association.

Advertising Association/Warc, *Warc Expenditure Report*, at http://expenditurereport.warc.com.

Aghion, P. and Howitt, P. (1992) 'A model of growth through creative destruction', *Econometrica*, 60 (2): 323–51.

Akerlof, G., Arrow, K., Bresnahan, T., Buchanan, J., Coase, R., Cohen, L., Friedman, M., Green, J., Hazlett, T., Hemphill, C., Noll, R., Schmalensee, R., Shavall, S., Varian, H. and Zeckhauser, R. (2002) *The Copyright Term Extension Act of 1998: An Economic Analysis*. AEI-Brookings Joint Center for Regulatory Studies, Brief 02-1 in support of petitioners in the Writ of Certiorari (Supreme Court of the U.S., E. Eldred et al. vs Ashcroft). Washington DC: AEI-Brookings Joint Center for Regulatory Studies.

Albarran, A. (2002) *Media Economics: Understanding Markets, Industries, and Concepts*, 2nd edn. Ames, IA: Iowa State Press.

Albarran, A. (2004) 'Media economics', in J. Downing, D. McQuail, P. Schlesinger and E. Wartella (eds), *The Sage Handbook of Media Studies*. Thousand Oaks, CA: Sage, pp. 291–308.

Alexander, R. (2012) 'Apple set to regain media tablet market share with release of new iPad model', IHS iSuppli press release. California: IHS iSuppli.

Allen, W., Doherty, N., Weigelt, K. and Mansfield, E. (2005) *Managerial Economics: Theory, Applications and Cases*, 6th edn. New York: W.W. Norton & Co.

Altmeppen, K., Lantzsch, K. and Will, A. (2007) 'Flowing networks in entertainment business: organizing international TV format trade', *The International Journal on Media Management*, 9 (3): 94–104.

Andari, R., Bakhshi, H., Hutton, W., O'Keeffe, A. and Schneider, P. (2007) *Staying Ahead: The Economic Performance of the UK's Creative Industries*. London: The Work Foundation.

Anderson, C. (2006) *The Long Tail: Why the Future of Business Is Selling Less of More*. New York: Hyperion.

Anderson, C. (2009) *Free: The Future of a Radical Price*. New York: Hyperion.

Angwin, J. (2010) 'The web's new gold mine: your secrets', *The Wall Street Journal*, 30 July, online.wsj.com/article/SB10001424052748703940904575395073512989404.html

Arah, T. (2011) 'The iPad 2: looks nice, plays ugly', *Pro PC* – blog posted 9 March, http://www.pcpro.co.uk/blogs/2011/03/09/the-ipad-2-looks-nice-plays-ugly.

Aris, A. and Bughin, J. (2009) *Managing Media Companies: Harnessing Creative Value*, 2nd edn. Chichester: John Wiley & Sons.

Armstrong, M. and Weeds, H. (2007) 'Public service broadcasting in the digital world', in P. Seabright and J. von Hagen (eds), *The Economic Regulation of Broadcasting Markets*. Cambridge: Cambridge University Press, pp. 81–149.

Arthur, C. (2011) 'It's fight or flight for Twitter', *Guardian*, Media Supplement, 5 May: 1.

Arvidsson, A. (2006) *Brands: Meaning and Value*. London: Routledge.

Bain, J. (1951) 'Relation of profit rate to industry concentration: American manufacturing (1936–1944)', *The Quarterly Journal of Economics*, 65 (3): 293–324.

Barwise, P. (1999) *Advertising in a Recession: The Benefits of Investing for the Long Term*. London: NTC Publications.

Bates, B. (2008) 'Commentary: value and digital rights management – a social economics approach', *Journal of Media Economics*, 21 (1): 53–77.

Baumol, W. (2002) *The Free-market Innovation Machine: Analyzing the Growth Miracle of Capitalism*. Princeton, NJ: Princeton University Press.

Baumol, W. and Blinder, A. (2011) *Macroeconomics: Principles and Policy*, 12th edn. Mason, OH: South-Western Cengage.

BBC (2010) 'BBC iPlayer celebrates a record-breaking 2010', BBC press release, 23 December.

Bennett, J. (2011) 'Introduction', in J. Bennett and N. Strange (eds), *Television as Digital Media*. Durham, NC: Duke University Press, pp. 1–30.

Bennett, J. and Strange, N. (eds) (2011) *Television as Digital Media*. Durham, NC: Duke University Press.

BFI (2011) *BFI Statistical Yearbook*. London: British Film Institute.

Bielby, W. and Bielby, D. (1994) 'All hits are flukes: institutionalized decision-making and the rhetoric of prime-time program development', *American Journal of Sociology*, 99 (5): 1287–313.

Blitz, R. and Fenton, B. (2011) 'Premier League faces TV rights shake-up', *Financial Times*, 4 November.

Blumler, J. and Nossiter, T. (eds) (1991) *Broadcasting Finance in Transition: A Comparative Handbook*. Oxford: Oxford University Press.

Boldrin, M. and Levine, D. (2008) *Against Intellectual Monopoly*. Cambridge: Cambridge University Press.

Born, G. (2003) 'Strategy, positioning and projection in digital television: Channel Four and the commercialization of PSB in the UK', *Media, Culture & Society*, 25: 773–99.

Bourreau, M. (2003) 'Mimicking vs. counter-programming strategies for television programs', *Information Economics and Policy*, 15: 35–54.

Bourreau, M. and Lethiais, V. (2007) 'Pricing information goods: free vs. pay content', in E. Brousseau and N. Curien (eds), *Internet and Digital Economics: Principle, Methods and Applications*. Cambridge: Cambridge University Press, pp. 345–67.

BRAD/PPA (2009) *Consumer Magazine Facts & Figures 2009*. www.ppamarketing.net/cgi-bin/go.pl/data-trends/article.html?uid=348.

Bradshaw, B. and Croft, J. (2011) 'Hollywood studios launch landmark online piracy case', *Financial Times*, 28 July: 1.

Bradshaw, T. (2009) 'Web beats TV to biggest advertising share', *Financial Times*, 30 September.

Bradshaw, T. (2011a) 'Twitter risks backlash with bolder adverts', *Financial Times*, 24 June: 15.

Bradshaw, T. (2011b) 'Havas chief backs Twitter over Facebook ads', *Financial Times*, 24 June: 15.

Bradshaw, T. (2011c) 'Facebook ad prices soar as brands shift spending online', *Financial Times*, 19 July: 17.

Bradshaw, T. and Edgecliffe-Johnson, A. (2009) 'Out of the box', *Financial Times*, 28 August, http://www.ft.com/cms/s/0/04b5a80c-9369-11de-b146-00144feabdc0.html#axzz2DbG90GJ6.

Brannon, E. and Bargouth, A. (2010) 'US cable networks pass broadband', *Screen Digest*, October: 301–08.

Bron, C. (2010) 'Financing and supervision of public service', in S. Nikoltchev (ed.), *Broadcasting Public Service Media: Money for Content, IRIS plus 2010-4*. Strasbourg: European Audiovisual Observatory, pp. 7–25.

Brown, D. (1999) *European Cable and Satellite Economics*. London: Screen Digest.

Brown, I. (2009) 'Can creative industries survive the digital onslaught?', *Financial Times*, 2 November, http://www.ft.com/cms/s/0/4f35215e-c745-11de-bb6f-00144feab49a.html#axzz1kwIlHU8B.

Bruck, P., Dorr, D., Cole, M., Favre, J., Gramstad, S., Monaco, M. and Culek, Z. (2004) *Transnational Media Concentrations in Europe*. Report prepared by the Advisory Panel on Media Concentrations, Pluralism and Diversity (AP-MD), Media Directorate, November. Strasbourg: Council of Europe.

Bulkley, K. (2011) 'The impact of Twitter on TV shows', *Guardian*, 6 June, http://www.guardian.co.uk/film/2011/jun/06/twitter-facebook-television-shows.

Burri, M. (2011) 'Reconciling trade and culture: a global law perspective', *The Journal of Arts Management, Law and Society*, 41: 1–21.

Burt, T. (2004) 'Breakthrough in TV's battle against piracy', *Financial Times*, 28 July: 7.

Caballero, R. (2006) *The Macroeconomics of Specificity and Restructuring*. Cambridge, MA: MIT Press.

Cabell, J. and Greehan, M. (2004) *International Magazine Publishing Handbook* (prepared by Cue Ball LLC for the International Federation of the Periodical Press). London: FIPP.

Caldwell, J. (2003) 'Second shift media aesthetics: programming, interactivity and user flows', in J. Caldwell and A. Everett (eds), *New Media: Theories and Practices of Digitextuality*. London: Routledge, pp. 127–44.

Caldwell, J. (2006) 'Critical industrial practice: branding, repurposing, and the migratory patterns of industrial texts', *Television & New Media*, 7 (2): 99–134.

Carlaw, K., Oxley, L., Walker, P., Thorns, D. and Nuth, M. (2006) 'Beyond the hype: intellectual property and the knowledge society/knowledge economy', *Journal of Economic Surveys*, 20 (4): 633–90.

Carter, M. (1998) 'Methodologies can bewilder', in The Advertising Industry, eight-page special report, *Financial Times*, 11 November: 6.

Cave, M. (1989) 'An introduction to television economics', in G. Hughes and D. Vines (eds), *Deregulation and the Future of Commercial Television, Hume Paper No 12*. Aberdeen: Aberdeen University Press, pp. 9–37.

Cave, M. (2002) *Review of Radio Spectrum Management: An Independent Review for Department of Trade and Industry and HM Treasury*. London: DTI/HM Treasury.

Cave, M. (2005) *Independent Audit of Spectrum Holdings: A Report for HM Treasury*. London: TSO.

Cave, M., Collins, R. and Crowther, P. (2004) 'Regulating the BBC', *Telecommunications Policy*, 28 (3–4): 249–72.

Caves, R. (2000) *Creative Industries: Contracts between Art and Commerce*. Cambridge, MA: Harvard University Press.

Caves, R. (2005) *Switching Channels: Organization and Change in TV Broadcasting*. Cambridge, MA: Harvard University Press.

CEC (2001) *Communication from the Commission on the Application of State Aid Rules to Public Service Broadcasting*, http://ec.europa.eu/competition/state_aid/legislation/broadcasting_communication_en.pdf.

CEC (2009) *Communication from the Commission on the Application of State Aid Rules to Public Service Broadcasting,* http://eur-lex.europa.eu/LexUriServ/LexUriServ.do?uri=CELEX:52009XC1027(01):EN:NOT.

Chalaby, J. (2010) 'The rise of Britain's super-indies: policy-making in the age of the global media market', *International Communication Gazette,* 72 (8): 675–93.

Chan-Olmsted, S. and Chang, B.-H. (2003) 'Diversification strategy of global media conglomerates: examining its patterns and determinants', *Journal of Media Economics,* 16 (4): 213–33.

Chang, B.-H. and Chan-Olmsted, S. (2005) 'Relative constancy of advertising spending: a cross-national examination of advertising expenditures and their determinants', *Gazette,* 67 (4): 339–57.

Chiplin, B. and Sturgess, B. (1981) *Economics of Advertising.* London: Advertising Association.

CMM-I (2007) *Trends in Audiovisual Markets: China, Mongolia and South Korea.* Beijing: UNESCO.

Coase, R. (1937) 'The nature of the firm', reprinted in O. Williamson and S. Winter, *The Nature of the Firm: Origins, Evolution and Development.* Oxford University Press, pp. 18–74.

Coase, R. (1959) 'The Federal Communications Commission', *Journal of Law and Economics,* 2: 1–40.

Coates, J. (2007) 'Creative commons – the next generation: creative commons licence use five years on', *SCRIPTed,* 4 (1): 72–94.

Cocq, E. and Levy, F. (2006) 'Audiovisual markets in the developing world: statistical assessment of 11 countries', in V. Gai (ed.), *Trends in Audiovisual Markets: Regional Perspectives from the South.* Paris: UNESCO, pp. 21–85.

Cocq, E. and Messerlin, P. (2004) 'French audio-visual policy: impact and compatibility with trade negotiations', in P. Guerrieri, L. Iapadre and G. Koopman (eds), *Cultural Diversity and International Economic Integration: The Global Governance of the Audiovisual Sector.* Cheltenham: Edward Elgar, pp. 21–51.

Cole, J. (2008) *Creative Destruction in the Digital Media Age.* Insead Knowledge, http://knowledge.insead.edu/CreativeDestructionDigitalMedia081112.cfm.

Collins, R., Garnham, N. and Locksley, G. (1988) *The Economics of Television: The UK Case.* London: Sage.

Collins, R. and Murroni, C. (1996) *New Media, New Policies: Media and Communications Strategies for the Future.* London: Polity Press.

Colwell, T. and Price, D. (2005) *Rights of Passage: British Television in the Global Market.* London: BTDA.

Competition Commission (2011) *Movies on Pay-TV Market Investigation: Provisional Findings Report,* 19 August. London: Competition Commission.

comScore (2012) *comScore Releases February 2012 US Search Engine Rankings*. Press release. New York: comScore.

Conlon, T. (2010) 'The next generation', *Guardian*, Media Supplement, 27 September: 1.

Cowie, C. (1997) 'Competition problems in the transition to digital television', *Media Culture & Society*, 19: 679–85.

Cox, H. and Mowatt, S. (2008) 'Technological change and forms of innovation in consumer magazine publishing: a UK-based study', *Technology Analysis & Strategic Management*, 20 (4): 503–20.

Cramton, P. (2002) 'Spectrum auctions', in M. Cave, S. Majumdar and I. Vogelsang (eds), *Handbook of Telecommunications Economics*. Amsterdam: Elsevier Science B.V., pp. 605–39.

Davies, G. (1999) *The Future Funding of the BBC, Report of the Independent Review Panel*. London: Department for Culture, Media and Sport.

Davies, G. (2004) *The BBC and Public Value*. London: The Social Market Foundation.

Davies, H. and Lam, P.-L. (2001) *Managerial Economics: An Analysis of Business Issues*, 3rd edn. London: FT Prentice Hall.

Davoudi, S. (2011) 'Cinemas set for Hollywood battle', *Financial Times*, 2 May: 3.

de Vany, A. (2004) *Hollywood Economics: How Extreme Uncertainty Shapes the Film Industry*. London: Routledge.

Dembosky, A. (2011) 'Facebook pokes big brands into action', *Financial Times*, 25 June: 10.

Demers, D. (1999) *Global Media: Menace or Messiah?* Creskill, NJ: Hampton Press.

Deresky, H. (2006) *International Management: Managing Across Borders and Cultures*, 5th edn. Upper Saddle River, NJ: Pearson Prentice Hall.

Dickson, P. and Ginter, J. (1987) 'Market segmentation, product differentiation, and marketing strategy', *The Journal of Marketing*, 51 (2): 1–10.

Donders, K. and Pauwels, C. (2008) 'Does EU policy challenge the digital future of public service broadcasting? An Analysis of the Commission's state aid approach to digitization and the public service remit of public broadcasting organizations, *Convergence*, 14 (3): 295–311.

Doyle, G. (2000) 'The economics of monomedia and cross-media expansion', *Journal of Cultural Economics*, 24: 1–26.

Doyle, G. (2002) *Media Ownership: The Economics and Politics of Convergence and Concentration in the UK and European Media*. London: Sage.

Doyle, G. (2006) 'Managing global expansion of media products and brands: a case study of FHM', *International Journal on Media Management*, 8 (3): 105–15.

Doyle, G. (2010a) 'From television to multi-platform: more for less or less from more?', *Convergence*, 16 (4): 1–19.

Doyle, G. (2010b) 'Why culture attracts and resists economic analysis', *Journal of Cultural Economics*, 34 (4): 245–59.

Doyle, G. (2011) 'Magazines', in S. Cameron (ed.), *The Economics of Leisure*, Cheltenham: Edward Elgar Publishing, pp. 720–51.

Doyle, G. (2012a) 'Audiovisual services: international trade and cultural policy', *ADBI Working Paper 355,* Tokyo, Japan: Asian Development Bank Institute.

Doyle, G. (2012b) 'Innovation in use of digital infrastructures: TV scheduling strategies and reflections on public policy'. Paper presented at the International Symposium on Media Innovations, University of Oslo, Oslo, 20 April.

Doyle, G. and Paterson, R. (2008) 'Public policy and independent television production in the UK', *Journal of Media Business Studies*, 5 (3): 17–33.

Duffy, S. (2006) 'Internet protocol versus intellectual property', in C. Sinclair (ed.), *Transforming Television: Strategies for Convergence*. Glasgow: The Research Centre, pp. 36–41.

Duncan, A. (2006) 'Maximising public value in the "now" media world', in C. Sinclair (ed.), *Transforming Television: Strategies for Convergence*. Glasgow: The Research Centre, pp. 18–29.

Duncan, W.D. (1981) *The Economics of Advertising*. London: Macmillan.

ECJ (2011) 'Judgement in Cases C-403/08 and C-429/08', press release No 102/11, 4 October. Luxembourg: Court of Justice of the European Union.

Economides, N. (2007) 'The internet and network economics', in E. Brousseau and N. Curien (eds), *Internet and Digital Economics: Principle, Methods and Applications*. Cambridge: Cambridge University Press, pp. 239–67.

Edgecliffe-Johnson, A. (2009) 'A want to break free', *Financial Times*, 18 May: 11.

Edgecliffe-Johnson, A. (2011a) 'TV economics rests on Super Bowl's shoulders', *Financial Times*, 26 January: 22.

Edgecliffe-Johnson, A. (2011b) 'Murdoch makes film plea to China', *Financial Times*, 13 June: 24.

Edgecliffe-Johnson, A. (2011c) 'Internet chief plays to the audience', *Financial Times*, 20 June: 23.

Edgecliffe-Johnson, A. (2011d) 'Zenith to cut media spending forecasts', *Financial Times*, 5 December: 5.

Edgecliffe-Johnson, A. (2012) 'ABC and Univision eye English-speaking Hispanics', *Financial Times*, 8 May: 21.

Edgecliffe-Johnson, A. and Gelles, D. (2011) 'Apple demands 30% slice of subscriptions sold via apps', *Financial Times*, 16 February: 17.

Edgecliffe-Johnson, A. and Pignal, S. (2011) 'EMI scores a hit as Brussels agrees to extend copyright on recordings', *Financial Times*, 9 September: 17.

Elstein, D. (2004) 'Building public value: a new definition of public service broadcasting?' 19th IEA Current Controversies Paper. London: Institute of Economic Affairs.

Enli, G. (2008) 'Redefining public service broadcasting: multi-platform participation', *Convergence: The International Journal of Research into New Media Technologies*, 14 (1): 105–20.

Epstein, R. (2011) Regulators take the wrong path on Comcast-NBC, *Financial Times*, FT.com New Technology Policy Forum, 9 February, http://www.ft.com/cms/s/0/c5245b60-34a3-11e0-9ebc-00144feabdc0.html#axzz2CreJ4jPp.

Esser, A. (2010) 'Television formats: primetime staple, global market', *Popular Communication*, 8 (4): 273–92.

Evans, D. (2009) 'The online advertising industry: economics, evolution, and privacy', *Journal of Economic Perspectives*, 23 (3): 37–60.

Evans, D. and Schmalensee, R. (2008) 'Industrial organization of markets with two-sided platforms' in W. Collins (ed.) *Issues in Competition Law and Policy*. Chicago: American Bar Association, pp. 667–93.

Experian Hitwise (2011) 'Experian launches new tool to help retailers drive Facebook fans to their websites', *Hitwise* press release, 23 June, http://www.hitwise.com/uk/press-centre/press-releases/experian-launches-facebook-tool-to-help-retailer/.

Fairsearch (2011) *Google's Transformation From Gateway To Gatekeeper: How Google's Exclusionary And Anticompetitive Conduct Restricts Innovation And Deceives Consumers*. US Fairsearch Coalition, October, http://www.fairsearch.org/wp-content/uploads/2011/10/Googles-Transformation-from-Gateway-to-Gatekeeper.pdf.

Farrell, J. and Klemperer, P. (2007) 'Coordination and lock-in: competition with switching costs and network effects', in M. Armstrong and R. Porter (eds), *Handbook of Industrial Organisation*, vol. 3. New York: Elsevier, pp. 1967–2072.

Farrell, J. and Saloner, G. (1985) 'Standardization, compatibility, and innovation', *Rand Journal*, 16: 70–83.

Feintuck, M. (1999) *Media Regulation, Public Interest and the Law*. Edinburgh: Edinburgh University Press.

Fenton, B. (2010) 'Grade urges BBC and C4 to share licence fee', *Financial Times*, 25 November: 4.

Fenton, B. (2011a) 'STV rebounds as legal fight with ITV ends', *Financial Times*, 28 April: 21.

Fenton, B. (2011b) 'Ruling draws in music and films', *Financial Times*, 5 October: 3.

Fisher, T., Prentice, D. and Waschik, R. (2010) *Managerial Economics: A Strategic Approach*, 2nd edn. London: Routledge.

Flew, T. (2009) 'Online media and user-created content: case studies in news media repositioning in the Australian media environment'. Paper presented to the Australian and New Zealand Communications Association (ANZCA) Conference, ANZCA09: Communication, Creativity and Global Citizenship, Queensland University of Technology, Brisbane, Australia, 8–10 July 2009.

Florida, R. (2002) *The Rise of the Creative Class*. New York: Basic Books.

Foster, R. and Broughton, T. (2011) *Creative UK: The Audiovisual Sector and Economic Success*. London: Communications Chambers.

Freeman, M. (2008) 'The changing media landscape: an industry perspective', in E. Humphreys (ed.), *International Copyright and Intellectual Property Law*, JIBS Research Report Series No 2008–2. Jonkoping: Jonkoping International Business School, pp. 111–26.

Friedrichsen, M. and Mühl-Benninhaus, W. (2012) 'Convergence and business models: innovation in daily newspaper economy – case of Germany'. Paper presented at the 10th World Media Economics & Management Conference, Aristotle University of Thessaloniki, Thessaloniki, 26 May.

Frith, S. and Marshall, L. (2004) 'Making sense of copyright', in S. Frith and L. Marshall (eds), *Music and Copyright*, 2nd edn. Edinburgh: Edinburgh University Press, pp. 1–18.

Galbraith, J.K. (1967) *The New Industrial State*. Boston, MA: Houghton-Mifflin Company.

Gapper, J. (1998) 'America's networks take a stern look at prospects', *Financial Times*, 6 April: 22.

Gapper, J. (2005) 'A variety act from the comedians at Time Warner's gate', *Financial Times*, 11/12 February: 7.

Gapper, J. (2011) 'Why it is right to fight web pirates', *Financial Times*, 26 May: 13.

García Avilés, J., and Carvajal, M. (2008) 'Integrated and cross-media newsroom convergence', *Convergence: The International Journal of Research into New Media Technologies*, 14 (2): 221–39.

Garrahan, M. (2009) 'Hollywood braced for budget cuts', *Financial Times*, 7 October: 15.

Garrahan, M. (2010) 'Cable groups suffer as viewers switch to video streaming', *Financial Times*, 29 November: 22.

Garrahan, M. (2011a) 'Show me the money: US sport cashes in on broadcasting', *Financial Times*, 23 June, http://www.ft.com/cms/s/0/5eec9f78-9ccd-11e0-bf57-00144feabdc0.html#axzz2DbG90GJ6.

Garrahan, M. (2011b) 'A cloud up in the air', *Financial Times*, 1 August: 5.

Garrett, S. (2011) 'One football result could be the end for Spooks', *Times*, 4 November: 11.

Gasson, C. (1996) *Media Equities: Evaluation and Trading*. Cambridge: Woodhead Publishing Ltd.

Gelles, D. (2011a) 'Comcast buoyed by integration', *Financial Times*, 4 August: 19.

Gelles, D. (2011b) 'Magazines pin hope on new app', *Financial Times*, 30 September: 24.

Gelles, D. (2012) 'Advertisers rush to master fresh set of skills', Digital & Social Media Marketing, four-page special report, *Financial Times*, 7 March: 1–2.

Gelles, D. and Edgecliffe-Johnson, A. (2011) 'Television: inflated assets', *Financial Times*, 24 March, http://www.ft.com/cms/s/0/d2a693b2-5653-11e0-82aa-00144feab49a.html#axzz2DbG90GJ6.

Gelles, D. and Waters, R. (2010) 'Google prepares for head-to-head battle with Facebook', *Financial Times*, 16 August: 22.

George, K., Joll, C. and Lynk, E. (1992) *Industrial Organization: Competition, Growth and Structural Change*, 4th edn. London: Routledge.

Gershon, R. (2011) 'Intelligent networks and international business communication: a systems theory interpretation', *Media Markets Monographs*, Issue 12. Pamplona: Servicio de Publicaciones de la Universidad de Navarra.

Gershon, R. (2012) 'Media innovation: three strategic approaches to business transformation'. Paper presented at the 10th World Media Economics & Management Conference, Aristotle University of Thessaloniki, Thessaloniki, 24 May.

Gottinger, H. (2003) *Economics of Network Industries*. London: Routledge.

Gowers, A. (2006) *The Gowers Review of Intellectual Property*. London: TSO.

Graham, A. (ed.) (1999) *Public Purposes in Broadcasting: Funding the BBC*. Luton: University of Luton Press.

Graham, A. and Davies G. (1997) *Broadcasting, Society and Policy in the Multimedia Age*. Luton: John Libbey.

Graham, R., and Frankenburger, K. (2011) 'The earnings effects of marketing communication expenditures during recessions', *Journal of Advertising*, 40(2): 5–24.

Grainge, P. (2008) *Brand Hollywood: Selling Entertainment in a Global Media Age*. London: Routledge.

Grande, C. (2007) 'New advertising genre with few rules', *Financial Times*, 10 April, http://www.ft.com/cms/s/0/8805c9f4-e636-11db-9fcf-000b5df10621.html#axzz2DbG90GJ6.

Grant, P. and Wood, C. (2004) *Blockbusters and Trade Wars: Popular Culture in a Globalized World*. Toronto: Douglas and Mclnytre.

Griffiths, A. and Wall, S. (2007) *Applied Economics*, 11th edn. Harlow: Pearson Education.

Guerrieri, P., Iapadre, L. and Koopman, G. (2004) *Cultural Diversity and International Economic Integration: The Global Governance of the Audiovisual Sector*. Cheltenham: Edward Elgar.

Gutteridge, T., O'Donoghue, D., Mulville, J., Brand, C. and Smith, P. (2000), 'We will fight for our rights', *Guardian,* Media Supplement, 4 December: 2–3.

Hafez, K. (2007) *The Myth of Media Globalisation*. Cambridge: Polity.

Hafstrand, H. (1995) 'Consumer magazines in transition: a study of approaches to internationalisation', *Journal of Media Economics*, 8 (1): 1–12.

Halliday, J. (2011) 'Hollywood offers films at home within weeks of cinema release', *Guardian*, 2 April: 43.

Hancock, D. and Zhang, X. (2010) 'Europe's top 100 film distributors: Hollywood accounts for nearly two-thirds of revenues', *Screen Digest*, November: 330–31.

Handke, C. (2010) *The Economics of Copyright and Digitisation: A Report on the Literature and the Need for Further Research*. London: SABIP.

Handley, L. (2012) 'Getting the measure of social media success', *Marketing Week*, 16 February: 12–16.

Hargreaves, I. (2011) *Digital Opportunity: A Review of Intellectual Property and Growth*. London: TSO.

Haynes, R. (2005) *Media Rights and Intellectual Property*. Edinburgh: Edinburgh University Press.

Headland, J. and Relph, S. (1991) *The View From Downing Street. UK Film Initiatives 1*. London: BFI.

Hesmondhalgh, D. (2002) *The Cultural Industries*. London: Sage.

Hesmondhalgh, D. and Pratt, A. (2005) 'Cultural industries and cultural policy', *International Journal of Cultural Policy*, 11 (1): 1–14.

Highfield, A. (2006) 'The future role of the BBC as a broadcaster on the web', in C. Sinclair (ed.), *Transforming Television: Strategies for Convergence*. Glasgow: TRC, pp. 48–52.

Hoskins, C., McFadyen, S. and Finn, A. (1997) *Global Television and Film: An Introduction to the Economics of the Business*. Oxford: Oxford University Press.

Hoskins, C., McFadyen, S. and Finn, A. (2004) *Media Economics: Applying Economics to New and Traditional Media*. Thousand Oaks, CA: Sage.

Hughes, G. and Vines, D. (1989) *Deregulation and the Future of Commercial Television*. Aberdeen: The David Hume Institute, Aberdeen University Press.

Humphreys, E. (2008) 'International copyright and the TV format industry', in E. Humphreys (ed.), *International Copyright and Intellectual Property Law*. JIBS Research Report Series No 2008–2, Jonkoping: Jonkoping International Business School, pp. 71–9.

Humphreys, P. (2010) 'Public policies for public service media: the UK and German cases'. Paper presented at RIPE Conference on Public Service after the Recession, University of Westminster, 8–11 September, http://ripeat.org/?s=humphreys&cat=411.

Ihlebæk, K., Syvertsen, T. and Ytreberg, E. (2012) 'Transformations of TV scheduling in a time of channel fragmentation and multi-platform development'. Paper presented at the International Symposium on Media Innovations, University of Oslo, Oslo, 20 April.

ITC (2002) *Programme Supply Review*. London: Independent Television.

Jackson, M. (2006) 'The economics of social networks', in R. Blundell, W. Newey and T. Persson (eds), *Advances in Economics and Econometrics, Theory and Applications: Ninth World Congress of the Econometric Society*. Cambridge: Cambridge University Press, pp. 1–56.

Jaffe, G. (2011) 'Will the great film quota wall of China come down?', *Guardian*, Film & Music Supplement, 25 March: 4.

Jakubowicz, K. (2007) *Public Service Broadcasting: A New Beginning, or the Beginning of the End?*www.knowledgepolitics.org.uk.

Jarvis, J. (2009) 'Digital media: another one bites the dust', *Guardian*, Media Supplement, 4 May: 6.

Jedidi, K., Krider, R. and Weinberg, C. (1998) 'Clustering at the movies', *Marketing Letters*, 9 (4): 393–405.

Jenkins, H. (2006) *Convergence Culture*. New York: New York University Press.

Johnson, C. (2007) 'Tele-branding in TVIII: the network as brand and the programme as brand', *New Review of Film and Television Studies*, 5 (1): 5–24.

Johnson, J. and Waldman, M. (2005) 'The limits of indirect appropriability in markets for copiable goods', *Review of Economic Research on Copyright Issues*, 2 (1): 19–37.

Johnson, R. (2008) 'Facebook and MySpace lock horns for social networking future', *Guardian*, 7 November. http://www.guardian.co.uk/technology/2008/nov/07/facebook-myspace.

Jopson, B. (2012) 'Colgate vows to brush up on its advertising spend', *Financial Times*, 27 January: 15.

Joye, S. (2009) 'Novelty through repetition: exploring the success of artistic imitation in the contemporary film industry', *Scope: an online journal of film & tv studies*, 15.

Katz, M. and Shapiro, C. (1985) 'Network externalities, competition, and compatibility', *American Economic Review*, 75: 424–40.

Kay, J. (2011) 'It's mad to give my heirs rights to a student lit crit essay', *Financial Times*, 23 March: 15.

Kirwan, P. (2010) 'Is the *Financial Times* the perfect digital model?', *Guardian*, Media Supplement, 5 April: 9.

Kolo, C. and Vogt, P. (2003) 'Strategies for growth in the media and communication industry: does size really matter?' *International Journal on Media Management*, 5 (4): 251–61.

Koski, H. and Kretschmer, T. (2004) 'Survey on competing in network industries: firm strategies, market outcomes, and policy implications', *Journal of Industry, Competition and Trade*, 4 (1): 5–31.

Krone, J. and Grueblbauer, J. (2012) 'Convergence and business models: innovation in daily newspaper economy – case of Austria'. Paper presented at the 10th World Media Economics & Management Conference, Aristotle University of Thessaloniki, Thessaloniki, 26 May.

Krumsvik, A., Skogerbø, E. and Storsul, T. (2012) 'Size, ownership, and innovations in newspapers'. Paper presented at the International Symposium on Media Innovations, University of Oslo, Oslo, 20 April.

Küng, L (2008) *Strategic Management in the Media: Theory to Practice*. London: Sage.

Küng, L., Picard, R. and Towse, R. (2008) *The Internet and the Mass Media*. London: Sage.

Landes, W. and Posner, R. (1989) 'An economic analysis of copyright law', *Journal of Legal Studies*, 8: 325–63.

Leahy, J. (2010) 'Battle for 3G licences in India hots up', *Financial Times* (Asia), 28 April: 16.

Lessig, L. (2002) *The Future of Ideas: The Fate of the Commons in a Connected World*. London: Vintage.

Lessig, L. (2009) *Remix: Making Art and Commerce Thrive in the Hybrid Economy*. London: Bloomsbury.

Lessig, L and McChesney, R. (2006) 'No tolls on the internet', *Washington Post*, 8 June: A23.

Levine, R. (2011) *Free Ride: How the Internet is Destroying the Culture Business and how the Culture Business can Fight Back*. London: Bodley Head.

Levy, D. (2008) 'The way ahead: towards a new Communications Act', in T. Gardam and D. Levy, *The Price of Plurality: Choice, Diversity and Broadcasting Institutions in the Digital Age*. Oxford: OFCOM, Reuters Institute for the Study of Journalism, pp. 209–16.

Lewis, R. and Marris, P. (1991) *Promoting the Industry, UK Film Initiatives 3*. London: British Film Institute.

Li, K. and Edgecliffe-Johnson, A. (2009) 'Three-way battle to reshape TV economics', *Financial Times*, 31 October: 20.

Liebowitz, S. (1985) 'Copying and indirect appropriability: photocopying of journals', *Journal of Political Economy*, 93 (5): 945–57.

Liebowitz, S. (2003) 'Back to the future: can copyright owners appropriate revenues in the face of new copying technologies?', in W.J. Gordon and R. Watt (eds), *The Economics of Copyright: Developments in Research and Analysis*. Cheltenham, UK and Northampton, MA, Edward Elgar, pp. 1–25.

Liebowitz, S. (2006) 'File sharing: creative destruction or just plain destruction?', *Journal of Law and Economics*, 49 (1): 1–28.

Liebowitz, S. and Margolis, S. (1994) 'Network externality – an uncommon tragedy', *Journal of Economic Perspectives*, 8 (2): 133–50.

Lilley, A. (2006) *Inside the Creative Industries: Copyright on the Ground*. London: Institute for Public Policy Research.

Lipsey, R. and Chrystal, A. (1995) *Positive Economics*, 8th edn. Oxford: Oxford University Press.

Lipsey, R. and Chrystal, A (2007) *Positive Economics*, 11th edn Oxford: Oxford University Press.

Litman, B. (1998) 'The economics of television networks: new dimensions and new alliances', in A. Alexander, J. Owers and R. Carveth, *Media Economics: Theory and Practice*, 2nd edn. NJ: Lawrence Erlbaum Associates, pp. 131–50.

Loeffler, T. (2010) 'Online film spending near doubled', *Screen Digest*, April: 105.

Lotz, A. (2007) *The Television will be Revolutionized*. New York: New York University Press.

Luft, O. (2009) 'Stuck in the middle', *Guardian*, Media Supplement, 5 January: 5.

Martin, S. (2002) *Advanced Industrial Economics*, 2nd edn. Oxford: Blackwell.

McClintock, P. (2008) 'MPAA: specialty films see rising costs; 2007 the best year on record for box office', *Variety*, 5 March, accessed 25 July 2011, http://variety.com/article/VR1117981882?refcatid=18.

McCraw, T. (2007) *Prophet of Destruction: Joesph Schumpter and Creative Destruction*. Cambridge, MA: Harvard University Press.

Medina, M. and Prario, B. (2012) 'The impact of digital convergence and mobile devices on traditional media companies: Mediaset and Antena 3'. Paper presented at the 10th World Media Economics & Management Conference, Aristotle University of Thessaloniki, Thessaloniki, 26 May.

Menn, J. (2011) 'Yahoo talks up video, content strategy', *Financial Times*, 26 May. Accessed at FT.com tech blog at http://blogs.ft.com/tech-blog/2011/05/yahoo-talks-up-video-content-strategy/#axzz2DdTpGzxS.

Metcalfe, J. (1998) *Evolutionary Economics and Creative Destruction*. London: Routledge.

Monge, P., Heiss, B. and Magolin, D. (2008) 'Communication network evolution in organizational communities', *Communication Theory*, 18 (4): 449–77.

Moran, A. with Malbon, J. (2006) *Understanding the Global TV Format*. Bristol: Intellect.

Moschandreas, M. (2000) *Business Economics*, 2nd edn. London: Thomson Learning.

Moules, J. (2009) 'The schoolboy dream grows up', *Financial Times*, 8 July: 20.

MPAA (Motion Pictures Association of America) (2010) *Trade Barriers to US Filmed Entertainment*. Washington, DC: Motion Pictures Association of America.

MPAA (2011) *Theatrical Market Statistics 2010*. Los Angeles, CA: Motion Pictures Association of America.

Murray, S. (2005) 'Brand loyalties: rethinking content within global corporate media', *Media Culture & Society*, 27 (3): 415–35.

Napoli, P. (2011) *Audience Evolution: New Technologies and the Transformation of Media Audiences*. New York: Columbia University Press.

Nayarodou, M. (2006) Advertising and economic growth, summary of doctoral thesis in economics. Paris: Unions des Annonceurs (UDA).

Nieminen, H., Koikkalainen, K. and Karppinen, K. (2012) 'Convergence and business models: innovation in daily newspaper economy – case of Finland'. Paper presented at the 10th World Media Economics & Management Conference, Aristotle University of Thessaloniki, Thessaloniki, 26 May.

Nikolinakos, N. (2006) *EU Competition Law and Regulation in the Converging Telecommunications Media and IT Sectors*. Gravenhage: Kluwer Law International.

Noam, E. (1993) 'Media Americanization, national culture, and forces of integration', in E. Noam and J. Millonzi (eds), *The International Market in Film and Television Programs*. Norwood, NJ: Ablex, pp. 41–58.

Noll, M. (2003) 'The myth of convergence', *The International Journal on Media Management*, 5 (1): 12–13.

Nutall, C. (2012) 'Apple sells 3m iPads in 4 days', *Financial Times*, 18 March, www.ft.com/cms/s/0/012da836-7216-11e1-90b5-00144feab49a.html#axzz2DbG90GJ6.

O'Malley, L., Story, V. and O'Sullivan, V. (2011) 'Marketing in a recession: retrench or invest?', *Journal of Strategic Marketing*, 19 (3): 285–310.

Oberholzer-Gee, F. and Strumpf, K. (2007) 'The effect of file sharing on record sales: an empirical analysis', *Journal of Political Economy*, 115 (1): 1–42.

Odlyzko, A. and Tilly, B. (2005) *A Refutation of Metcalfe's Law and a Better Estimate for the Value of Networks and Network Interconnections*, http://www.dtc.umn.edu/~odlyzko/doc/metcalfe.pdf.

OECD (2008) *Remedies and Sanctions for Abuse of Market Dominance, Policy Brief*. Paris: Organisation for Economic Co-operation and Development (OECD).

Ofcom (2008) *Ofcom's Second PSB Review – Phase One: The Digital Opportunity, Annex 11: Market Failure in Broadcasting, April*. London: Ofcom.

Ofcom (2009) *International Communications Market Report,* December. London: Ofcom.

Ofcom (2010a) *Communications Market Report*, 19 August. London: Ofcom.

Ofcom (2010b) *International Communications Market Report*, 2 December. London: Ofcom.

Ofcom (2011a) *Communications Market Report*, August. London: Ofcom.

Ofcom (2011b) *International Communications Market Report,* 14 December. London: Ofcom.

OFT (Office of Fair Trading) (2008) *Completed Acquisition by Global Radio UK Limited of GCap Media plc.* Decision: ME/3638/08, 27 August. London: OFT.

Oliver & Ohlbaum Associates Ltd (2006) *UK Television Content in the Digital Age: Opportunities and Challenges, Report for PACT.* London: PACT.

Ots, M. (ed.) (2008) *Media Brands and Branding.* JIBS Research Report Series No. 2008-1, MMTC. Jonkoping: Jonkoping International Business School.

Owen, B. and Wildman, S. (1992) *Video Economics.* Cambridge, MA: Harvard University Press.

Owers, J. Carveth R. and Alexander, A. (2002) 'An introduction to media economics theory and practice', in A. Alexander, J. Owers, R. Carveth, A. Hollifield and A. Greco (eds), *Media Economics: Theory and Practice*, 3rd edn. Mahwah, NJ: Erlbaum, pp. 3–48.

Oxera (2011) *Is There a Case for Copyright Levies: An Economic Impact Analysis?* London: Oxera Consulting Ltd.

PACT (2010) Written Evidence to Business, Innovation and Skills Committee, 24 September.

Pardo, A., Guerrero, E. and Diego, P. (2012) 'Multiplatform strategies of the Spanish TV industry'. Paper presented at the 10th World Media Economics & Management Conference, Aristotle University of Thessaloniki, Thessaloniki, 24 May.

Parker, R. (2007) 'Focus: 360-degree commissioning', *Broadcast*, 13 September: 11.

Parker, R. (ed.) (2011) 'Indies: the annual survey of the UK's independent TV producers 2011', *Broadcast Supplement*, 18 March.

Parkin, M., Powell, M. and Matthews, K. (2008) *Economics*, 7th edn. Harlow: Pearson Education.

Patterson, T. (2007) *Creative Destruction: An Exploratory Look at News on the Internet*, Report from the Joan Shorenstein Center on the Press, Politics and Public Policy. New York: Harvard University.

Peacock, A. (1996) *The Political Economy of Broadcasting, Essays in Regulation No. 7.* Oxford: Regulatory Policy Institute.

Peitz, M. and Waelbroeck, P. (2006) 'Why the music industry may gain from free downloading: the role of sampling', *International Journal of Industrial Organization*, 24 (5): 907–13.

Peltier, S. (2004) 'Mergers and acquisitions in the media industries: were failures really unforeseeable?', *Journal of Media Economics*, 17 (4): 261–78.

Picard, R. (1989) *Media Economics: Concepts and Issues*. London: Sage.

Picard, R. (2002) *The Economics and Financing of Media Companies*. New York: Fordham University Press.

Picard, R. (ed.) (2005) *Media Product Portfolios: Issues in Management of Multiple Products and Services*. Mahwah, NJ: Lawrence Erlbaum Associates.

Picard, R. (2006) 'Comparative aspects of media economics and its development in Europe and the USA', in J. Heinrich and G. Kopper (eds), *Media Economics on Europe*. Berlin: Vistas Verlag, pp. 15–23.

Porter, M. (1985) *Competitive Advantage*. New York: Free Press.

Porter, V. (1999) 'Public service broadcasting and the new global information order', *InterMedia*, 27 (4): 34–7.

Pringle, P and Starr, M. (2006) *Electronic Media Management*. Burlington, MA: Elsevier.

PwC (2011) *Global entertainment and media outlook: 2011–2015*. London: PricewaterhouseCoopers LLP.

PwC (2012) 'PwC analysis – M&A trends in the European entertainment & media industry', *PwC Press Release*, 31 January. London: Pricewaterhouse Coopers.

Reding, V. (2006) 'Digital convergence: a whole new way of life', in C. Sinclair (ed.), *Transforming Television: Strategies for Convergence*. Glasgow: TRC, pp. 30–34.

Richards, E. (2010) 'Competition law and the communications sector'. Speech by Ofcom Chief Executive for UCL Jevons Institute for Competition Law and Economics Annual Colloquium, 13 July. London: Ofcom.

Richards, E. (2011) 'Spectrum in an age of innovation'. Speech by Ofcom Chief Executive for The European Competitive Telecommunications Association (ECTA) Regulatory Conference 2011, 29 November. London: Ofcom.

Rochet, J. and Tirole, J. (2003) 'Platform competition in two-sided markets', *Journal of the European Economic Association*, 1 (4): 990–1029.

Romer, P. (2002) 'When should we use intellectual property rights?', *American Economic Review: Papers & Proceedings*, 92 (2): 213–16.

Roscoe, J. (2004) 'Multi-platform event television: reconceptualizing our relationship with television', *The Communications Review*, 7: 363–69.

Rosen, S. (1981) 'The economics of superstars', *American Economic Review*, 71 (5): 845–58.

Rossiter, A. (2005) *News Broadcasting in the Digital Age The Need for PSB Genre Licences*. London: The Social Market Foundation.

Samuelson, P. (1976) *Economics*. New York: McGraw Hill.

Sánchez-Tabernero, A. (2006) 'Issues in media globalisation', in A. Albarran, S. Chan-Olmsted and M. Wirth (eds), *Handbook of Media Management and Economics*. Mahwah, NJ: Lawrence Erlbaum Associates, pp. 463–91.

Sánchez-Tabernero, A. and Carvajal, M. (2002) *Media Concentrations in the European Market, New Trends and Challenges, Media Markets Monograph*. Pamplona, Spain: Servicio de Publiciones de la Universidad de Navarra.

Scherer, F. and Ross, D. (1990) *Industrial Market Structure and Economic Performance*, 3rd edn. Boston, MA: Houghton Mifflin.

Schlesinger, P (2007) 'Creativity: from discourse to doctrine?', *Screen*, 48 (3): 377–87.

Schulz, W., Held, T. and Laudien, A. (2005) 'Search engines as gatekeepers of public communication: analysis of the German framework applicable to internet search engines including media law and anti trust law', *German Law Journal*, 6 (10): 1419–33.

Schumpeter, J. (1942) *Capitalism, Socialism and Democracy*. Harper: New York.

Screen Digest (2010) 'International film trade with China', *Screen Digest*, 463: 107.

Shapiro, C. and Varian, H. (1999) *Information Rules: A Strategic Guide to the Network Economy*. Boston, MA: Harvard Business School Press.

Shimp, T. (2010) *Integrated Marketing Communications in Advertising and Promotions*, 8th edn. Mason, OH: South-Western Cengage Learning.

Shirky, C. (2010) *Cognitive Surplus: Creativity and Generosity in a Connected Age*. New York: Penguin Press.

Shy, O. (2003) *The Economics of Network Industries*. Cambridge: Cambridge University Press.

Shy, O. (2011) 'A short survey of network economics', *Review of Industrial Organisation*, 38: 119–49.

Sinclair, J. and Wilken, R. (2009) 'Sleeping with the enemy: disintermediation in internet advertising', *Media International Australia*, 132: 93–104.

Singh, S. and Kretschmer, M. (2012) 'Strategic behaviour in the international exploitation of tv formats – a case study of the *Idols* format', in A. Zwaan and J. de Bruin (eds), *Adapting Idols: Authenticity, Identity and Performance in a Global Television Format*. Farnham: Ashgate Publishing Ltd, pp. 11–26.

Slattery, J. (2009) 'Where the hell do we go now?', *Guardian*, Media Supplement, 5 January: 1.

Smith, A. (1998) 'Displaying a stronger hand', in The Advertising Industry, eight-page special report, *Financial Times*, 11 November: 1.

Smith, C. (2012) *A Future for British Film: It Begins with the Audience, Report by the Film Review Panel*. London: DCMS.

Story, L. (2008) 'How do they track you? Let us count the ways', *New York Times*, 9 March, http://bits.blogs.nytimes.com/2008/03/09/how-do-they-track-you-let-us-count-the-ways/.

Strange, N. (2011) 'Multiplatforming public service: the BBC's "Bundled Project"', in J. Bennett and N. Strange (eds), *Television as Digital Media*. London: Duke University Press, pp. 132–57.

Suárez-Vázquez, A. (2011) 'Critic power or star power? The influence of hallmarks of quality of motion pictures: an experimental approach,' *Journal of Cultural Economics,* 35 (2): 119–135.

Sweney, M. (2011) 'National TV bidder Channel 6 pledges bigger budget than Channel 5', *Guardian*, 15 February, http://www.guardian.co.uk/media/2011/feb/15/channel-6-channel-5.

Terazono, E. (2007) 'European media deals rise by 75%', *Financial Times*, 30 January: 21.

Thomas, D. (2011) 'Warning over 4G spectrum auction', *Financial Times*, 11 December: 20.

Thompson, M (2006) 'BBC creative future' in C. Sinclair (ed.) (2006), *Transforming Television: Strategies for Convergence*. Glasgow: The Research Centre, pp 10–17.

Towse, R. (2001) *Creativity, Incentive and Reward: An Economic Analysis of Copyright and Culture in the Information Age*. Cheltenham: Edward Elgar Publishing.

Towse, R. (2004) 'Copyright and economics', in S. Frith and L. Marshall (eds), *Music and Copyright*, 2nd edn. Edinburgh: Edinburgh University Press, pp. 70–85.

Towse, R. (2010) *A Textbook of Cultural Economics*. Cambridge: Cambridge University Press.

Towse, R. (2011) 'Introduction', in R. Towse (ed.), *A Handbook of Cultural Economics*, 2nd edn. Cheltenham: Edward Elgar, pp. 1–8.

Trappel, J. (2008) 'Online media within the public service realm?', *Convergence: The International Journal of Research into New Media Technologies*, 14 (3): 313–22.

Tremblay, V. (2011) 'Introduction: issues in network economics', *Review of Industrial Organisation*, Special edition, 38: 117–18.

Tremblay, V. (2012) 'Introduction: market structure and efficiency', *Review of Industrial Organisation*, 40 (2): 85–86.

UKFC (2010) *2010 Statistical Yearbook*. London: UK Film Council.

Ungerer, H. (2005) 'Competition in the media sector – how long can the future be delayed?' Speech to PCLMP 2005, COMP/C2/HU, 19 January, Brussels: CEC.

USITC (2011) *Recent Trends in US Services Trade: 2011 Annual Report.* Investigation No 332–345; Publication No 4243, July. Washington, DC: United States International Trade Commission.

van der Wurff, R., Bakker, P. and Picard, R. (2008) 'Economic growth and advertising expenditures in different media in different countries', *Journal of Media Economics*, 21: 28–52.

van Eijk, N. (2009) 'Search engines, the new bottleneck for content access', in B. Preissel, J. Haucap and P. Curwen (eds), *Telecommunications Markets: Drivers and Impediments.* Heidelberg: Springer Phsica-Verlag HD, pp. 141–56.

Van Kranenburg, H. and Hogenbirk, A. (2006) 'Issues in market structure', in A. Albarrran, S. Chan-Olmsted and M. Wirth (eds), *Handbook of Media Management and Economics.* Mahwah, NJ: Lawrence Erlbaum Associates, pp. 325–44.

van Kuilenburg, P., de Jong, M. and van Rompay, T (2011) '"That was funny but what was the brand again?": Humorous television commercials and brand linkage', *International Journal of Advertising*, 30 (5): 795–814.

Varian, H. (2005) 'Copying and copyright', *Journal of Economic Perspectives*, 19 (2): 121–38.

Vatanova, E., Makeenko, M. and Vyrkovsky, A. (2012) 'Convergence and business models: innovation in daily newspaper economy – case of Russia'. Paper presented at the 10th World Media Economics & Management Conference, Aristotle University of Thessaloniki, Thessaloniki, 26 May.

Vick, D. (2006) 'Regulatory convergence?', *Legal Studies*, 26 (1): 26–64.

Voon, T. (2007) 'A new approach to audiovisual products in the WTO: rebalancing GATT and GATS', *UCLA Entertainment Law Review*, 14: 1–32.

Vukanovic, Z. (2009) 'Global paradigm shift: strategic management of new and digital media in new and digital economics', *The International Journal on Media Management*, 11 (2): 81–90.

Walls, W. (2005) 'Modeling movie success when 'nobody knows anything': conditional stable-distribution analysis of film returns', *Journal of Cultural Economics*, 9 (3): 177–190.

Wasko, J. (2005) 'Critiquing Hollywood: the political economy of motion pictures', in C. Moul (ed.), *The Concise Handbook of Movie Industry Economics.* New York: Cambridge University Press, pp. 32–58.

Waters, R. (2010) 'Unrest over Google's secret formula', *Financial Times*, 12 July: 22.

Waters, R., Nuttall, C. and Bradshaw, T. (2011) 'Google social networking takes on Facebook', *Financial Times*, 29 June. Accessed at FT.com tech blog at http://www.ft.com/cms/s/2/fdcb2aae-a1bb-11e0-b9f9-00144feabdc0.html#axzz2DbG90GJ6.

Wheeler, M. (2010) 'The EU Competition Directorate's 2009 Communication on the application of state aid rules to PSB'. Paper presented at RIPE Conference on Public Service after the Recession, University of Westminster, 8–11 September, http://ripeat.org/?s=wheeler&cat=411.

Wildman, S. (2006) 'Paradigms and analytical frameworks in modern economics and media economics', in A. Albarran, S. Chan-Olmsted and M. Wirth (eds), *Handbook of Media Management and Economics*. Mahwah, NJ: Lawrence Earlbaum Associates, pp. 67–90.

Wildman, S., Lee, S-Y. and Song, S-Y. (2012) 'How to make money by giving away content you get for free'. Paper presented at the 10th World Media Economics & Management Conference, Aristotle University of Thessaloniki, Thessaloniki, 24 May.

Williams, R. (1974) *Television: Technology and Cultural Form*. London: Collins.

Wimmer, K. (2010) 'Digital journalism: the audience in here but who is monetizing the content?', *Issue Papers (Policy Views)* No. 5, The Media Institute, www.mediainstitute.org/IssuePapers.php.

Wimmer, K. (2010) 'Digital journalism: the audience in here but who is monetizing the content?' *Policy Views*, Arlington, VA: The Media Institute.

WIPO (2003) *Guide on Surveying the Economic Contribution of the Copyright-Based Industries*. Geneva: WIPO.

Wirth, M. and Bloch, H. (1995) 'Industrial organization theory and media industry analysis', *Journal of Media Economics*, 8 (2): 15–26.

Withers, K. (2006) *Intellectual Property and the Knowledge Economy*. London: Institute for Public Policy Research.

Woodward, J. (1998) 'Our time has come', *Broadcast*, 30 January: 18–19.

WTO (2010) *Audiovisual Services; Background Note by the Secretariat*. 12 January, S/C/W/310. Geneva: WTO.

Xavier, P. and Paltridge, S. (2011) *Next Generation Market Access Networks and Market Structure, Report of Working Party on Communication Infrastructures and Services Policy*, DSTI/ICCP/CISP(2010)5/FINAL, 20 June. Paris: OECD Directorate for Science, Technology and Industry.

Yoo, C. (2006) 'Network neutrality and the economics of congestion', *Georgetown Law Journal*, 94 (6): 1847–908.

Young, S., Gong, J. and Van der Stede, W. (2010) 'The business of making money with movies', *Strategic Finance*, February: 35–40.